本丛书得到韬奋基金会资金资助
“十一五”国家重点图书出版规划项目

书林守望丛书

书评例话新编

吴道弘 著

首都师范大学出版社

图书在版编目(CIP)数据

书评例话新编/吴道弘著. —北京：首都师范大学出版社，2010.12

(书林守望丛书/吴道弘主编)

ISBN 978-7-81119-533-0

Ⅰ.①书…　Ⅱ.①吴…　Ⅲ.①书评—选集　Ⅳ.①G236

中国版本图书馆CIP数据核字(2010)第249807号

书林守望丛书

SHUPING LIHUA XINBIAN

书评例话新编

吴道弘　著

项目统筹：张　巍

责任编辑：张　巍　　　责任设计：张　朋

责任校对：李佳艺　　　责任印制：沈　露

首都师范大学出版社出版发行

地　址　北京西三环北路105号

邮　编　100048

电　话　68418523(总编室)　68982468(发行部)

网　址　www.cnupn.com.cn

北京嘉实印刷有限公司印刷

全国新华书店发行

版　次　2010年12月第1版

印　次　2010年12月第1次印刷

开　本　787mm×1 092mm　1/16

印　张　17.5

字　数　251千

定　价　38.00元

《书林守望丛书》编委会

（按姓氏笔画排序）

做文化的守望者

——《书林守望丛书》总序

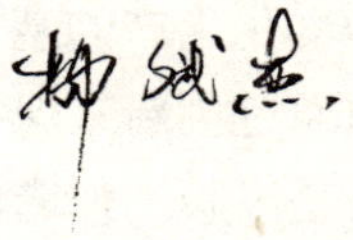

文化是每一个民族赖以生存的根基和灵魂，而出版事业和出版物，是民族文化的结晶，是民族精神的物质承载者，是衡量一个国家和民族文明程度的重要标志。从事这项伟大事业的出版人，不仅是出版活动的实践者，而且是人类文化创造、积累、交流、传播的组织者和参与者，是文化产品的生产者、民族精神的护卫者和时代精神的弘扬者。任何时代，治书修史者都肩负着神圣的历史责任、文化责任、社会责任，在我国，这种传统一直延续了几千年。但是，目前受名利诱导和网络快餐文化的影响，出版界跟风炒作、追求市场效应一夜成名而不顾文化品位等现象时有耳闻。在种种浮躁的背后，反映出来的是出版从业者文化品格的缺失。唯其如此，为繁荣学术和民族文化而坚守文化天职、恪守社会责任的职业精神和文化追求，尤其值得在出版界大力弘扬。

出版人是文化薪火的传承者，具有坚守文化自信的历史责任。众所周知，出版是人类文明薪火相传的重要依托，一个国家民族科学文化的传播和传承，有赖于它的出版事业。中华文明之所以历经五千年而一脉不绝，就在于中国历代政治家、著作家、出版家、藏书家接续几千年文明发展进程中形成的尊崇历史、珍惜古籍、编修文献、善待图书、重视典藏的优良传统，他们将中华文化的精髓融入历代出版物之中，一代一代地传之后世，肩负起了将一个时代的科学文化及思想智慧真实地记录下来、传承下去的历史责任，使中华民族的文化根基与时俱丰、愈加巩固。作为新时期文化创新和文化传播的主体，当代出版工作者更加需要继承传统、关注时代，一方面自觉承担起对民族文化传统的保存、整理、批判、传承的责任，保持中华文化的统一性、延续性；另一方面推动文化创新和发展，弘扬和培育符合时代要求的民族精神，在增强民族的凝聚力、创造力以及同世界其他文明进行对话的文化自信力方面作出贡献，使中华民族独立于世界民族之林的文化根基更加坚韧。

出版人是文化创新的推动者，具有坚守文化本性的特殊责任。作为一种文化生产的基本业态，出版既有产业的属性，又有意识形态的属性，必须通过创新来保持文化的独特品质和内容的先进性。从这个意义上说，创新是出版工作者的不竭动力和显著特征，不仅是文化积累和产品制造的组织者，而且也是文化内容的选择者和把关者，当然应当是新知识领域的开拓者和新成果的发现者、催生者。一方面，知识的保存、生产和应用，文化和技术的传承、生产和原创，都是以出版活动为基础的。历史上重要的思想创新、科学发现和技术进步主要是通过出版物得以传承和发展的。另一方面，从造纸术、印刷术到当代激光照排系统、计算机王码汉字处理系统以及数字技术的应用，出版人率先将新成果引进出版业，引发出版形式和内容的不断创新。在文化传播过程中，出版人通过传承优秀民族文化、吸收外国文化精华、把握时代需要，促进着社会文化的不断进步。而现代出版史上鲁迅发现大批文学青年、叶圣陶对巴金处女作的慧眼识珠、巴金对曹禺作品的琢璞为玉的佳话，也反映了出版人所必备的发现新人新作的创新品质。在当前的创新型时代、创新型国家建设的过程中，人民群众的伟大创造，已然成为文化创新取之不尽、用之不竭的源泉，迫切需要出版工作者发现、认识、扶持、推广，进而铺垫中华民族元气深厚的文化创新的阶石，培育中华民族根深叶茂、神韵独具的文化创新的活力。

出版人是时代思潮的引领者，具有坚守文化领土与文化阵地的社会责任。出版的本质不仅在于积累文化、创造新知，不断推出更优秀的文明成果，而且还在于按照一定的价值目标对社会现实文化作出评价，通过选择、把关实现对社会风气、学术思潮、文化倾向的引导。古代中国知识分子正是借助“竹帛长存”所构成的社会认知体系和社会规范体系，才唤起了“见贤而思齐”的文化自觉和道德自律。“五四”时期以《新青年》为中心凝聚的一大批知识青年的出版传播活动，将“科学”与“民主”汇聚成了思想解放的伟大潮流。在当今政治多极化、经济全球化、文化多元化、新技术日新月异的国际背景下，在经济社会急剧转型、社会文化事业和文化产业发展不平衡的国内背景下，承担着建构社会主义和谐社会及传播先进文化的神圣使命的出版工作者，其选择、把关进而引导大众的责任更加重大，需要通过对精神生产加以规划与组织，对精神产品进行鉴别与加工，对文化遗产作出选择和整理，对社会信息予以筛选和传递，打造传承主流文化和主流价值观的精品力作，不断巩固主流文化阵地。这就要求当代出版工作者必须深深植根于中国特色社会主义伟大实践，敏锐把握时代变革的风气之先，不随波逐流，不跟风炒作，不断提高辨别真善美和引导大众文化、传播主流文化和主流价值观的能力，致力于弘扬民族精神和时代精神，为中国的改革开放和现代化建设事业提供有力的思想保证、精神动力和智力支持。

历史已经证明，出版业作为文化传承和文化创新的核心，如果没有文化理想和文化追求，便失去了发展的根基。而出版工作者的文化价值取向、人文素养、文化责任、文化运作能力和学术品评能力，又直接影响到出版物的文化含量。从这个意义上说，对于文化的坚守，不仅是一种出版理念，也是一项出版实践。在竞争日益激烈的世界文化市场中，能否坚持文化本位，能否坚守文化责任，对新时期的出版从业者来说，无疑是一种严峻的考验。《书林守望丛书》的问世，为我们提供了一部关于新中国出版人的精神文化启示录。其中反映出的经过沉淀而彰显的文化品格，尤其应该成为新时期出版工作者的精神支柱。这套丛书的作者，是一群深深地钟情于出版事业的文化守望者，他们在“书荒”时代辛勤耕耘，在“书海”时代坚持方向，恪守文化的尊严，组织、规划、策划、编辑、出版过一大批反映时代精神、民族精神及具有学术价值、文化品位的标志性工程，主持、主编过一大批科学、人文、经济、教育等方面为广大读者喜闻乐见的知识读物，为全社会提供优秀的精神食粮作出过重要贡献。在他们身上体现出来的勇于开拓、后启来者的创新精神和坚守精神家园、淡泊名利的文化风骨，堪称典范。希望通过这套丛书的出版，使新时期的出版工作者形成一种更加清醒的文化自觉，在文化与产业协调发展的道路上走得更加坚定，产生更多让世界为之惊喜的拥有自主知识产权的民族文化品牌，再现中华民族宏大的文化气魄。

当前，出版业的发展同政治、经济、社会、文化的发展一样，要在世界范围内的大对话、大交流、大竞争、大角逐中，把握机遇，迎接挑战，创造新的辉煌，需要一大批具有真才实学且能开阔视野、崇尚科学、追求真理、尊重创造、包容多样的新型复合型出版人才，来担当中国特色社会主义文化建设的推动者。《书林守望丛书》汇集的新中国成立六十年来成长起来的十几位出版家在长期为人作嫁的职业生涯中的思想火花、书坛掌故，集中反映了新时期出版工作者的精神风貌，不仅抓住了时代的新变化，也深刻把握了出版职业的新要求。这套丛书的作者，或者长于出版规划，或者长于鉴赏加工，或者长于经营管理，但都有将丰富的实践经验升华为理论的深沉思考。将这些经过实践检验的理论总结汇集起来，转化为鲜活的历史智慧和生命依托，对于未来的新型出版人才，无疑具有深远的精神哺育作用。我希望这套丛书的出版，能够吸引更多才华横溢、富有创造力的新军投身我们的出版事业，使中国出版人的文化守望薪火相传，为推动社会主义文化大发展大繁荣建功立业。

2009 年 7 月

目 录

乙编　书评续话

丙编　书评赏析

丁编　书评写作

代 序:吴道弘与书评

伍 杰

吴道弘(1929年生),著名编辑家,编审,中国韬奋奖获得者,曾任人民出版社副总编辑,中国图书评论学会副会长,中国编辑学会副会长,中国出版工作者协会学术委员会主任。1950年2月从上海诚明文学院中文系考入上海三联书店,一直从事编辑工作。他从20世纪50年代初就开始写书评,早期的书评文章,多已散失。80年代以后的书评,结集出版的有《书评例话》、《书旅集》等。他评书约六十种,专论图书的书评文章九十多篇,近十八万字。

吴道弘的书评成就,首先表现在书评理论上。对书评的许多重要问题,他都作了许多理论性的阐述。如《读书与书评》、《关于书评的一封信》、《书评二十条·三十七条》、《书评漫话》等。另外,有一组短文,共二十二则,叫《书评赏析》,是对书评文章的评论,这在目前是较为少见的,可谓别开生面。在《读书与书评》中,他说:"书评本来就是图书评论的简称,这比较明确。在评论图书的时候,总是结合着介绍图书的内容;在介绍图书的时候,往往也离不开对它的评价。因此,'图书评论'、'图书评介'或'图书介绍',这些名词在含义上是大体相同的。人们习惯上有时也把报道图书出版信息的文字(包括书讯、书介以至介绍书籍的广告文字),统统看作书评文字。"他分析说:"书评是一种文体。即使这种体裁比较灵活,但仍然有书评的基本形式,我以为常见的书评形式有四种:一是介绍式的书评;二是评论式的书评;三是评介式的书评,即是评论和介绍的结合,兼有评论和介绍性的内容;四是综述式的书评,这是较新的一种书评形式。"他说:"书评工作对于正确地指导读者认识新书有很大的意义，特别对于青年选择有益的书籍有很大的意义，直接起着指导读书的作用。”他在这里对什么是书评，书评的种类，书评的功能作了简要的论述。他在《关于书评的一封信》中说：“写书评以前，一定要想清楚书评的目的性……书评的目的性不同，也就有不同的评论角度，因而目的性总是决定书评内容的主要因素。”还说写书评要“先从图书出发，从认识、分析图书着手。既入于书，又出于书。‘入于书’是认真细致地读原书，千万不要一目十行，浮光掠影地阅读。‘出于书’是要跳出书本来冷静地思考，有时是评书与论人并重，甚至用原书作者自己的话来解释他的作品”。要明确“书评创作也是一门艺术……需要思辨与比较相结合，作者要有高明的见解、洞察的能力，善于分析比较。同时需要感情与文字相统一，作者要有真诚的感情、善意的批评，这样流于笔端的文字才能感人”。20 世纪 30 年代李健吾曾说过批评是一种艺术，但无人说过书评是艺术；这里讲了别人没有讲过的看法。他的《书评漫话》也是“漫”中有焦点，有漫有聚，就书评中的某一点进行议论，是很好的书评短文。吴道弘的《书评赏析》很有特色。它不是书评，而是书评之评，其文短小，所以多有画龙点睛之妙，多是取其一点而论。如韦君宜的书评《读〈牛虻〉》，吴道弘的赏析只用了二百字。要点是点出韦君宜书评的目的，“本篇的写作有很大的针对性，解答了青年读者在阅读中提出的若干疑问。”

吴道弘的书评，有其他书评家都无法比拟的地方，这就是他评本行业——出版专业类图书比较多，他的书评对催生、发展出版学理论作出了重要贡献。他评了许力以的《人类文明与出版》，袁亮主编的《出版学概论》，李海崑的《出版编辑散论》，徐柏容的《期刊编辑学概论》，方厚枢的《中国出版史话》，李瑞良的《福建出版史话》，李明山的《中国近代版权史》、《书刊编辑手册》、《美国出版概论》、《美国出版社的组织和营销》，章桂征的装帧设计等。他评论这些书，不是一时兴起，也不仅仅是人情之作。他评，一是他爱，对出版怀着执著的追求，看到这类书，便情不自禁地想评论；二是他懂，他懂得这些书的内涵，懂得这些书的意义和分量；三是他能，因为懂，他能评得在行，讲内行话，切中要害；四是他希望这些书能更好地发挥作用，振兴推动出版事业的发展。这是他评这些书的原因，也是评这些书的目的所在。

出版、编辑，作为实践，古已有之，但是作为一门现代学科——出版学、编辑学——为学界所接受，为社会所认可，则是近些年的事情。所谓“学”，就是探索出版、编辑规律的学问。出版界的人们，长期在实践中探索，走过漫长的路，终于探索出了一些眉目，自信地建立了学科，使它们登上了科学的殿堂，这是科学文化发展的必然和结果。吴道弘从四十多年的亲身体验中，客观、公正地评论了几本出版学、编辑学著作，这充分表现了他的自信、水平和学养。他评论袁亮主编的《出版学概论》是“一本比较详尽的、有理论的、具有文献价值和自成体系的出版学论著”，“标志着出版学研究工作的阶段性成果，是一块重要的里程碑”。同样，他对李海崑的《出版编辑散论》，也给予了极大的关注。他认为本书对出版中的若干理论问题和实际工作中的许多新的实际问题，都进行了认真的探索和思考，不仅观点鲜明，说理清楚，文字晓畅，而且内容比较充实。他在《〈美国出版概论〉序》中认为：我国编辑学、出版学理论的发展，很需要借鉴外国的理论成果和实践经验。他举出原书中重视选题策划、重视图书宣传、关心图书发行、认真经营管理等等都值得我们学习。从以上可以看出，他评论出版专业著作，都是着眼于这一新学科的建立、规范和发展，都是着眼于这一新学科的建立对整个出版事业的影响。

吴道弘用了很大的精力评论中国的出版史，还写了多篇正确认识出版史的专文。他认为方厚枢《中国出版史话》的可贵之处是“第一部下限至建国四十周年的通史性质的出版史”，不仅史料积累有浓厚的功底，研究也很见功力，是首屈一指之作。李瑞良的《福建出版史话》更是丰富了中国出版史的内容，指出了“福建出版文化在福建文化中占有重要地位”。他认为“本书对于传播地方出版知识，促进出版史、印刷史和编辑史的学术研究，都是有价值的贡献。同时对充实中国文化史的研究内容和促进中外交流，也是十分有意义的”。吴道弘评了《中国近代版权史》，其实版权史也是出版史的组成部分。《中国近代版权史》在近年来诸多的版权论著中，论证更系统，更完整，“不仅充实了我国近代出版史的研究内容，为当前出版版权实践提供历史借鉴；而且在一定意义上，也为我国知识产权法学研究提供历史审视的学术成果”。在对出版史著作的评论过程中，他总结出这样的结论：出版史是文化史的组成部分，也是社会的文明史；作为一门学科，需要探索，需要研究，需要总结，从而促进当代出版事业的发展。这种认识，是十分中肯的。

吴道弘评书的范围很宽，一是和他从事的有关专业有关，二是和他读书的兴趣广泛有关，三是他有各方面的学人朋友，都愿请他评自己的著作。因此，他可称为“百家”书评，泛评百家之书，表明了一个编辑人和爱书人撰写书评的特点。除了前面所讲的以外，他还评了《韬奋文集》、《胡愈之文集》，蒋路的《俄国文史漫笔》，陈依范的《美国华人发展史》，陈原的《书和人和我》，戴文葆的《寻觅与审视》，叶至善的《古诗词新唱》、《诗人的心》，王朝闻的《美学概论》，朱自清的《经典常谈》，侯艺兵的《院士风采》，章含之的《我与乔冠华》，胡乔木的《人比月光更美丽》，钱鍾书的《石语》，杨绛的《干校六记》等等。这些评论的特点是内容比较广，文字比较短，议论并不深，多是介绍性评论，介绍其人其著。如评胡乔木的《人比月光更美丽》，他只是说胡乔木不仅是理论家，“还是诗人”，没有详细评介诗的内容，只介绍了毛泽东、郭沫若、赵朴初帮助他修改诗的情况。点出“这本诗集的装帧极好。精装本绿色绸面上烫金色书名，书名由钱鍾书题字，凝重中透出潇洒。护封是用淡淡的浅蓝底色……正文横排，版式疏朗，用仿宋字体排诗，更觉美观”。对钱鍾书的《石语》，也评得简略，只简介了六十年前钱和陈衍(石遗老人)的亲密关系，略谈了几件逸事，有可读性。评《胡愈之文集》，只介绍了他作品的年代，简要概括了叶圣陶、冰心等人的评论“言简意赅、很有可读性”。对《编辑出版家叶圣陶》、《报人出版家陈翰伯》、陈原的《书和人和我》的评论，都比较简略。有些书只是取其一点，或画龙点睛或蜻蜓点水。虽想求精，却失之浅。

关于书评给青年的一封信

承你来信问我书评的写作方法，我很高兴。尽管对于如何写好书评，确实说不出很好的意见，只是觉得这个问题值得研究，因此乐于跟你交换意见。

现在社会上不少人轻视书评，以为书评写作是很容易的事情。他们或者是不满意书评的现状，或者是不了解书评写作的要求与甘苦。这种情况，也不是在今天才有的。学术文化的普及和发展，离不开评论工作的推动，其中包括书评工作在内。然而书评的意义和作用及其在文化学术评论中的地位，往往被人们忽视。最难于理解的是，一些学术科研单位甚至也拒绝承认书评是学术论文。没有人要求书评等同于学术论文。然而有学术价值的书评，难道就不是学术研究的重要成果吗？这应该是不容争辩的常识。何怪许多人不愿意写书评，以为是费力不讨好的事情(自然，这句话还有其他的含意)。应该说，这些年来，在大部分青年中重视书评(包括阅读与写作两方面)的风气正在逐渐形成。因而，对你提出的问题也就感到高兴。

书评的理论研究，这几年是有成绩的，陆续有几本书评学的专著出版，这你是知道的，所以用不着我絮说了。不过，跟大量发表的书评作品相比较，理论成果还很不够，书评理论的基础还是薄弱的。可喜的是，书评学作为一门学科受到一些高等学校的重视，一批年轻学子朝气蓬勃地在开拓这块学术园地。特别对于以书评学研究写作硕士、博士论文的青年，我是肃然起敬的。今年年初，北京大学一位女研究生以 40 年代书评史的专题写作硕士论文，在大量调查研究的基础上，从历史考察的角度，总结书评实践的丰富经验，从而归纳、概括出若干理论的认识，这是很可宝贵的见解。论文写得很扎实，我读过以后，心里很高兴，情不自禁地期望这位作者继续深入、扩大已有的研究成果。我的高兴还在于：通过书评史的研究，把书评理论与书评的历史研究沟通起来了。我以为这是有助于书评理论研究的深入和发展的。

上面的话，也许扯远了，还是回到你的问题上来。我写书评并不多，但有一条经验：在动手写书评以前，一定要想清楚书评的目的性，主要是为哪些读者写的，要讲清什么问题，甚至考虑预备在哪个报刊发表。自然是在“有感而发”的时候。图书的内容常常是很丰富的，书评的目的性不同，也就有不同的评论角度，因而目的性总是决定书评内容的主要因素。也许这就是书评文体的特征。

不过无论如何，一篇书评至少应该提出一点启示，讲述一下优缺点，指引一下读书的方法等，也就是通常所说的，书评要比原书增加一点知识，或者你的意见是其他书评家所注意不到的地方。这样书评才会对读者和作者都有裨益。

写书评无疑先从图书出发，从认识、分析图书着手。既入于书，又出于书。“入于书”是认真细致地读原书，千万不要一目十行、浮光掠影地阅读。“出于书”是要跳出书本来冷静地思考，有时是评书与论人并重，甚至用原书作者自己的话来解释他的作品。对作者的了解也会有助于对他作品的认识。

有人批评时下书评的“八股”，不满意书评中过多的“介绍”(或“复述”)，以及蜻蜓点水式的“批评结尾”，这需要具体分析。古人有“文无定法”的主张，书评的结构模式也不宜划一，提倡多样。至于书评中的“评论”与“介绍”，何者为主，或者两者如何结合，也是根据具体情况来安排的。既不能有固定的公式，也不必有孰重孰轻之分。评论固然可贵，介绍也很重要；“介绍”是书评作者对图书内容的把握，也是读者需要了解的。这个意见我似乎多次说过，不知你以为如何？

17 世纪初，有一位誉满英吉利的桂冠诗人本·琼森，他是头一个给予当时无名的莎士比亚以准确、高度评价的人。琼森写诗推荐莎士比亚的戏剧作品。诗的一开头就说：“我大力赞扬你的著作和名声。”认为莎士比亚是靠功力也靠天才成功的诗人，称赞莎士比亚的悲喜剧会赢得欧洲

1986 年 4 月 22 日在中宣部出版局召开的全国图书评论工作座谈会上发言

各国的尊敬，是永恒的戏剧诗人。我国的著名评论家李健吾先生在翻译本·琼森的这首诗时，还特别指出："当时对莎士比亚的评价没有比他更准确与真挚的了。他的每句诗都有几千斤分量，而德国的歌德、法国的雨果，以及马克思、恩格斯对莎士比亚的高度评价，则已是一二百年后的事了。"(《李健吾戏剧评论选》第 458 页，中国戏剧出版社 1982 年版)我在这里所以要引述这件事，无非是想说明，头一篇对莎士比亚著作的评论，原来是一首诗，而且已经成为不移的定论。可见，有时文体、形式，并不是最重要的。

重要的是，书评创作也是一门艺术。首先评论本身就是一种艺术，而书评创作则需要思辨与比较相结合，作者要有高明的见解、洞察的能力，善于分析比较。同时需要感情与文字相统一，作者要有真诚的感情、善意的批评，这样流于笔端的文字才能感人。有了这样的认识，作者在写书评时就会对自己有一定的要求，结构、风格等问题，自会迎刃而解了。

你读过我的《书评论》，以为有启发。其实，上面写的意见，大致在那篇文字里也多少涉及了，这里只是讲得稍稍具体、清楚些，至多有所补充罢了。如果对你仍有用处，那我就十分满意了。

书评基础知识(条目式)

知识部分

一

图书评论，通常称为书评。它首先是在近代报刊上出现的一种介绍、评论图书的文章形式(体裁)。随着图书出版事业和传播媒介的发展，还由于读者需要的刺激，书评的内容和形式也在逐步发展。到 20 世纪 20 年代，国外已经形成对于图书内容(与形式)以及它对社会(读者)和科学文化产生的影响或意义进行研究、评论的一门学问——书评学。

书评与书评学的概念不同，前者是以图书为对象所进行的介绍、评论和研究的一种文章形式，是一种社会评论工作，是一种科学认识活动；后者是专门研究书评的一门处在发展中的学科，是一种有相关内容而又有逻辑联系的科学体系。

二

书评的基础和出发点是图书，而报刊、电视、网络等则是书评的载体。因此，图书出版、媒体性质、读者要求等，是影响和制约书评的客观因素。也就是说，不应该孤立地去研究书评，而需要联系这些客观重要因素来考察、分析书评的作用，研究书评的发展过程。书评工作的发展，已经成为整个出版事业的一部分。

三

书评是沟通图书与读者之间的桥梁，也是反映读者(包括专家)和社会意见的一种形式，并尽可能充分而正确地发挥图书的作用。书评有着几种不同的作用，但首先是要起到导向作用。如同“新闻评论”、“文艺评论”等一样，书评就是一种社会舆论性质的评论活动。

四

评论性是书评的灵魂，也就是说，书评重视和强调书评作者对图书的评析、论述见解。无论是在推荐好书或批评有缺点、错误的图书，都离不开评析和论证。自然，这种评论可以是全书总的评价，也可以有所侧重，就某一局部、具体问题而言。提倡实事求是、中肯、客观的评论，目的是有助于读者提高对图书的认识与理解。书评可以对读者的阅读风尚产生积极作用。

五

现代社会媒体上书评的新闻价值或信息价值，越来越为人们所关注。媒体编辑发表书评，往往作为传达文化出版信息、学术研究信息、知识信息或是图书的社会反馈信息的手段。书评的新闻性与信息价值是融合在一起的。

六

图书评论与图书宣传之间，既有区别又有联系。书评的本质特性(评论性)和自身的写作规律，自然区别于图书宣传的内容。然而，“图书评介”一词的出现，不仅表示书评内容中评论与介绍的结合，同时也意味着图书评论与宣传的接近。以推荐好书、传播知识为目的的书评，实际上包含着图书宣传的内容。图书宣传包含较为广泛的内容，如各种形式的文字介绍、广告图书目录和图书宣传品，以至书店橱窗的图书陈列等。

七

图书是创作，书评也是创作。如同任何一种翻译的作品具有创造意义一样，书评是具有创造意义的。因为书评是在认识图书、鉴赏图书和评论图书，而认识、鉴赏和评论，就是一种有创造性的活动与能力。“欣赏一首诗就是再造一首诗；欣赏一部书，如果那书有文艺价值，也应该是在心里再造一部书。一篇好的书评也理应是这种‘再造’的结果。”(朱光潜：《谈书评》)如果不理解书评的创造意义，就不可能理解书评的性质，也就会轻视书评。

八

书评的创造性和学术性往往是结合着的。着重评介图书中的新论点、新见解和新材料，说明它们在学术方面的意义与价值。这样的书评可以传播研究成果，推动学术研究工作。有时，书评就是学术论文，即以书评的形式发表的学术性研究文章，阐明书评作者的学术见解，对图书有关论点进行批评或争鸣。

九

书评的一项不可忽视的内容，就是研究图书的编辑、出版质量，即从图书的审读、体例、校对、装帧和印制等角度进行评论与研究。这样的书评可以起到推动、促进和改善编辑出版工作的作用。书评工作会越来越密切地关注图书的出版需要和市场情况的。

十

书评作为一种比较灵活的文体，有大体上的基本形式。除了主要是批评的或推荐的书评，最常见的是评介式的，即兼有评论与介绍的内容，或寓评论于介绍之中，或在介绍的基础上展开评论；在评论和介绍的比重上也是灵活的。但作者有明确的指导思想，能把握住全书的中心思想和主要倾向。而综合评述式的书评，是集中介绍或评述同类书或某一丛书、系列书的书评，用历史的和比较的方法去进行分析和研究，是一种宏观和多角度的评论。

十一

书评的体裁和形式也在发展中。有议论文体，也有散文体、通信体、谈话体，甚至是诗体的书评。报刊上还有一种兼有小品文与杂文特点的书评，都是值得重视的。形式多样，篇幅宜短，大致是今后发展的趋向。

书评作者总是根据所评图书的类别、发表媒体的性质和风格、作者表达的内容，从而自觉地掌握、运用和发展书评的写作形式。

十二

书评也有选题问题。书评作者往往是根据自己的专业特长、兴趣爱好，或者从图书的重要性和社会需要来选择图书进行评论的。因此，关心图书的出版情况，经常从征订目录、新书广告和报刊上的书讯等方面了解出书信息。这方面的知识积累多了，就有助于判断和选择。同时要经常跑图书馆、逛书店，从而多读新书。善于对同类书进行比较，判断它们的优缺点，以便主动地选题。而依靠出版社编辑的推荐或有关媒体的组稿，也是常有的。

十三

书评写作的首要条件，就是认真地、仔细地阅读原书，而不是走马观花或者蜻蜓点水地阅读。最好先有一遍浏览，在此基础上进行通读，然后是有重点地阅读若干重点章节。这三遍阅读工夫，就是通读与细读相结合的方法。至于怎样识别重点章节和挑选需要细读的章节，就图书本身而言，往往是最有特色的章节或有严重缺陷的地方。就书评作者而言，即是自已比较熟悉的或比较感兴趣的地方。就书评目的而言，则是需要在书评中加以阐述的章节。在细读的时候，随手做些摘录，写成卡片，或在书上做些记号，养成边读边思考的习惯是很重要的。

十四

评论图书，需要了解图书的作者。

原因之一，了解图书作者就会有助于理解和掌握图书的内容。对图书作者的经历、专长、作风、爱好以及性格特点等情况愈了解，愈有可能深入地理解图书内容。同时，关于图书作者的情况，往往也是书评作者进行评论写作时的必要资料。

原因之二，对于书评读者来说，了解作者，同样也是很必要的。古人说："读其书，而知其人。"而书评就要适当地满足读者的这种需求。

如果图书作者还写过其他的同类书(跟被评论的书是同类的)，那么就联系起来进行比较，加以评论。这种书评写作方法是完全必要的，这个时候千万不要孤立地评论一本书。

十五

尽管媒体书评编辑的要求，总是书评作者写作的根据。然而，明确书评的目的性是必要的。明确目的性，是指弄清楚为什么要写这篇书评？书评的主要读者对象是哪些人(一般读者还是专业工作者)？给哪家媒体发表的，并要弄清楚它的性质和风格等等。——所有这些，都是影响这篇书评写作的必要因素。

诚然，书评作者往往只有在阅读全书以后才能恰当地做出决断；并且要把一本书作为一个全过程来研究和评论。重要的是，必须在动手写作以前，就明确书评的目的性。

十六

明确书评目的性以后，就要确定书评的基调和形式。基调与形式是互相关联的。基调是偏重内容的东西，又是贯彻书评全文的；形式则是体现基调，并为基调服务的。

确定基调是书评作者鉴定、判断一本书所得出的综合批评即基本评价。这是对一本书的总体估价。肯定与否定是不同的两种基调，代表着优与劣的两种完全不同的内容。无论肯定还是否定，也都有程度上的差别。自然这种程度上的差异和区别，并不影响基调。至于形式服从内容，主要表现在体裁上。书评作者应该选择最能表达内容的文体来写作，但一篇书评只能用一种文体写作，请记住恩格斯对考茨基的告诫："你为了想写得通俗一些，一会用了社论的笔调，一会又用了小学教员的笔调。这应该是可以避免的。"(《马克思恩格斯全集》第 39 卷第 462 页，人民出版社 1974 年版)

十七

千万不要轻视书评中对所评图书若干内容的复述，因为复述往往是书评有说服力的表现。为了使读者能够更清楚地读懂书评，也便于在书评中说明、论证和阐发某些观点和见解，复述原书内容(或情节)是不可避免的，这样做也就增加了书评的透明度与说服力。要知道，在评介文学作品特别是小说时，复述内容(或情节)更加必要，也更难。这是书评作者的鉴赏力和概括力的检验。

复述内容的方法，有时可以直接摘引原书文句，有时只能用书评作者自己的文字加以复述。无论摘引原文或自己叙述，都要求准确地表达内容，而不是断章取义。

十八

书评标题很重要，取一个正确、贴切、清新、自然的题目，是一门学问。好题目可以概括全篇宗旨，起到画龙点睛的作用；可以突出中心，让人易于了解并得到启发；也可以富于哲理，引人深思而有回味。文字要简练，不可太长，精练则题旨集中，句长则容易松散。一般有用诗句、成语、对仗式的联句或警句，以便引起读者的阅读兴趣，并满足审美的要求。

无论在写好书评以后再加题目，或者先立题目再写书评，大抵只是作者习惯的不同，似不必强求一致。不过，标题要与体裁相协调，"题文相符"，不可不知。

十九

写出初稿以后，不要怕改自己的文章，应该重视修改工作，文不厌改，在中外古今的创作史上有许多动人的例子。书评写作，道理是一样的。至少通读几遍初稿，反复修改多次。才能做到思路周密、文字严谨。修改的过程也是提高的过程，有时还会涌现出很好的思想来，可以得到补足和充实，切忌急躁从事，潦草定稿。

二十

书评作者的理论、知识修养和写作态度是直接决定书评质量的。首先是正确理解和认识图书的内容，善于识别和挑选图书的精粹和缺点；还有书评的思想性、专业性和评析能力，这些都有赖于作者的理论、知识水平，也离不开公正、客观、实事求是的写作态度。提高、发展书评，决定于书评作者修养与能力的提高。

1992 年

论述部分

一

书评是最广泛、最常见、最活跃的一种文化评论形式。书评这种创作成果是以图书存在为前提的，但它的作用可以推动图书文化的发展。

二

研究图书是书评写作的基础，而阅读又是研究的第一步。迈不出第一步，就是失去基础，这样写作的书评等于无本之木、无源之水。

三

现代书评是在发展的，它的涵盖面向着读书笔记、书人书话、访问谈话等内容扩大。不过，书评的基本内容仍然是有见解的评论与有价值的书史。是要议论与文采相结合、哲理与文采相结合、审美欣赏与文采相结合。

四

书评文体的散文化倾向日益明显。但是，书评散文化的目标是要议论与文采相结合、哲理与文采相结合、审美欣赏与文采相结合。

五

评论一本图书，书评家要首先理解图书作者的创作构思、创作风格与特点，并善于发现作者还未表现出来的潜力。这是一种尊重图书作者的美德。

六

书评的灵魂是见解，有了见解也要有文采。有文采也就有可读性。但是文采不足未必不是书评。

七

发议论写感受，总离不开真实。有了真实，也就有了书评的个性。

八

书评的社会舆论功能，是依靠报刊等传播媒介来实现的。

九

书评自然也是传播信息(出版信息、学术信息等)的一种方式，能够起到宣传的作用，但是决不要误解成：书评只是推销图书的方式。

十

书评创作是书评家专业水平、知识积累和鉴赏能力的考验，同时也会反映与折射出书评家的人格。

十一

读一部书时会有许多顿悟、体会和感受，它们是零星的、分散的、个别的，还不是判断。只有发挥书评家理性的判断力，才是重要的。

十二

书评既是创作，同样需要书评家的创作激情。这种激情是与理性判断所需要的冷静互为补充的。

十三

评论图书不排除书评家的个人偏爱。偏爱往往是创作者自己的印痕，有时也是一种社会效应。

十四

书评的批评内容要区分政治性和学术性。正确运用批评的武器，也容许有不同意见的批评。越是典型意义的批评，也就越有普遍意义。

十五

书评并不就是一味的批评或颂扬，有时必须对作品进行解释。书评家既是作者与读者之间的中介者，又是普及和提高的指导者。

十六

书评家心中要时刻想着读者。

十七

书评的长短，是一种客观的要求，从来不是它自身的价值尺度。提倡简约，不废长篇；增一分则肥，减一分则瘦，恰到好处，止于该止，才是难得。

十八

不同体裁之间常有互相影响、渗透的现象，书评也总是不断借鉴、吸收相关文体的优点来丰富和发展自身的。

十九

书评也容许有一定的程式，这不等于八股文。最好不要把那种“全篇肯定，结尾批评”的书评程式一概否定。

二十

无须排斥蜻蜓点水式的评语——如果是合理、中肯的批评，因为它是有益的。

二一

陈词滥调、言之无物、庸俗谀美、空洞批评——这些才是书评文字的大忌。

二二

判断书评的价值，不在于它是颂扬还是批评，它们不是对立的，而是不可或缺的书评要素。“文章本天成，妙手偶得之”。

二三

书评家对图书的感受、审察和理解，不可能完全相同。有时书评只是读书的所悟所获罢了。因此，评论一本书，往往不是一篇书评或者一个人就能完成了的。

二四

从不同角度、不同观点评论一本书，或形成抵牾，或互为补充。“奇文共欣赏，疑义相与析”。读者应该理解书评家的局限性。

二五

书评不排斥“介绍图书内容”，不要把“介绍”同“评论”对立起来，“介绍”为“评论”服务，必要的介绍文字使评论更有说服力，使读者更好地理解和接受。

二六

图书序跋往往有评论图书和导引阅读的内容，因而序跋也是书评，并且是书评的先行者。

二七

并不是每一篇书评都能为读者所接受的，书评家不能有这样的期望。发表书评只能是书评家与读者交流的起点。

二八

不同作者评论同一本图书时，往往有不同的切入点，这既表明书评家的不同鉴赏角度和不同评论风格，又表明图书内容的丰富性。

二九

图书的出版，只是它生命旅程中的开始。只有在传播进程中得到社会的评论，才能使图书充分显示出它的社会效果。这也是书评的魅力所在。

三十

轻视书评是一种误解和偏见。好的书评对原著的观点有所阐发、有所发展，具有自身的学术价值。这在书评史上不乏其例。

三一

书评家是文化知识的向导和传播者，是作者、读者的朋友，是出版者的知音。书评家不应该居高临下地批评，也不应该随心所欲地鉴赏，更不应该口是心非地议论。

三二

书评家也是专门家。

三三

如果说，书评编辑的组稿对象只是与原书作者和出版者毫无关系的人，那么，这也决不是选择书评作者的唯一条件。

三四

人们如果没有图书，等于失去了智慧和力量的精神世界；人们如果读不到书评，那么，这个图书世界将是沉闷而孤寂的。

三五

书评读者根据不同的阅读目的与需要，善于从书评中了解评论视角、分析方法和揭示的道理。读者研究书评之间的不同阐释，就会加深或发展对原书的认识。

三六

社会的读书风气需要书评的推动、引导。让书评感动读者，还不是最终目的；通过书评影响读者去阅读图书，才是最重要的。

三七

书评的理论是宝贵的，然而理论不可能是判断和评论的唯一前提。要关心书评实践的发展，只有实践之树才是常新常青的。

1995 年 3 月

(原题为《书评散论》，载《中国图书评论》1995 年第 4、9 期)

甲编

书评例话

中学时代读叶圣陶先生的《文章例话》，印象很深。50年代初，有机会多次聆听叶老关于语法修辞和文章写作的讲话，记忆犹新。通过一些作品的分析与评论，使我们在不知不觉中提高了欣赏能力与鉴别能力。

近年在有关同志的督促下，写过几篇有关图书评论工作的文章，还参加编选了书评集子，因而阅读了不少书评文字，不免有所感受；也似乎成了习惯，平时阅读，总爱作些思考，有过一些想法，但多半是一鳞半爪、浮光掠影的东西。

现在不揣浅陋，准备分成十个题目，陆续写出，体裁不拘，长短不一，可引例加议，也可以话证例，因学习叶老《文章例话》的用意，统名之曰“例话”。不论编次，又无系统，但愿能够有助于关心书评的年轻朋友的阅读和写作。

以上就是“书评例话”的开场白。

编辑与书评

出版社在鼓励年轻编辑练笔时，往往要求他们写作书评。陈原同志说过："一个编辑好比一个医生：他不但会确诊，他还得会用药或开刀。编辑不仅要判断一部稿子的好坏，有时他还必须拿起笔来帮助作者润色或者修改。因此，编辑必须练笔。"(《书林漫步·续编》第351页，三联书店1984年版)这说明了编辑练笔的重要性。叶至善同志为出版自己的文集所写的自序里，还几次提到是练习写作，也许就是"文章须苦练"的意思吧。其实，练笔的事，确是编辑天天在做的。编辑工作的选题、审稿、写图书内容说明，以至跟作者、读者通信等等，做的就是练笔的事，而写作书评之为练笔，就更加清楚了。

此外，有的编辑对待书评写作，还有一种误解。他们总认为写书评是很容易的事，往往用心不够，用力不勤。目前出现的不少内容空泛，一味吹嘘或任意拔高的"书评八股"(自然，还包括一些图书宣传文字在内)，已经引起读者的不满，使书评的声誉大为降低。这些八股式的书评中，难免会有出于编辑手笔的。于是有人就不信任编辑写的书评，甚至认为编辑是写不好书评的。其实，写出很好的书评的编辑，也是大有人在。

提倡编辑写书评，是出版领导机关反复强调过的，也是在编辑工作实践中实际在做着的。1986年3月，中国社会科学院院长胡绳在中国出版工作者协会第二次会员代表大会上讲话时，曾经着重谈到编辑与书评家的问题。他首先指出，对图书缺乏一种很严肃很认真的评论空气，对社会科学方面的图书缺乏评论。并且指出："书评家要对出版的状况比较熟悉，各种同类书都看得多，他就有比较。也可能书评家在某一门不是真正了不起的专家，但是他对整个科学研究的状况，出版的状况了解得多一点儿，他能做一些比较，能做出一些比较客观的评论。”因此，他认为，“从出版社的编辑里面可以产生书评家，一般的社会科学的书评家。……编辑人员有专长，又有广博的知识，又熟悉出版情况，所以应从编辑中产生书评家，促进书的质量提高，也就是科研质量的提高。”(见《中国出版工作者协会第二次会员代表大会纪念刊》，1986 年)1986 年创刊的《中国图书评论》上辟有“编辑评书”和“总编辑手记”栏目。最近在《出版工作》上也有“责编书评”的新栏目，编者还特地郑重寄语：“我们提倡责任编辑写书评。责任编辑理应对自己所编之书写出较好的书评。这样，一方面有利于对图书的宣传推广，一方面有利于编辑的专业学术水平和写作水平的提高。”编辑撰写书评，也是关心图书命运，为需要的读者提供信息或辅导的重要手段。近代编辑出版史上的著名编辑如邹韬奋、叶圣陶、郑振铎等写过大量的书评，近三十多年来编辑家们也发表过大量的读书笔记和书评文论。陈原的《书林漫步》、戴文葆的《新颖的课题》和杜渐的《书海夜航》等都是很好的例子。

编辑怎样评书？有一点值得提出，就是要利用编辑岗位的优势，结合编辑工作和自己的想法加以阐述和发挥，因为成书的过程及其有关的情况对读者理解作品是有帮助的。有篇评论《中国美术史大纲》的书评，是该书责任编辑写的，书评具体地说明了此书作者不囿于旧说，善于独立地提出自己的新鲜看法，以及写作方法上的若干特点。全文写得很有说服力，文中说：“当我第一次读完此稿时，情不自禁地拍案叫绝，感到这是多年来难得的一部好稿。于是便立即向总编辑建议，把此书列入哲学编辑室 1985 年的重点书稿。果然，此书不负众望，一部将近五十万字的著作，在短短几个月内就引起了强烈的反响。”(《中国图书评论》1987 年第 1 期)这段话包含着书评作者审稿时的体会和评介(这正是编辑拥有的优势)，如果能够在这里进一步展开自己的具体考虑，相信这篇书评会更好一些。

编辑家周振甫先生是钱鍾书《谈艺录(补订本)》一书的责任编辑。1983 年，钱先生在这本书的《引言》里说：“审定全稿者，为周君振甫。当时原书付印，君实理董之，余始得与定交。”这里是追溯到 1948 年周振甫对此书初版时的贡献，就在那时开始了他们之间的友谊。一位著名学者对他的著作的责任编辑有如此的称颂，实在难得。足见周先生对此书出版付出了辛勤劳动，尽了编辑的责任。后来，周振甫写了上万字的洋洋洒洒的书评文章，发表在1986年第2期的《文学遗产》上。这篇文章着重评述了钱先生的文艺论，是一篇有分量、有价值的书评。应该说，这是编辑与作者关系的一段很动人的史话。

1993年12月在朝内大街人民出版社工作室

编辑家戴文葆同志的经验是："由于当了编辑，毫无疑问，天天要接触各种书报刊物，要和读书界共呼吸。读稿是工作，读书是学习。读稿读书，不能不有所感受，有些领会，从而产生了意见，写出若干评论来。"(《〈新颖的课题〉自序》)可见编辑评书有着广阔的天地。编辑既然拥有较多的信息资料，包括与作者交往在内的一些感性认识，以及了解读者方面的一些情况，这就有利于书评写作；如果编辑与专家集于一身，那么他写作书评的驰骋天地就更加广阔了。上述所引的几本书评集中，就不乏其例。

编辑固然还不能直接等同于书评家，但编辑工作确是包含了不少书评家要做的一些事情。编辑审稿就是做原稿的评论工作，一份审稿意见就是鉴定原稿质量的评论文字。编辑审稿时也要对作者的学识、专长等特点有所了解，还要了解读者的需要。这些同样是书评家需要了解的。同时，编辑审稿或书评家写图书评论，也会有相同的评论角度，或者是以自己的理解与感受作为评论的出发点，或者是以同类著作的对比与读者需要为前提进行评介，因此，有时图书出版以后，原先的审稿意见基本上就是可供发表的书评。我们同样发现，有时专家撰写的书评也完全是一份发表的"审稿意见"。

这里举出历史学家祁龙威评论《洪秀全集》一书的文章(刊 1986 年 11 月 5 日《光明日报》)，立论明确、文字简练，在写法上提纲挈领、条目清晰。书评一开始就叙述该书的优点，书评说："《洪秀全集》有几个特点，也是优点：其一，搜罗全面，对已发现的洪秀全著作都收进去了。……其二，版本正确，校订了旧版的种种讹误。……其三，本书虽非注释本，但间有注释，颇具参考价值。……"接着，书评作者提出四点具体建议，都是属于编辑体例的意见，供该书编纂者以后修订时参考。无疑，书评的这些意见，不仅对于读者是有益的，首先对于这本书的编者是十分宝贵的。在这点上说，书评的确已经发挥了审稿的作用。

书评与审稿毕竟还有不同的要求(编辑审稿首先是编辑工作的一部分，是编辑部内部的工作任务)，编辑如果正确理解它们的异同，摆脱"书评八股"的影响，发挥编辑写作书评的优势，就一定能够把编辑评书的工作提高一步。

体裁与形式

书评文体是一种比较灵活的体裁，包括议论体、叙述体、褒贬体、书信体、对话体等。从以往书评创作的实践中，可以有一些初步的认识。以下分别举例作一些说明。

(一)根据图书的内容而作的有针对性的评价、论述的书评，是一种议论体的书评。采用议论文的形式，往往围绕被评图书的内容或主旨展开论述。这种书评大多是对学术性论著的评论。

老一辈编辑出版家赵家璧同志的《编辑忆旧》一书，是他在 30 年代从事进步编辑出版工作的回忆录，它以良友图书公司为半径扩展成一个扇面，描绘出当时进步出版事业的概貌。著名编辑家罗竹风同志曾经为这本书写过一篇书评，题为《读〈编辑忆旧〉》(见《杂家和编辑》一书，山西人民出版社 1986 年版)，称它是一部“书的报告文学”，“是一部有血有肉的特殊创作”。罗老是站在文化出版史的高度去评论这本书的。

书评扼要介绍 30 年代的政治、军事、文化斗争，形成两种围剿和两种反围剿错综复杂和庄严的斗争画面，并且突出鲁迅为首的作为当时反文化围剿重要一翼的进步革命文艺运动的作用。将《编辑忆旧》里所涉及的出版情况，放在这一历史背景下加以考察，才能看出当时进步出版事业的总趋势。罗老说：“通过一本书所展现的横断面，勾画出比较清晰的脉络，使读者了解错综复杂的斗争情况，掌握历史发展的主流，《编辑忆旧》是做到了这一点的，因而是同类书籍中的佼佼者。”并指出：“由于作者身临其境，所见、所闻、所想都属于第一手资料，因而更加可贵。”

作为一本回忆性质的图书，《编辑忆旧》并“不局限在良友图书公司这个点上，单纯地去写它的兴衰史；也不空来空去，谈些抽象的道理。而是通过个人的编辑实践，从良友图书公司的具体出书计划，纵横交错地展示了当时的一幅新旧斗争的画面，因而其价值远远超过一般史料的水平。”(《杂家和编辑》第 199 页，山西人民出版社 1986 年版）书评作者对这本书的写法的简要评论，是很有启发的。

特别是书评的第三部分《对今天的启示》，概括了几点认识：一是编辑工作的意义、编辑劳动的创造性；二是作者在出版工作中的地位、意义，以及编辑与作者关系的论述；三是出书的系统性问题。书评作者的这些见解，完全是关于编辑学性质与规律问题的论文了。

从这篇书评的头两部分的标题：《在这样的时代背景里》、《〈编辑忆旧〉的内涵与外延》，也不难看出它的评论特色。

议论体书评的另一种形式，是围绕被评图书，提供大量有关的知识，并展开论证和阐述。不妨举来新夏先生的《〈三字经〉杂谈》(《文史知识》1987 年第 1 期）一文，作者可能并不是以书评为目的写作的，然而应当承认，作者从《三字经》作为我国宋元以来社会上广泛流传的系列识字教材地位谈起，介绍了《三字经》的作者、全书内容，以及为《三字经》作注和图解的作品，叙述了从太平天国到解放以后，《三字经》这一传统文化模式所发挥的作用，并总结了《三字经》在语言上的特点和它内容与形式的巧妙结合。这样，作者提供了有关《三字经》的大量知识，使这篇文章成为一篇很好的书评。作者最后说：“我们既不能对传统文化采取虚无态度，也不能持保存国粹的态度，即如《三字经》有封建糟粕，但也有有益的内容。因而对于任何一种具体文化现象都应细心而审慎地去披拣。”这就帮助读者将认识提高到正确对待传统文化的高度了。

(二)目前一般介绍式或综述式的书评，通常都是叙述体的；以扼要介绍被评图书的内容和指出其重点、特色为主要目的，在叙述中表达出书评作者的见解和倾向性，寓评论于叙述之中。也有散文和随笔式的书评，将一些精辟的见解以清丽秀美的文笔娓娓道来，给人以启迪。这里只准备介绍张守仁的《〈十月〉，永远是金色的》(《中国图书评论》1987 年第 1 期）一文，因为它从标题到正文，完全像一首散文诗。这样的书评形式是不多见的。

这篇书评是对文学杂志《十月》创刊八年来的全面评述，着重说明刊物发表了好的作品，培养出有名的作家，以及它跟读者的心声呼应。书评是这样开头的：

《十月》，永远是金色的。

这不仅仅由于十月是个丰收的季节，经过春播夏锄之后，人们在这时收割着成熟的希望；也不光是因为这个月份在本世纪的编年史上曾屡次闪耀着烛照人间的光辉。主要的，是因为我国文坛在经过多年的荒芜萧条后，人们在《十月》里看到了金色的创作希望，在《十月》里获得了累累的文学硕果。

书评又是这样作为结束的：

当然，《十月》的道路并不平坦，在收获金色的希望的同时，也会夹带几丝杂草。但这并不影响《十月》那充满光亮的金色色彩。在当今刊物林立之中，把握住改革时代的脉搏，不断探索，致力创新，雅俗共赏，曲高和众，正是《十月》奋力追求的目标。《十月》，永远是金色的。

用文学语言来介绍一本文学刊物，不失为一种和谐和统一，而且也是符合书评要注重文采、要有可读性的要求。

(三)褒贬体的书评，常常以评介的形式出现，大概是最常见的基本形式。书评中的褒贬就是一种评论，是表明评论性质的。推荐好书，自然要表扬好书的具体内容；批评有缺点错误的书，也要指出那些值得商榷的地方。现在有不少书评该肯定原书的地方，没有作较为充分的阐述；对原书的缺点和不足之处，又往往浮光掠影、一笔带过。原因是书评作者缺乏精辟的见解，或者文风不健康。

《马克思恩格斯全集》中收有马克思、恩格斯写的书评，其中有恩格斯为《资本论》第一卷出版大声呐喊而写的书评，也有马恩对于各种反动思潮及其著作进行的无情揭露和抨击。列宁评述过的图书，如《民粹主义的经济内容及其在司徒卢威先生的书中受到的批评》等，是他进行论战和借以宣传马克思主义的文章，因此，马恩列书评的特点是旗帜鲜明，批判有力，而且闪耀着思想的光辉。

40年代中，茅盾写过《论赵树理的小说》一文，这是评介《李家庄的变迁》的书评。文章开宗明义地说："赵树理先生是在血淋淋的斗争生活中经验过来的，而这经验的告白就是小说《李家庄的变迁》。"(《茅盾文艺杂论集》第1199页，上海文艺出版社1981年版)在介绍小说的故事以后，接着说："赵树理先生不是无所用心地来描写山村的变迁的。他的爱憎极为强烈而分明。他站在人民的立场，他不讳饰农民的落后性，然而他和小资产阶级意识极浓厚的知识分子所不同者，即不因农民之落后性而否定了农民之坚强的民族意识及其恩仇分明的斗争精神。在斗争中，农民是不但能够克服了落后性，而且发挥出创造的才能。这一真理，许多作家可以在理智上承受，但很少作家能够从作品中赋以形象，最大的原因还是在于他们不曾投身于这样斗争的实际生活，而赵树理先生则不但投身于这样的斗争，而且是抱了向民众学习的诚心的。……现在我们单来说一说这部书的技巧。用一句话来品评，就是已经做到了大众化。没有浮泛的堆砌，没有纤巧的雕琢，朴质而醇厚，是这部书技巧方面很值得称道的成功。这是走向民族形式的一个里程碑，解放区以外的作者们足资借镜。"(《茅盾文艺杂论集》第1200页，上海文艺出版社1981年版)可见，茅盾对这部优秀作品是高度肯定的。

(四)目前报刊上以书信形式发表的书评，似乎不很多见。马克思、恩格斯的通信集中收有不少对各种内容图书的评论材料，有对图书的意见和评论，也有他们彼此的商量和讨论。我国古代文人学者的书札通信中间，涉及评书论人的文字也很丰富，值得很好地研究。这种形式很活泼、亲切和自然，用得适当就很可取。

文学家杨绛的《倒影集》一书有一篇书信体的作者自序——《致读者》，叶至善同志在写该书读后感时，采用了给作者回信的形式。这篇题为《读了〈倒影集〉》的书评(见《未必佳集》一书，三联书店1984年版)，由原书作者的《致读者》和书评作者的回信两部分组成，十分新颖别致。书评作者抒写阅读作品以后的感想和心情，并且说："一篇作品会使读者产生什么想法，作者是无法预料的。如果真有所谓'创作意图'的话，读者的理解决不会完全符合作者的'创作意图'，超过者有之，不及者有之，还有我这样不知想到哪儿去了的。而读了您的故事集，我最大的欢愉也就在这儿，就在您的故事引起了我漫无边际的遐想。"(《未必佳集》第79页，三联书店1984年版)这段话里有真知灼见，也是在跟原书作者的对话。

《一封介绍〈世界童话之树〉的信》(《博览群书》1986年第10期)对家长们介绍在日常生活中怎样使用这本书向自己的孩子讲故事，也是属于书信形式的书评，写得细致周到，十分亲切。

写到这里，还得补充一句：一篇书评只能用一种文体写作。恩格斯曾经告诫过考茨基，指出他在一本书里出现两种文体，说："你为了想写得通俗一些，一会用了社论的笔调，一会又用了小学教员的笔调。这应该是可以避免的。"(《马克思恩格斯全集》第 39 卷第 462 页，人民出版社 1974 年版)这也是书评写作时应该注意避免的。

复述与引文

评介一本书，不论是哲学、经济、历史等学术著作，还是小说、戏剧等文学作品，总需要书评作者简要明白地把原书的内容向读者作一介绍，使读者了解原书的梗概。萧乾在《创作与书评》一文中曾经说过：“没有读者期望由书评窥到原书的全豹。但一篇未把原书轮廓描入的书评则像在水中间建房子，既无基础，又不能为人所捉摸。因此，一个清楚的内容展示是必需的。”有时是为了让读者了解原书作者的观点，有时是为了论证和说明问题，书评往往需要复述原书内容（或情节）和摘引原文，这几乎是不可避免的。

美国书评家西斯曼也有相同的见解，他提醒书评家：“别忘了简略地复述情节和有关争论。我想，没有什么比一篇书评除了提及一两个插曲，洋洋洒洒地写了两千字的风格、技巧、地位但还没告诉人家怎么回事更令人恼火的了。”这确是表达了书评读者的一种普遍心理。

怎样复述原书内容和摘引原文，是值得书评作者研究的。对于社会科学方面的著作，如果满足于照抄原书目录，只是一种偷懒的办法，只图省力是不宜提倡的。对于文艺作品，也要尽量避免零零星星地拼凑原文。复述要做到简洁明了，而不是要占去很多篇幅；直接摘引原文，也限于必要和恰当。只要恰到好处，引文是会给书评增加说服力和感染力的。冰心写的《超越自我》（陈祖德自传）书评，多处摘引陈祖德书中的原文，就是很好的例子：

这本书里警句很多，真如妙语如珠，表现了许多他在实践中的“顿悟”，如：

我也是通过我这一生的实践，才真正认识了自己。

我们又在下棋的同时，也在学做人。

一个棋手只有在赛场上才能焕发出生命力，才能取得胜利的欢乐。人生没有这样的欢乐，简直如死水一般。

真正的男子汉，往往在命运的低潮时，方显出英雄本色。

一个干事业的人，就是在忘却自我中获得自我的。

一个人拼搏的过程，就是忘却自我、超越自我的过程。

显然，书评作者引用这些原句，正是为了说明陈祖德的思想境界，即他的“顿悟”的。

孙犁在评论韩映山的散文集《作画》时，引用一段原文达到向读者介绍的目的。孙犁说：“作者在后记里说：‘家乡的一草一木都无比的亲切，感到生活里有一种诗的、美的东西，时时在冲击着我，我想尽力捕捉住它们，想描绘一下乡亲们那朴实忠厚的面影；渲染上淀水和庄稼的色彩。我力求把他们写得朴素，自然，亲切，感人。’他确是这样做了，而且做得比较出色。”(《孙犁文论集》第 284 页，人民文学出版社 1983 年版)这种方法在书评中也是常见的。

评介文学作品特别是小说，复述内容或情节更加必要，从中看出书评作者的鉴赏力和概括力。

叶圣陶写过一篇《谈丏翁的〈长闲〉》，是他重读夏丏尊的小说《长闲》以后写的，叶老是这样介绍的：“丏翁那篇《长闲》用的第三人称写法，写某一天从下午到午夜的自己的杂事。想作文，心不定，起来修剪树枝。随后就独酌。酒罢，与家人闲谈。待家人睡了，才开始执笔。写了几行，又被墙上的画幅引动了注意。于是起来除去画幅，换上字幅。直到打呵欠想睡，文稿终于没有继续写下去。事情是这样的简单，平凡。”(《叶圣陶论创作》第 398 页，上海文艺出版社 1982 年版)多么简约优美的文笔。

不难看出，如果书评文章缺乏复述是难以想象的。不仅评介小说一类作品是如此，评介社会科学或其他图书，也不乏其例的。

科学家钱三强著文推荐过《简明科学技术史话》一书，其中是这样勾画该书内容的：“《史话》分两大部分介绍一些重大科技成就产生的简单过程。前一部分以科学中心的转移为线索进行介绍，后一部分则以学科的产生、发展为主线进行介绍。它勾画了热力学、电学、化学、天文学、地质学、生物学、现代物理学以及电子计算机、原子能、航空与航天技术等发展的轮廓。它不仅注意介绍学科的过去和现在，而且对某些学科(如粒子物理、分子生物学、计算机等)未来发展进行了展望。同时它对我国古代科学技术成就和近三十年来世界科学技术的新进展，也作了介绍，这是它比以往翻译出版的国外科学史著作更为优越之处。全书知识系统，条理清晰，给人以兴趣和启发。”(刊 1981 年 3 月 6 日《光明日报》)书评作者是向广大干部和青年推荐这本通俗的科技史读物的，因此用这样的笔墨来复述内容，是必要和适当的。

我们可能不大留意，其实即使是专题辞典或工具书一类的评介文字，不免也需要介绍一下全书的概貌。手头正好有冯英子评《宗教辞典》的文章，就引述作为例子吧。

这本词典共收词目 6719 条，包括宗教一般、史前和原始宗教、古代宗教、佛教、基督教(天主教、新教、东正教)、伊斯兰教、道教、中国的少数民族宗教、民间宗教、其他宗教十大类，在“其他宗教”这一类中，又包括了犹太民族信奉的犹太教；流行于古代波斯和中亚地区的琐罗亚

《书与人》编辑部副主任金海峰(左)到人民出版社访问(1995 年 3 月)

斯德教，也就是中国史书上所称的祆教、火祆教和拜火教；伊朗古代的摩尼教；先后流行于南亚次大陆的锡克教和耆那教；印度的吠陀教、湿婆教、婆罗门教以及日本的神道教等。对于整个宗教世界，可说应有尽有，包罗万象。一卷在手，对于宗教的起源，宗教的种类，每一种宗教的发生发展和它的变化与现状，都可以按图索骥，了如指掌，是研究宗教问题的极好资料。（刊 1982 年 4 月 30 日香港《文汇报》）

至此，大概可以说明书评是需要复述与引文的，但处理好它们却非易事。大凡在介绍原书梗概和叙述原书情节时，需要书评作者的复述，要求用极其简练的语言向读者交代清楚；复述有时也只能联系书评的内容有所侧重，而无法面面俱到；或者是随着书评内容的发展而逐步地进行。而需要摘引原文时，往往是为了说明原书观点，或者人物的侧面和事件的性质等等。引文的目的是使读者直接地听到原作者的声音，使读者对原作者有更确切的认识。因此，书评在复述时可以有引文，也可以通过引文来进行复述，无论哪一种方法，都要注意是不是跟书评的全文相和谐统一。因为复述与引文既是书评作者与原书作者的交流，又是为书评写作服务的，如果处理得恰当，是完全可以增加书评的说服力的。成似容易实艰辛，我们要从简单朴素的复述中体会到书评作者的斟酌之苦；同样，书评中那些摘引的原文，也决非信手可得的。

标题与署名

先请大家读一读下列的书评标题(题目)：

叶圣陶：《读〈野火春风斗古城〉》 吕东明：《颇具价值的〈竺可桢日记〉》 西波：《〈危城〉读后》 张守仁：《〈十月〉，永远是金色的》。

恩格斯：《德国民间故事书》 列宁：《一本有才气的书》 茅盾：《论赵树理的小说》 林默涵：《了解·借鉴·自强》 陈涵胜：《"桃花潭水深千尺"》。

上面的书评标题分成两组，都是采用了单标题的形式，头四篇在标题中出现被评的书名，后五篇就不出现书名了。从题目的类型分析，有的是客观叙述，简单朴素，用"读"、"读后"字样；有的直接评论，含有明确肯定或赞赏的意思，甚至标题诗化，如《二罗一柳忆朱湘》一书的书评，就直接引用李白《赠汪伦》中"桃花潭水深千尺"一句作题目，暗示了该书作者罗皑岚、罗念生与柳无忌跟诗人朱湘之间的深厚友情，给人以联想。有的是用比较的方法，华然在评介1986年上海文艺出版社出版的《文艺百题》一书时，把它跟五十年前生活书店的《文艺百题》联系起来，文题用了《五十年间双"百题"》，就十分自然、贴切。

书评标题也可以采用双标题形式，这在目前似乎更为常见。双标题即由正题、副题组成，[①] 正题往往是概括或阐发或表述书评的中心思想，可以用诗句、成语、对仗式的联语和散文、杂文等，而被评介的图书书

---

① 早在1946年时，朱自清就说过："书评、书序、笔记等，却都另拟了新的题目，而将原作的名称附列在题下。这样可以指出讨论的中心和我的意旨所在，比较醒目。"(《〈语文零拾〉序》)

名则在副题中出现，举例如下：

《百岁存劲节，千载慕高风/读〈马寅初传〉》、《报国多方笔一支/评介“新闻丛书”》、《理解与进步会时时现出新鲜/读〈彭雪枫家书〉》、《哲学上的〈燕山夜话〉/读李翔德著〈美的哲学〉》、《勤奋＋方法＝成功/推荐〈读书漫话〉》。

个别书评的双标题，正题是被评介的图书书名，副题则是进一步说明正题的，如叶圣陶写过介绍郭鹏的散文《塔里木行》，书评标题就是：《〈塔里木行〉/一篇情文并茂的游记》。

双标题要使正题、副题互相呼应、照顾，结合得好，便于满足阅读的心理要求。有的书评标题，或者过于含蓄，或者采用比兴的手法用了形象性的词句，作者本意是好的，但要用的得当，否则往往不易看懂，就未必能收到预期的效果。

我国报刊发表书评时往往不大注意在文前或文末列出被评图书的书名、作者、出版者、出版年月、页数、定价，有的书评作者也不注意这一点。其实这个项目应该作为发表书评的固定格式。目前《读书》等几家刊物已经这样做了，值得提倡推广，希望报纸的书评编辑也能够这样处理。好处是方便读者，也是为读者服务的一种表现。

唐宋以后的中国画有题诗题款的传统，在多数情况下是先画后题的，因此题款亦称题跋。写书评立题目也有同样的情况。其实，这也是大多数人写文章的习惯，往往总是在写好文章以后才加上题目的。巴金就说过：“我常常写好文章才加上题目，它们不过是文章的注解。”(《〈无题集〉后记》)既是文章的注解，就不外乎概括全文，突出中心，或者启发读者等，就需要很好思考，在文字上加以推敲。上述例子，只是通常见到的几种标题类型，重要的是，书评作者要充分重视标题的作用。一个吸引人的、简明、贴切、中肯的题目，不仅能很好地表达作者的中心思想，而且会提高读者的阅读兴趣，满足读者的求知和审美的要求。我以为，题目力求朴素、文字讲求含蓄，是书评标题很重要的一条原则。

我国重视著作的题目或书名，是有传统的。古人著书编集的书名，就丰富多样。章回小说也很注意题目。鲁迅的杂文、散文和小说的题目，也是值得学习的。

在马克思、恩格斯的通信集中，可以读到这两位巨人关于书名、标题问题的讨论，1860 年他们关于《福格特先生》书名的多次反复商量便是突出的例子。

马克思原本打算用《达-达·福格特》作为书名。达-达是一个阿拉伯作家，曾被波拿巴利用过。马克思的用意是借用来蔑视和嘲笑福格特的。恩格斯却认为“那种只有在把书读了一半以后才能看懂的书名，无论如何是最不成功的。”“朴素的书名无疑是最好的；蔑视嘲笑在书的正文中已经够多的了。”(《马克思恩格斯全集》第 30 卷第 103、104 页，人民出版社 1974 年版)马克思终于放弃原先的书名而同意了恩格斯的意见。

从这则事例中，我们也会受到启发：写好书评，不要忘了写好书评的题目。

以下说说书评的作者署名。本来写文章要有作者署名，写书评文章也是如此，这是不言而喻的。我国可能早在汉代司马迁的《史记》以后，写文著书就有作者署名了。唐宋以后的诗歌、散文，都是作品及其作者一起流传下来的。著名的《滕王阁序》是唐初年轻诗人王勃参加宴会时写下的名篇。明清时代在小说、戏剧等文艺作品中出现用化名署名的作品，如《金瓶梅》一书用“兰陵笑笑生”的作者署名。孔尚任写《桃花扇》在发表时的作者署名则是“云亭山人”。原因很可能是，这类作品在当时会受到统治阶级的轻视。五四时期新文化运动兴起，当时一大批进步作家普遍用笔名发表作品。著名作家如周树人(鲁迅)、沈雁冰(茅盾)、李芾甘(巴金)等反而以笔名闻名于世。往往一人用过许多有着深刻含意的笔名，成为一种争取发表或自我保护的办法。署名就是一种进行斗争的策略与技巧。这跟国外的情况几乎是完全相同的。

我国从 50 年代以来，发表作品就很少用笔名了。但笔名以外，还有集体署名，包括集体笔名在内。如署名“马铁丁”发表的杂文，就是三位作家的集体笔名。

应该承认，作者署名是文章作者的权利，更重要的是作者的责任，表明对读者的负责态度。怎样署名完全是作者的自由，但往往跟时代风尚、社会环境有着密切关系。

书评写作究竟用真名还是笔名？这个问题见仁见智，似乎不必作出某种规定的。提倡用真名也没有必要反对用笔名。如果作者是真诚善意的，书评也是实事求是的，作者用什么署名毕竟是次要的；自然，为了客观效果、避免某种矛盾等原因，有时也不能不考虑署名的。据说在有些美国报刊有一条规定，某些图书评论文章是只能用匿名发表的，就是出于避免可能产生的矛盾。

不过，在书评的署名问题上，还是应该尊重书评作者的意见。

风度与风格

图书评论，像文学评论等一切批评工作一样，也是一种评论工作，只不过它是以图书为出发点，围绕图书进行的一种科学认识活动，是为读者和作者服务的一种手段和形式。

早在30年代，叶圣陶写过一段关于书评的精辟的话：“书评是写给作者看的，假如没有摸着作者心情活动的路径，任你说得天花乱坠，与作者和作者的书全不相干。同时书评是写给读者看的，读者读的是这一本书，你就不能不啃住这一本书。”(《叶圣陶论创作》第82页，上海文艺出版社1982年版)这样，书评写作就有了对象和目的。那么，书评写作的态度又是怎样呢？还是继续引述叶老的意见：“我不欢喜听一味的赞扬，也不欢喜听一味的斥责。……我欢喜听体贴的疏解。假定我有些微的好处，你给我疏解为什么会有这些好处，我就可以在这方面更加努力。假如我有许多的缺失，你给我疏解为什么会有这许多缺失，我就可以在种种方面再来修练。”(《叶圣陶论创作》第82、83页，上海文艺出版社1982年版)我以为，书评写作的这种态度，也就表现出书评的风度。

列宁写过大量犀利、尖锐的政论文章，也留下不少严肃、深刻的书评。第一次世界大战后，德国社会民主党左派用尤尼乌斯的署名在德国秘密出版了《社会民主党的危机》一书，这本小册子是分析、论述战争问题的，驳斥那些关于这次战争具有民族解放性质的谬论，证明这场战争的帝国主义性质。列宁以《论尤尼乌斯的小册子》为题(《列宁选集》第2卷第846～860页，人民出版社1972年版)写了书评，肯定了这是一部优秀的马克思主义著作，并着重指出了这本书的主要错误。

列宁认为："尤尼乌斯这本写得非常生动的小册子，在反对已经转到资产阶级和容克方面去的德国旧社会民主党的斗争中，毫无疑问，已经起了而且还会起着巨大的作用，因此，我们衷心地向作者致贺。"(《列宁选集》第 2 卷第 846 页，人民出版社 1972 年版)但"在进一步批评尤尼乌斯的缺点和错误的时候，我们必须着重指出，我们这样做是为了进行马克思主义者不可缺少的自我批评，是为了全面地检查那些应当成为第三国际思想基础的观点。"(《列宁选集》第 2 卷第 847 页，人民出版社 1972 年版)这就是列宁这篇书评的基本态度。

列宁指出，尤尼乌斯小册子的主要缺点，在于对社会沙文主义同机会主义的联系只字未提，小册子在正确谈到德国社会民主党的"投降"和破产、它的"正式领袖"的"背叛"以后，并没有进一步把"背叛"同第二国际的机会主义派别联系起来看，因而无法说明背叛的原因。列宁说："这在实践上和政治上都是错误的，因为不阐明公开的机会主义派(列金、大卫等)和暗藏的机会主义派(考茨基之流)这两个派别的意义和作用，那就既不能了解'社会民主党的危机'，也不能克服它。"(《列宁选集》第 2 卷第 848 页，人民出版社 1972 年版)接着，列宁详细分析了小册子中的两个错误论断，即所谓"不可能再有任何民族战争"和在帝国主义战争中要保卫祖国。列宁进一步指出："这种缺点并不是尤尼乌斯个人的缺点(忘记这一点是极不正确的)，而是德国所有左派分子的软弱性造成的，因为他们被考茨基的虚伪、学究气、对机会主义者的'友好'这些卑鄙的东西四面八方包围着。"(《列宁选集》第 2 卷第 860 页，人民出版社 1972 年版)在书评的结尾，列宁充满鼓励和期望地说："尤尼乌斯的拥护者虽然孤独无援，但是已经能够着手印发秘密传单并同考茨基主义作战了。他们也一定能够继续沿着正确的道路前进。"列宁的书评风度是值得学习的。

一切创作都需要作者的热诚和同情，书评作者除了要有眼力和智力，同样需要热诚和体贴，尊重和理解。具备了这一点，书评才能肯定作品里成功或进步的地方，并指出缺点，促使作者考虑修改。当提起笔来写作书评的时候，需要平等说理、与人为善的态度。不是武断，而是诚恳；不是幸灾乐祸，而是热诚与同情。

孙犁同志写过大量的文学评论，其中包括文学作品的书评。他在评论一些青年或晚辈的作品时，总是充满热诚和尊重，而且从尖锐的批评

2005 年 10 月 11 日重阳节，人民出版社在“楼外楼”举办集体寿宴时摄，自左至右：刘元彦、曾彦修、吴道弘

中，流露出体贴和理解。孙犁曾为韩映山的散文集《作画》写过评论(《孙犁文论集》第 284～287 页，人民文学出版社 1983 年版)。散文集《作画》写的是白洋淀一带人民的生活，作者的家乡在白洋淀，书评作者是极其了解他的。孙犁的书评充满热情与关心，肯定作者的进步和成绩，有鼓励也有批评；从作品结构、人物描写、文字表达等方面启发和帮助作者。下面举出书评里的一段话：

在韩映山的一些作品里，我也感到：不应该把所谓“美”的东西，从现实生活的长卷里割裂出来。即使是“风景画”吧，“抒情诗”吧，也应该是和现实生活，现实斗争，作者的思想感情，紧紧联系在一起。美，绝不是抽象的东西，也绝不是孤立的东西。必须在深刻反映现实并鲜明表现着作者的思想感情，即他的倾向性的时候，美才能产生，才能有力量。美永远是有内容的，有根据的，有思想的。(《孙犁文论集》第 286 页，人民文学出版社 1983 年版)

这里既不是教训人，也不唱赞美诗，有批评而不是武断，书评洋溢着作者的诚恳和坦率。

书评的风度，往往表现在书评作者抒发自己见解的时候。既然是评论，书评作者就一定要有自己的见解。朱光潜在30年代时就说过："你提笔来写一篇书评时，你的唯一的理由是你对于那部书有你的特殊的见解。"(《谈书评》)所谓"特殊的见解"，应该包括自己的感受、体会，只要是自己的真实的思想，对于作者与读者总是有益的。

说到文章的风格，古人说"文如其人"，外国说"风格即人"，意思都是说文章的风格是作者个性、修养和作风的表现。因此，书评也会表现出作者自己的风格来。作家严文井在给青年作家的一封信里，谈到风格问题时说："在我看来，决定一个作者的风格的，不仅在于作者的主观方面，而且可能更重要的，是在于时代、条件，所描写的事物等客观世界方面。"(《文学书窗》1980年第5期)这里强调了形成文章风格的客观方面。严文井接着说："我欢迎、赞扬一个作者，注意追求并且掌握了自己独特的风格。风格是做作不出来的，但认真刻画，是可以表现出应有的风格来的。一个人只要认真写，认真修改自己的作品，都会走出自己的路子来。"可见，风格的形成，还有主观努力和实践的因素。对于书评创作和鉴赏来说，这些意见也是适合和重要的。

应该说，从书评中表现出来的风度与风格，都是需要书评作者认真锤炼和追求的。

开头与结尾

俗话说，“万事开头难”，写文章也有“文贵开头”的说法。有时写得顺利，犹如剥茧抽丝一样；有时开头艰涩，如同理不出头绪来的乱线，便有无从下笔之感。不过，研究一下书评的开头，也是可以归纳出几种类型的：

一、提纲挈领、简明扼要地揭示全书主题和内容，是常见的一种书评开头，使读者开宗明义，也是文章写作开门见山的方法。

朱自清先生写过《〈老张的哲学〉与〈赵子曰〉》一文，是对老舍《老张的哲学》等两部小说的评论。文章是引用一段广告文字开头的：

《老张的哲学》，为一长篇小说，叙述一班北平闲民的可笑的生活，以一个叫“老张”的故事为主，复以一对青年的恋爱问题穿插之。在故事的本身，已极有味，又加以著者讽刺的情调，轻松的文笔，使本书成为一本现代不可多得之佳作，研究文学者固宜一读，即一般的人们亦宜换换口味，来阅看这本新鲜的作品。

《赵子曰》这部作品的描写对象是学生的生活。以轻松微妙的文笔，写北平学生生活，写北平公寓生活，非常逼真而动人，把赵子曰等几个人的个性活活的浮现在我们读者的面前。后半部却入于严肃的叙述，不复有前半部的幽默，然文笔是同样的活跃。且其以一个伟大的牺牲者的故事作结，很使我们有无穷的感喟。这部书使我们始而发笑，继而感动，终于悲愤了。（十七年十月《时事新报》）

这是叶圣陶先生为商务印书馆写的广告文字。虽然是广告，说得很是切实，可作两条短评看。从这里知道这两部书的特色是“讽刺的情调”

和“轻松的文笔”(《你我》第167～168页，三联书店1984年版)。

朱先生书评的开头，旨在说明这两部小说的主题和内容，但从抄录广告介绍文字入手，然后展开议论，就更别致了。下面再引西波写的《危城》(庞瑞垠著，花城出版社1986年版)书评的开头：

庞瑞垠的长篇小说《危城》，是一部以40年代末期国民党首都南京大学生反饥饿、反内战为背景的作品。小说以刻画男主角邹曙的思想成长为主线，辅以儿女情，群众斗争场面，政治风云人物的粉墨登场，构成多姿多彩的情节。尤其特别的是将亲情和政治穿插交叉，既有所联系又发生激烈冲突，可以说是同类小说中具有一定特点的一部。(《〈危城〉读后》，刊香港《读者良友》1986年12月号)

书评作者首先向读者说明了被介绍作品的性质，作品的背景，主人公和故事的主要情节，简明扼要，给人以清晰的印象。附带说一下，文艺作品的书评，一开始就把全书的主要梗概告诉读者是十分必要的。

二、从介绍作者和作品的主要特点入手，目的是使读者在了解作者情况以后，有助于更深入地理解作品。如果书名不易懂，往往要有一段文字加以说明；或者书评作者借书名作些引申，加以发挥，目的仍然是便于读者了解作品。分别举例如下：

上海书店影印过胡朴安编著的《中华全国风俗志》一书，在此以前还影印了《俗语典》等。郑逸梅先生由此写了一篇题为《灯前重读故人书》的短文，全文只有三段，开头两段说：

南社胡朴安先生，是我尊敬的老前辈。他的寓所“安居”，我是经常到的。这时他患着半身不遂症，自称“半边翁”，可是他还是坐拥书城，不废笔墨。前人称俞曲园为“拼命著书”，他老人家，便是个继任者。

我辑《南社丛谈》，曾把他的著作列为一表，达74种，这仅是我不完全的统计，实际数字，恐在百种以上。他于1946年夏间逝世，距今已届40寒暑，所有稿本，什九散佚，即已刊行的，也年久绝版，且经十年动乱，竟无迹象可寻。这类具有研究价值的资料，任之湮没，那是多么可惜啊！(刊《古旧书讯》1986年第4期，上海书店编印)

郑老先生此文的第三段才介绍了《中华全国风俗志》的内容和价值，也不免怀念旧谊，同时也介绍了作者的情况。

有的书评的开头，就是解释书名。除了书名不容易看懂的原因，往往是书评作者借题发挥，作一番引申罢了。试以张乐珠的《读〈京华感旧录〉》一文为例：

人们提到“京华”，就知道它是北京，其实北京并没有“京华”这个名字，从历史上看，它曾是辽、金、元、明、清各朝代的首都，它先后有南京、燕京、圣都、中都、大都、北平、北京等名称，称之为“京华”，是因为首都是天子之居，天子之居古称“京师”，京者大也，师者众也，京师必是文物荟萃之地，在《南史·宋武帝纪》中有“剪畿捕逆，荡清京华”之语，于是“京华”就成了北京的爱称、统称(通称)或代名词了。《京华感旧录》顾名思义就是对北京往事的感怀记录。(刊香港《读者良友》1987 年 5 月号)

书评作者上述这段话同时也勾画出作为几朝首都的北京的历史是如此悠久，它的旧日面貌自然也就令人缅怀不已了。

三、从评述同类书作为书评开头，然后说明被评书的特点或意义，这是一种比较方法，目的是要告诉读者被评书的价值和在同类书中的位置。请看例子：

关于北京，历史上虽有过不少名家大作，但真正详记乡土风俗、民众生活的专书并不多。如《帝京景物略》重在“景物”，而不在乡土风俗；《燕京岁时记》虽记风俗，却又重在岁时；《日下旧闻考》可谓皇皇大著，但其中记风俗、记生活的篇幅实在不多。近人李家瑞的《北平风俗类征》是一部难得的记载北京风俗的专书，但因是资料汇编，缺乏作者融会贯通的写作，所以使人仍感遗憾。

最近我读到邓云乡先生的新著《燕京乡土记》，深感这是一部空前的、值得称道的专门记述旧京乡土风俗、民众生活的大著。这部书佳处很多，但给我印象最深的是它的“至琐至细、大俗大雅”的特色。(李乔：《至琐至细、大俗大雅——谈邓云乡先生的〈燕京乡土记〉》，刊 1987 年 5 月 5 日《光明日报》)

书评采用同类书比较的方法，是常见的一种写法，只是比较的方法也有不同：可以是整体内容上的宏观比较，也可以是局部(或资料或写法)问题上的微观比较。李乔同志的书评是在同类书的对比中揭示被评书的特点。

四、抒发议论，以引入主题。所谓“议论”，也是包含广泛的范围，或从写作背景、身边琐事写起，或从环境、气候等外部条件写起，或引用名言警句或提问设喻等等，总之是在活泼自由的议论中逐步引入主题的。

戴文葆同志在评介奥地利精神病学家克拉夫特·埃宾的名著《性心理病》一书前，文章开头用了三大段讲述吴阶平教授主持编译审校的《性医学》一书，1982 年由科技文献出版社印行，认为是 1979 年实现历史的伟大转折以来，我国思想学术界在打开禁区方面重要的标志之一。从第四段开始才提到克拉夫特·埃宾的书，虽然书评作者的议论并没有结束。戴文葆的第四段是这样开头的：

探本溯源，奥地利精神病学家克拉夫特·埃宾 1886 年出版的《性心理病》，学者们公认是现代性科学的奠基性著作。……(《性科学知识的传播应受重视》一文载《新颖的课题》第 171 页，三联书店 1986 年版)

应该说，戴文葆是在推荐一系列性知识科学著作的广阔背景下，很自然地介绍了《性心理病》一书的价值和意义。

综上所述，书评开头的重要性，就不言而喻了。但是人们重视开头，却往往忽视结尾。姜夔论诗时指出，“多见人前面有余，后面不足；前面极工，后面草草”，就是说明这种情况。因此，书评不仅要有好的开头，而且要有好的结尾。

曾经有过不少研究文章结尾的专文，叶圣陶先生在《开头和结尾》一文中，关于文章的结尾，有过形象的譬喻。他说：“在略知文章甘苦的人一定有这么一种经验：找到适当的结尾好像行路的人遇到了一处适合的休息场所，在这里他可以安心歇脚，舒舒服服地停止他的进程。若是找不到适当的结尾而勉强作结，就像行路的人歇脚在日晒风吹的路旁，总觉得不是个妥当的地方。”(《叶圣陶论创作》第 109 页，上海文艺出版社 1982 年版)书评的结尾，也是同样的道理。以下就书评结尾的写法作一些介绍和分析。

一、结尾能充分揭示主题，带有总结全文的性质，使读者获得更深的印象。这是一般写作常见的结尾形式，也是书评结尾常见的形式。

冯天瑜写的《文化史研究的一个重要侧面》是一篇评述岳麓书社出版传统童蒙读物的书评。全篇着重说明研究、考察“俗文化”是文化史研究的一个重要侧面，并进而举出大量童蒙读物在民间流行的作用。书评是这样结尾的："总之，你要了解中国传统文化，你要了解中国人，单看《论语》、《孟子》、《老子》、《庄子》是不够的，还得看看《三字经》、《增广贤文》。只有如此，你才能理解先人是在一种怎样的文化氛围里成长起来的。正是在这一意义上，我作为中国文化史研究者对于岳麓书社重新出版传统童蒙读物表示感谢和祝贺。"(刊 1986 年 6 月 7 日《文汇读书周报》)这段结尾把书评的主题揭示得更集中了。可以说，全篇文章是为这段话作准备的，写了这段话，书评也就完成了任务，留下的就该让读者自己去思考了。

叶君健关于《世界文学名著少年文库》的书评《为少年儿童改写世界文学名著》一文，着重讲到为少年儿童改写世界文学名著的意义，介绍改写的做法和改写本的出版情况，结尾说："改写也是一种创造，正如翻译也是创造一样。改写的作品除了有助于丰富我国少年儿童的精神食粮以外，还为我们的儿童创作增加了一个品种。"(刊 1987 年 5 月 10 日《光明日报》)这段话就是总结全篇的。

有时书评结尾是对书评题目的注解和说明。例如刘白羽《一代风骚(读〈毛泽东诗词选〉)》一文是这样结束的："赵瓯北诗云：'江山代有才人出，各领风骚数百年。'毛泽东同志就是引导一代风骚的杰出诗人，我们纪念他，我们学习他。"(《红旗》1986 年第 18 期)自然，这样的结尾仍然有揭示主题的性质。

有的书评结尾，则是阐释被评书的书名的。试看阿草《寓理于情，寓情于文(读〈帘青集〉有感)》一文的结尾："《帘青集》取名'苔痕上阶绿，草色入帘青'。从这题名的境界中读者自然会悟到文章的境界和作者为文的境界来了。"(刊 1987 年 6 月 13 日《文汇读书周报》第 2 版)

二、作者在结尾时提出有关建议、设想(包括对作者、出版者的意见)，使书评内容有所扩展，让读者继续思考。

试举三例：一是王季思写的《读黄克同志的〈关汉卿戏剧人物论〉》一文的结尾："最后，我还想说几句题外话。我们研究包括关汉卿在内的元代戏剧，应明确这样两个意义：一是帮助广大青少年正确阅读和理解古代优秀的戏曲文学作品，以利于社会主义精神文明的建设；二是探讨戏曲人物形象塑造的艺术手法，为现代舞台提供了可以借鉴的经验。为此，我希望我们共同努力，把关汉卿及中国古代戏曲的研究继续下去，并逐步取得新的成就。”(《博览群书》1986 年第 1 期)似乎作者说的是题外话，其实，由关汉卿联系到古代戏曲文学作品和戏曲人物，只是扩大了研究的范围。读到这里全文是结束了，但又展现了新的研究问题，留给读者进一步的思索。

二是王子野写的《海伦·凯勒》一书的书评结尾，提出多介绍一些海伦的作品给中国读者，并且说明出版的意义。他说：“海伦的著作在我国介绍很少，解放前只有商务印书馆出过《盲聋女子克勒氏自传》(即《我生活的故事》)，我以为海伦的作品应当多介绍一些给中国读者，这个人的刻苦学习、勤奋工作的那种惊人的毅力不仅对五官有残疾的人有鼓舞的作用，就是对我们所有的人也有教育意义。”

三是邵铁真在读《彭雪枫家书》以后，写了《理解与进步会时时现出新鲜》一文，在结尾时对出版社的出书选题，提出自己的意见。书评说：“写到这里，我有一点遗憾，这就是林颖同志给彭雪枫同志的信，不知有没有保存下来？如果还存在的话，那么，把他们两人的书信合在一起出版，不又是一部《两地书》吗？我作为一个读者，有这一点想法，也许不为奢望。”(《博览群书》1986 年第 10 期)

三、书评作者设喻立问，或抒发情怀，或引申新义，使文章增强感染力。

《马寅初传》一书，介绍了马老坚持真理、为民说话、威武不屈、贫贱不移的高尚品德。有一篇书评是这样说的：“我第一次看到黄山时，肃立无声，顿觉自己的渺小，又感到世界是多么大，多么美好。读完这本书，也有这种感觉。”(蒋丽萍《读〈马寅初传〉》，刊 1987 年 5 月 5 日《新民晚报》)用形象的比喻来作结尾，以增加文章的感染力量。

周绍良先生推荐《闲话三分》一书的书评结尾，在设喻上有相同方法。他说：“小的时候，很喜欢《东莱博议》这部书，就因它读起来鞭辟入里，言之有物，使我从这部书领会到《左传》里的由事实到写作一些方面的内容，并且是妙笔生花，读了它活跃起自己的思路。我现在读了迩冬兄这本《闲话三分》，也实是有相同之感。对于研究《三国演义》的书，我不说这本小书是一个尝试，而说是一个成功。”(《喜读〈闲话三分〉》，刊《读书》1987 年第 2 期)用书评作者自己的读书经验，告诉读者，增加文章的说服力；末句强调这本书不是“尝试”，而是“成功”，把自己的激情推进到顶点，自然会让读者受到感染了。

有一位女记者为《女子与家政》一书写的书评(赵晓炬《评〈女子与家政〉》)，结尾十分含蓄，也很有情趣。她说："对此书男人会怎样想？没有体会，不敢妄言。只知道我将此书借给好友 H，是她丈夫抢先读过的。"

四、引用成语警句、诗词名句，加以简单的议论，目的是使读者生发深思遐想。

"定盦诗云：'若使鲁戈真在手，斜阳只乞照书城'，鲁阳挥戈(意为延长白天时间，事见《淮南子》)固属诗人遐想，但《三百题》这样的书，确实可以为你节省不少时间。新春岁首，无以为赠，只有献君新出书一本，此意绵绵历一年。因为你如忙得只能一天左右才读它一题，阅读《三百题》为你提供的乐趣，就足够你消受一整年的。"——这是吴德铎读《古典文学三百题》一书后所写书评的结尾话(刊 1987 年 2 月 5 日《新民晚报》)，作者先是引用龚自珍的诗句，然后笔锋一转，从节省时间说到读《三百题》一书的方法，可谓别开生面了。

一篇评介《二罗一柳忆朱湘》的书评是这样结尾的：

这些文章给我们提供了一种了解诗人朱湘命运的参考读物；并且"风尘三杰"那种为朋友鸣不平的激情使读者在意绪上受尽了感染，不觉中仿佛领悟到三位先生的风采。这是双重收获的喜悦！

多年的老友，难道可以忘了，
一点不放在心上？
多年的老友，难道可以忘了，
还有旧日的时光？

——彭斯

(陈涵胜《"桃花潭水深千尺"》，刊《读书》1987 年第 2 期)

这里确是会使读者从诗意文情中生发出多少深思遐想！

应该说，书评的结尾并不止于上述几种形式，还有记述作者写作时的具体环境，说明著译书名的由来，展示某一问题的前景等等。特别结尾与开头也是有关的，往往需要呼应、配合。不过，结尾有不同的形式和要求，要有"余味"、"余音"，或者在最高潮的地方结束等等，都是书评结尾的艺术吧。

角度与方法

公元752年的秋天，诗人杜甫、高适和岑参等人一起登上长安的慈恩寺塔。他们身临高塔秋色，先后赋诗。杜甫以“高标跨苍穹，烈风无时休”开头。高适说：“登临骇孤高，披拂忻大壮。……秋风昨夜至，秦塞多清旷。”而岑参则是：“塔势如涌出，孤高耸天宫。……秋色从西来，苍然满关中。”同是在形容高塔和秋景，而角度与方法互不雷同，各树一帜。这个例子说明，从不同角度以不同方法观察和描述相同的客观事物，会有不同的结果。这是诗歌创作中的常见现象，在书评写作中同样也有角度与方法的问题。

一、从全书出发，进行综合的评介

季羡林先生在读了阿里·阿克巴尔著的《中国纪行》(张玉善、张铁伟等译)一书以后，认为：“是一部非常值得重视、非常重要的书。它完全能够同《马可波罗游记》媲美，先后辉映，照亮了中西文化交流的道路。”(《读书》1987年第7期)他写的《一部值得重视的书》书评，是从这部书的重要性、意义入手来介绍的，并从两个方面阐明这一点。一是认为：“这样的书不但能帮助外国研究中国的学者了解中国，也能帮助中国人民了解自己的过去。”二是认为阅读历史上外国人的中国纪行，可以使人们正确认识外国，正确认识自己，其中很多有用的资料可以用来进行爱国主义教育。书评作者从书中摘引出许多事例，得出结论：“阿里·阿克巴尔这一部书的真正价值是在学术方面，进行爱国主义教育不是它的任务。

但是，从我在书中择出的那些例子来看，这一部书的价值不是已经远远超出了学术领域了吗？”

倪为国写的《禅宗与中国文化》书评，紧紧抓住该书把禅宗作为中国文化史上的特定思想现象加以研究这一特点，充分肯定了该书作者的这一研究角度。书评说：“作者通过分析禅宗对中国士大夫心理结构、人生哲学、思维方式等产生的影响和后果，揭示了中国的士大夫面对外来文化——禅宗，在思想、生活、行为等方面发生变化的文化特征，指出了中国的士大夫在追求自我解脱和社会和谐理想中滋长了的更封闭、更脆弱的文化心态。这种落后的文化心态至今影响着我们民族的心理性格、思维方式，留下很深的‘精神后遗症’。作者的这一研究角度，很独特，也颇为深刻。”(《禅宗与中国士大夫——评〈禅宗与中国文化〉》，刊 1987 年 4 月 27 日《光明日报》)与此同时，书评也指出：“关于禅宗作为外来文化传入中国，并日趋中国化的复杂原由，以及对整体中国文化的影响，作者还缺乏较有深度的论述；本书的结束语显然与全书内容缺少有机联系。从这个意义上说，本书的题目，也许叫《禅宗与中国士大夫》更为贴切些。”这就是书评作者的评论角度了。

二、从全书出发，但选择某一角度或提出某一方面进行评介

书评作者根据一本书的特点、精华和不足之处，或者以自己的感受和理解、爱好和专长，选择书评的角度和表现方法，形成书评的主题。

陈迩冬著《闲话三分》一书出版后，《读书》1987 年第 2、3 期，先后发表了周绍良、舒芜两位先生写的书评。两篇书评都肯定了《闲话三分》一书的成功，这是一致的。但书评的角度不同，周文是从历史与写作的角度评述的，而舒文则作了“谈古而有现代感，能撄现代人之心”的评语。

以李明《读〈杨朔代表作〉》(刊 1987 年 3 月 6 日《中州书林》)一文为例。作者对于杨朔的散文作品，集中在“意境美”这一点上进行评论。书评作者不仅指出杨朔散文所具有的诗的意境美，而且指出作为创造意境的重要手法，特别是他写景的技艺，把自己的感情融会在景物的描写中。

三、用比较的方法进行评介

评书时就同一作者的相关图书或者联系同类性质的图书加以比较、进行评论，是很重要的一种书评写作方法。

李绍连的《甲骨文集句简释》书评，对于刘兴隆先生《甲骨文集句简释》一书的特点，作了清晰的说明和有力的论证。李文说："利用甲骨文字集联、集诗者，最早有罗振玉于1921年刊印的《集殷虚文字楹帖》；而集联、集诗较多者则是董作宾和汪一庵的《集契集》，共三百五十六幅篇。这些著名的甲骨学家选字、集联、书法三者俱佳，可惜没有将所选字的不同字形罗列比较，或没有采纳众说以释字，结果是曲高和寡，只有少数文人雅士才能欣赏。同时，还有某些不懂甲骨文而搞甲骨书法者，如丁辅之的《商卜文集联》和简琴斋的《甲骨集古诗联》等，或因选字失准，或因书写出格，其书法不仅难免出现错误，而且也少甲骨文韵味。甲骨文字，有的一字多形，有的则形似而义异，须慎辨之。刘兴隆先生这部书，首先从选字释字入手，避免了选错字。而且将所选每个字的不同字形罗列比较，简释其原意初义，这就不仅便于读者学习甲骨文，还能使人对该书的集联集诗之神韵有更深刻的体会。……从前的甲骨学家或甲骨书法家为迎合文人雅士的志趣，多集古诗四联，而刘先生这部书所集成语或联句，内容比较丰富，具有时代气息，可雅俗共赏。"(刊1987年5月14日《光明日报》)可见，这篇书评是结合有关著作进行比较，而说明被评图书的特点的。

再举一例：吕岚的《简评〈古文观止译注〉》一文，在介绍阴法鲁主编的《古文观止译注》一书时，就目前几种新版《古文观止》的译注本进行了比较，认为此书的译文等方面很有特色，在古文今译方面提供了不少值得总结的宝贵经验。其中在评述译文时，作了如下比较："如《左传·曹刿论战》中的'肉食者'，有的译本译作'吃肉的人'，有的译作'吃油穿绸的人'，有的译本译作'在位食禄的人'，本书译作'有权位的人'，似更贴切。韩愈《送董邵南序》第一句云：'燕赵古称多感慨悲歌之士……'有的译本译作'感情浓厚，高歌慷慨的人士'，比较含混，本书译作'慷慨激昂的豪侠之士'，似更明确。韩愈《师说》中的'受业'，许多译本都译为'传受业务'，其实古人并无'政治'、'业务'这种观念，《译注》译为'学业'，

是比较恰当的。”(刊《古籍整理出版情况简报》第96期)

四、对书的内容着重进行批评

不久前，《光明日报》发表的朱世义评《韩诗外传选译》一书，书评标题是《错误百出，问题成堆》(刊1987年7月30日《光明日报》)就是属于这类书评。又如杜渐的《浅评〈世界SF总解说〉》一文(收入《书海夜航(二集)》)，也是着重批评缺点和错误的。

现时常见的书评对于原书内容上的错误、缺点或不足，往往在结束部分加以论述，或者只是原则性地指出。这类书评，有的直接说明其缺点而不加论证；也有通过书评作者的观点，先论述和说明问题，然后指出原书在这些方面的不足。如魏鉴勋的《清代八旗王公贵族兴衰史》书评，作者用了三分之一的篇幅，阐述清代八旗王公贵族远在兴盛时期便孕含了衰败的因素，以及这个贵族集团的兴衰与清政权政策的制定与推行是互为因果的。这样，书评阐明了自己的观点；同时指出该书在这些问题上的不足。书评是这样结束的：“《兴衰史》对清代八旗王公贵族衰败的过程、原因的剖析，似有再深一层的必要。”(刊1987年4月14日《光明日报》)

五、“不在书内，而在书外”的书评角度与方法

大家知道，丰子恺是著名的漫画家，写过不少随笔，但很少知道他也写过儿童故事。香港出版了《丰子恺故事集》一书，收录丰子恺先生于1946～1948年写的十九个童话故事，可说是第一次结集出版的丰子恺童话全集。由丰子恺的女儿丰一吟写的《老儿童的故事》书评(刊香港《读者良友》1987年3月号)，实际上是一篇关于她父亲的回忆录。文章通过家庭生活、丰子恺的生活兴趣和琐事、他的漫画和文章，集中描绘出丰子恺的一颗童心，说明了丰子恺写儿童故事是理所当然的事。这篇书评对于读者更好地了解丰子恺和他的故事集，都是极有帮助的。

冰心老人在读完《超越自我》一书后写的《我很喜爱陈祖德这一家子》(刊1986年10月18日《光明日报》)，这是一篇感情真挚、文笔朴素的很

有特点的书评。作者以喜爱陈祖德一家子的角度，作为书评的主题。这样不但跟陈祖德的自传(《超越自我》)很好地结合起来，而且很自然地扩大到陈祖德的一家，使读者了解陈祖德成长的家庭环境和社会因素。

有些书评作者怀着一种强烈的情感，写被评作者的个人命运，或者共同的遭遇，或者联想起同类的著作等等。无论记人记事，直抒胸臆，向读者倾吐自己的心声。往往要到文章的结尾，作者才回到写书评的思路上来。然而这样的“不在书内，而在书外”的文章，我以为仍不失为一篇书评。

六、结合出书目的性，展开评介

有些图书(包括新书和重印书)的出版，是为了纪念历史人物或某个节日，或配合某种活动和需要等等，是有明确的出版目的和意图的。这样的书评就需要说明出书的目的性。

例如，为了纪念著名明代地理学家徐霞客诞生四百周年而重印出版的《徐霞客游记(附年谱及地图)》(丁文江编著)一书，陈达文写的书评题目就是《为了纪念徐霞客》(刊《中国社会科学》1986 年第 12 期)，突出地表明了出版目的。

书评写作有不同的角度与方法。作者如何选择评论角度，又如何选择书评的表现方法，确实是一种学问、一种艺术。那种囿于个人偏好，固执片面见解的书评，总是失败的；而富有创见的书评，对读者才是有益的阅读指导，也会使作品得到更广泛的传播。

序跋与书评

我国近代书评的出现与发展，固然有受到西方影响的一面，但也有它自己的内在发展的因素，它继承了中国文人评书的传统，其中与序跋的关系就很密切。我国古代书评不发达，书刊的序跋常常是书评的一种方式。因此，有人说序跋也是书评。

最初的序跋，一般是放在作品的最后。司马迁的《史记》中的《太史公自序》就是如此。那时统称为序，后来才把放在一本书或一篇作品后面的文字称为跋；而序专指在作品前面的文字。但序跋在内容和体例上大致相同，因此后人把它们列为文体的一种。

古代的序跋文，不仅内容比较广泛，而且体裁也不尽相同。《太史公自序》的内容，除了司马迁的自传，还有《史记》的篇目和每一篇的旨趣提纲等。扬雄的《法言序》则列举各篇要旨和排列顺序。而《文心雕龙》、《诗品》的序，又是诗文的评论文字。《洛阳伽蓝记序》等又着重于叙事。唐代诗人杜牧为李贺诗歌集写的序(《李长吉歌诗叙》)，叙述了写序的经过，用了一大段优美的骈文歌颂了李贺诗歌的艺术特点，杜牧说："云烟绵联，不足为其态也；水之迢迢，不足为其情也；春之盎盎，不足为其和也；秋之明洁，不足为其格也；风樯阵马，不足为其勇也；瓦棺篆鼎，不足为其古也；时花美女，不足为其色也；荒国陊殿，梗莽丘垅，不足为其恨怨悲愁也；鲸呿鳌掷，牛鬼蛇神，不足为其虚荒诞幻也。"这篇序文也指出了李诗的缺点不足，并且写得很有情致，是对李贺诗的最恰当的评价了。

至于现代的序跋，可以说是继承了古代序跋的传统。一般都简要介绍作品的内容，或者说明著述的缘由(如果出自原书作者之手的，也会表达著述时的心情)，或者评论作品的得失等等，实际上是起着书评的作用。周作人说："做序是批评的工作，他须得切要地抓住了这书和人的特点，在不过分的夸扬里明显地表现出来，这才算是成功。"(《〈燕知草〉跋》)叶圣陶也说过"序文的责务，最重要的当然在替作者加一种说明，使作品的潜在的容易被忽视的精神很显著地展开于读者的心中。这是所谓批评家能够胜任的工作。"(《〈雉的心〉序》)叶老的这个意思，在他写的其他序文中也是强调过的。

最近几年，各省市不少出版社陆续编选出版本版书的书评集，除了书评，一般都收录序跋文字。如北京出版社出版的《书评掠影》一书，就收录序跋文字将近三十篇。

序跋文字中含有的书评内容，可以从以下四个方面举例说明。

(一)介绍作品内容　几乎每一篇序跋，都会向读者谈一谈作品的内容，尽管文字详略不同。这也许是序跋文字的第一要旨。我想以翻译小说的序言作为例子。

捷克著名讽刺小说《好兵帅克》中译本于 1982 年重印时，萧乾同志写了一篇前言，一开头就说：

一个极端残暴、腐败透顶的帝国(奥匈帝国)为了在欧洲争夺霸权，就凭借武力奴役另一个弱小但是倔强的民族(捷克人民)，并驱使其成员参加一场由于分赃不均而引起的大屠杀(第一次世界大战)；而以帅克这个无与伦比的人物为代表的捷克民族，由于处在劣势，表面上唯唯诺诺，屈从效忠，甚至口呼"万岁"，内心却充满了鄙夷和憎恨，从而采取种种使反动统治者哭笑不得的方式进行顽强的抵抗；通过主人公帅克这个普通士兵在第一次世界大战期间从应征入伍到开拔前线的经历，作者以笑骂的笔锋对这个色厉内荏的帝国内部的强横暴虐、昏愦无能加以无情的暴露与控诉——这就是《好兵帅克》这部杰出讽刺小说的基本内容。

这段话言简意赅地讲了小说故事的背景、内容、作者的表现手法和主人公的典型意义。这篇序言还介绍了原书插图作者捷克名画家约塞夫·拉达，认为"插图是与原书齐名的不朽之作"。可以说，这篇前言是一篇很好的书评。

(二)介绍作者生平　我国有句老话，"读其书而知其人"。阅读一本书的时候，如果读者多少了解作者生平的话，就会增加阅读的感受，加深对作品的体味。因此，序跋文字往往要介绍作者的生平和为人，或者序跋作者跟该书作者的关系，使读者了解作者。

浙江人民出版社在出版《夏丏尊文集》时，请叶圣陶先生写序，叶老的序文一开始就说："丏翁是我的畏友，我的同事，后来又成了亲家。"用一句话说明了自己与原书作者的亲密关系。全篇几乎都是回忆他与夏先生的往事，其中关于夏先生为人的一段文字，写得尤其亲密生动，真实深刻。叶老说："他是个非常真诚的人，心里怎么想笔下就怎么写，剖析自己尤其深刻，从不隐讳自己的弱点，所以读他的作品，就像听一位密友倾吐他的肺腑之言。对于世界上的一切事物，近的远的，大的小的，他没有一件不关心。可是在那个走向没落的社会里，可以叫人宽慰的事物几乎一件也找不到，因而他只好摇头，只好皱眉，只好叹气。他那长长的叹气声，凡是接触过他的人都永远忘不了。他自己承认是个怯弱者，又明知逃避现实是怯弱的表现，但是无法改变自己的本性，只好从宗教的教义中去求解脱。然而对人世间的关切究竟割不断，对受苦受难的人们的同情究竟割不断，他终于没有得到解脱，在自己贫病交加快要离开人世间的时候，还要问'到底啥人胜利?'"读了这段序文，对于了解夏先生及其文集是有很大帮助的。

（三）评述作品特点　作家韩映山在评论孙犁写的序言时，有一段话："他(指孙犁)给作家和友人写的序言，也是一篇篇文学短论，常常是借题发挥，以小见大。在序文中，申述自己对某些问题的看法，既谈了某作者的个别具体的问题，又对社会上存在的普遍现象，提出自己的见解。"(《孙犁印象记之三》，刊 1986 年 9 月 6 日《羊城晚报》)其实，这里也总结了序跋的若干要求和特点。

1982 年冰心给刘心武散文集《垂柳集》写的序，主要篇幅是在论述散文，并对当时有些散文作品提出自己的看法。冰心的序说："这些年来，我看到不少的散文，似乎都'雕饰'起来，特别是抒情或写景的，喜欢用华丽的词藻堆砌起来。虽然满纸粉装玉琢，珠围翠绕，却使人读了'看'不到景，也'感'不到情。只觉得如同看到一朵如西洋人所说的'镀了金的莲花'，华灿而僵冷，没有一点自然的生趣，只配做佛桌上的供品!"序文的末段说："《垂柳集》中的散文，不论是回忆，是游记，是随笔，是评论，还都没有以上的毛病，这是难能可贵的！”这也是序文中发表短论、进行评书的例子。

1979年2月，孙犁在《方纪散文集序》中有四小段文字：

方的才气很大，也外露。他的文章，不拘一格，文无定法，有时甚至文无定见。他常常是党之所需，时之所尚，意之所适，情之所钟，就执笔为文，洋洋洒洒。

他的胆量也大，别人不敢说的，他有时冲口而出，别人不敢表现的，他有时抢先写成作品。这样，就有几次站在危险深渊的边缘，幸而没有跌下去。

他的兴趣，方面很广。他好做事，不甘寂寞。大量的行政交际工作，帮助他了解人生现实，在某些方面，也影响了他的艺术进展和锤炼。

文如其人，对方来说，尤其明显。他的散文，视野很广阔，充满真实和热烈的情感。他的文字流畅而美丽，给人以淙淙流水的音响。

这四节文字跟序言的其他内容不同，可以独立出来。这又是序言中评论书的一种方法。

30年代，朱自清先生曾经给丰子恺的《子恺漫画》一书写序(收入《你我》一书，三联书店1984年版)，用的是书信体。文章开头四段完全是回忆往事，像聊天、谈家常一样。末两段才评论丰子恺的漫画。朱先生说：“你这本集子里的画，我猜想十有八九是我见过的。我在南方和北方与几个朋友空口白嚼的时候，有时也嚼到你的漫画。我们都爱你的漫画有诗意；一幅幅的漫画，就如一首首的小诗——带核儿的小诗。你将诗的世界东一鳞西一爪地揭露出来，我们这就像吃橄榄似的，老觉着那味儿。《花生米不满足》使我们回到惫懒的儿时，《黄昏》使我们沉入悠然的静默。你到上海后的画，却又不同。你那和平愉悦的诗意，不免要搀上了胡椒末；在你的小小的画幅里，便有了人生的鞭痕。我看了《病车》，叹气比笑更多，正和那天看梦二的画时一样。……你的画里也有我不爱的：如那幅《楼上黄昏，马上黄昏》，楼上与马上的实在隔得太近了。……”作者的评论，娓娓道来，讲优点，也讲缺点。

至于社会科学、自然科学和工程技术的图书，它们的序言也往往是评述作品的优点和特点，或详或简，或展开议论或深中肯綮，就不多列举了。

(四)说明著述缘由 在自序中一般都会写到作品的写作缘由和经过。获1982～1984年度茅盾文学奖的《黄河东流去》一书，作者李准写过一篇《我想告诉读者一点什么?》，作为该书的代后记。作者详细地说明创作的漫长过程，介绍写这部长篇小说的主要意图，小说的故事，自己的经历和创作方法等。

北方妇女儿童出版社出版的陈漱渝著《宋庆龄传》一书中的作者《后记》，一开头就讲了写作经过，介绍撰写宋庆龄传记会遇到的种种客观困难，1981年以来在宋庆龄研究方面取得的进展，以及国内外出版的有关传记作品。《〈宋庆龄传〉后记》中说："这部书是我在传记领域进行的第三次尝试。……呈献给读者的这本传记，是一本名副其实的历史传记，而不是一本传记体的小说，因此书中的人物、事件都严格以文献资料的记载和访问调查所得为依据。如果客观存在着生动的细节、精彩的语言和富有吸引力的情节，我当然不愿轻易地放过，以尽可能增强这本传记的可读性；但是我决不单纯为了增强传记的文学色彩而虚构情节，藻饰语言，编造细节。"作者在这里又讲到写作的态度和该书的特点了。

序跋文字中涉及上述四个方面的内容，有时是很难截然区分的，往往是彼此交错或详略不等地同时出现在一篇序跋里。应该说，序跋是一种很有效的书评方式。

作者与书评

这个题目有两层意思：一是作者写关于自己著译的书评文字；二是作者也需要读别人对他著译的书评文字。而作者与书评关系的问题，可以从创作与鉴赏、评论关系的角度去理解。创作的发展需要正确评论的指导，而创作本身又在推动着评论的发展。因此，研究一下作者与书评的问题，对于提高和发展书评都是有意义的。

任何一位作者写了一本书，出版以后，这本书就在读者中间传播，作者的思想、观点、感情等等，通过书跟读者发生交流。然而作者为了让读者更好地了解自己的书，往往还要向读者作其他的种种说明，包括序跋文字和书评文字在内。

到目前为止，在已经发表的书评中，属于作者写自己书的书评，不是没有，而是很少，这也是正常的。然而我们应该重视作者写的书评。因为这类书评的好处在于：书是自己创作的，就有体会和心得，写起来就真实、有感情，对读者可以产生积极的影响。为了叙述的方便，下面我们分别举例说明：

（一）推荐、介绍自己的著译　1987年国庆期间，在人民日报出版社的《书讯》第3号上读到漫画家方成同志的《自写征订广告》短文，文字风趣活泼、寓庄于谐，写得很好，值得全文录出：

拙著定名《挤出集》，说明这些文章大多是被当时情势，或被别人硬挤着写出来的。交某出版社后，只征订得印数千余册，不能开印。据说，如今严肃读物的命运大体如此，因不堪命运摆布，故自写征订广告。

为自己的作品写广告，自我吹嘘，君子所不取。

但为了和那些“剑侠”、“奇案”、“新婚之夜”一类的书争夺读者，不得不来这一手。

《挤出集》，方成著。这本书是以漫画家的文笔写的文集。有杂文，有散文，有评论文，还配有漫画若干幅。爱好文学，爱好漫画的和对幽默讽刺艺术有兴趣的读者会喜欢看，青年甚至少年们也会喜欢看，因为内容言之有物，文字多属寓庄于谐，使之有雅俗共赏之效。书价每本相当于一包较好香烟的价钱，但比香烟有益多了！

这本书已编入人民日报出版社的“百家丛书”出版。像这种推荐介绍自己作品的文字，未尝就不是书评呢。

经济学家于光远同志在出版他的经济短篇小说集《中观经济·十字形大农业·王牌工业及其他》一书后，曾经在《书林》(1984 年第 2 期)上发表过一篇书评，题目就是《介绍我自己的一本近作》。他说：“我之所以在《书林》上不避‘王婆卖瓜’的责难来介绍这本书，目的是希望更多的在市、县和基层从事实际经济工作的同志注意到这本书。我觉得收在这本集子里的文章中，有一些可能对他们有点用处，可能对他们在工作中取得实实在在的经济效益会起一点作用。”作家杨绛曾经翻译过西班牙名著《小癞子》一书，后来经过修改和重译，于 1978 年由上海译文出版社出版。杨绛便写了《介绍〈小癞子〉》一文(收入《关于小说》一书，三联书店 1986 年版)，对这部名著从小说的意义、文体研究和小说作者的考证，直到书名译法的考虑等，做了深入的阐述。

(二)介绍、分析主要内容，便于读者理解　人民出版社出版了严中平的《科学研究方法十讲》一书以后，作者写过《谈我的〈科学研究方法十讲〉》一文(刊 1987 年 7 月 10 日《北京日报》)，作者着重说明写作该书的旨趣。作者说：“我个人从事研究工作的经验以及和中青年接触所得的印象都使我感到青年在开始从事研究工作之初，大多都不知道从何处下手，如何搜集资料，如何分析问题，如何理论联系实际，如何对待马列主义的经典论断等等。我写这本小册子，目的就是为的给青年提供解决这些问题的具体方法上的参考材料，具体方法当然也涉及理论问题，但我之所说，侧重实际的具体方法，理论上能否站得住脚，我不敢肯定。”接着对本书十讲的内容逐一指出每讲的重点。如介绍该书第三讲《关于选择研究题目》时，作者说：“是青年开始做研究工作时，首先必然碰到的问题。

我根据人类认识事物的正常秩序是从个别到一般的原则，主张从小处着手。但事物是在普遍联系中发展变化的，所以又必须同时从大处着眼。小处就是专精，大处就是广博，专精和广博是一对矛盾，谁能把这对矛盾解决得好，谁就能取得成功。”又说：“在第七讲《关于理论联系实际》里，我指出要结合历史实际去体会经典理论的精神实质，并要明确概念和实际之间的‘渐近线’的关系，避免从定义出发。这两点也是青年往往忽略了的事情。”读了此文，人们可以知道，这本书的内容不仅为专业硕士研究生参考需要，对于一般青年进修自学也是有用的。

在庄浦明家中(2006 年 6 月 10 日)，右起：庄浦明、张惠卿、吴道弘

(三)介绍写作的动机、态度和有关材料　程思远先生写有《李宗仁先生晚年》一书，大家知道，程李之间有着长期的私人关系，许多事又是程先生亲身经历的，因此这本书的内容是很引人注意的。

程思远先生写了《我怎样写〈李宗仁先生晚年〉》一文(刊《书林》1986 年第 6 期)，其中说到该书的内容：“主要是我执行周总理的指示争取李宗仁回国的亲身经历。此外还要说到一些国民党的政治内幕。……尽管是笔者个人的亲身经历，但绝无感情好恶之言，也没有讳饰编诬之处；所说的都是事实，即出场人物及业务活动时间地点，亦经过核实；如尚有错误，欢迎读者指正。”

还可举出张海涛《关于拙作〈我说美国〉》一文(刊 1987 年 9 月 4 日《北京日报》)，《我说美国》一书出版之时，作者写作此文跟读者谈心、交流思想。《我说美国》一书是以作者在美国的现场考察为基础，用书信体裁写作的。作者说：“现在说说我起草、修改这些书信时曾经有过的一些考虑。我觉得，美国是个大国，情况错综复杂，要摸透它很不容易。由于种种原因，我对美国情况的若干重要方面至今尚未摸过；已作过考察的一些方面也是肤浅的。在给友人写这些信时，我给自己画了一条界线，即只写那些自己觉得有点把握的话。因此，这些公开发表的信件，不过是给读者提供一点供思考用的参考材料而已。……在著述风格和表达方式上，我希望达到内容充实严谨，形式轻松活泼，以兼顾专门家、各类干部和一般群众的需要。前几年出版的几本拙作和这本《我说美国》都做了这种尝试，但不那么成功。由于这本文集中所涉及的一些问题还有些话没有说完，也由于友人又提出了一些新的问题，因此，我与友人之间有关美国的通信仍在继续中。也许将来能够整理出一本《再说美国》。”

(四)提供写作背景和其他有关史料　1985 年由文史资料出版社出版的《回忆卫立煌先生》的作者赵荣声先生曾经在抗日战争初期将近四年的时间担任过卫立煌的秘书，是专做统战工作的中共地下党员。他曾撰写文章叙述此书写作经过和材料来源，说明不少材料是有关人员提供或者经过查考的。他说：“由于我和卫立煌接触的机会多，党支部让我做联合卫立煌的工作，具体有这么三条：一、肯定卫立煌自抗日战争以来做得对，赞扬他打日寇有很大成绩，鼓励他继续这么做下去；二、当着他的面批判各种反动思想；三、向他介绍新知识、新思想。”(《我写〈回忆卫立煌先生〉》，刊《书林》1986 年第 1 期)这就提供了有关的资料。

应该说明，以上分别讲到四个方面的例子，并不是严格的分类，目的无非是想说明作者写作书评的范围和内容。

作者和书评，还有第二层意思。一本书的作者很需要读到别人对他的书的评论，这样可以受到启发，促使自省，从而提高自觉性，去掉盲目性。读一篇实事求是的书评，仿佛跟知己的良友谈话，得到切磋和鼓舞。如果作者完全听不到别人的议论，岂不感到冷落和寂寞。1867 年，马克思的《资本论》第一卷出版，同年 8 月初在马克思给恩格斯的信里，就说到“对我的书的沉默，很使我不安。”(《马克思恩格斯全集》第 31 卷第 378 页，人民出版社 1972 年版)在这前后几年，马克思、恩格斯的通信中，多次议论书评问题。

事实上，不仅书评家，各类书的作者也都在写书评文字(包括序跋在内)。作家在评论文学作品，诗人在评论诗歌，其他学科的专家则在评论自己专业的图书；至于以“读后感”形式出现的评论文字，更是随时可见。作家刘绍棠写的评介《林巧稚》一书的文章(刊 1986 年 4 月 8 日《人民日报(海外版)》)，就是一篇很有见地的评论。刘绍棠说：“我不是评论家，不会写面面俱到的评论文章。我把这本书和廖静文的《徐悲鸿一生》进行比较，感到它们各有特色，可称双峰并秀。廖静文是女性手笔，文字清雅婉约；两位男作家的文笔，绚丽奔放。廖静文是写自己的亲人，感情色彩浓郁。吴崇其和邓加荣同志写林巧稚大夫，是运用自己的笔墨，表现自己这部传记文学作品的主人公，比较冷静和全面，在叙事中写人，描绘了林巧稚大夫从诞生到逝世八十年，使读者完整地了解林巧稚大夫那不平凡的一生，看到这位了不起的女性那整体轮廓的素描。……她的解放前的形象，特别是她在协和医院那漫长的岁月中的形象，是清晰可见的，而解放后的形象就比较平面化。虽然记录了她参加的许多重要活动，却令人感到重要有余，活动不足。”这篇书评从写作传记文学的要求出发，善于观察体验，以作家的行文笔调，肯定了《林巧稚》是一部优秀的传记文学作品。

希望创作家们重视评论，动笔写评论，特别是注重写书评。

书话与书评

我国现代图书评论的历史，如果从20世纪初算起，大致也只有八十多年的历史。然而溯其渊源，追其传统，究其影响而论，恐怕就不能不联系到我国古代的文学评论文字。从刘勰的《文心雕龙》和钟嵘的《诗品》开始，唐宋以后，文论、诗话、词话、曲话，就很昌盛。《四库全书总目提要》一书收入"集部·诗文评"的书目，共六十四部，计七百三十一卷，另附存目八十五部，五百二十四卷。文论诗话以后，又逐步发展到以评论图书文献为主的书话，而书话的出现，不仅是我国文论诗话的绵延和发展，而且形成为一种写作体裁。

书话以其内容的丰富多彩，形式的活泼自由，包含有学术的和艺术的价值。书话提供知识，言之有物，给人以教益，作者兴之所至，又有所感，也常常抒发一番。它的写法就以形式自由，文字不拘一格为特点。文字或新鲜活泼，或凝重简练，也无论冲淡或是艳丽，都应该具有美的价值。书话的作者，有的是藏书家、学者，也有的是作家、专门家，还有编辑、书评家等，他们或以学识专精、涉猎广泛见长，或以识见卓绝、文笔优美称著，但是书话在内容和范围方面又与书评有共同的品格，比如介绍版本知识，谈论书人书事、轶话趣闻，评议学问，抒发感想，这些又都与书评有相通的地方。

因此，可以说书话又是书评的一种。不过我们对于书话的研究似乎很不够，其实很有必要把书话研究跟书评联系起来，而书评应该从书话里借鉴有益的东西。

在书话的历史上，叶德辉的《书林清话》可说是较早的一部。这本书用笔记体裁介绍了关于古代雕板书籍和板片的各种名称，历代刻书的规格、材料，以及印刷、装订、鉴别、保存等方法，并叙述了雕板书籍的创始和传播，包括历代著名刻本和卖书、藏书等方面的许多遗闻轶事。作者继承了古代藏书家题跋的传统，以校勘、版本、掌故为主，还兼及学问评论等。以后的许多书话，也都有版本知识的介绍。不久前由三联书店重印的《西谛书话》，作者郑振铎以其学养之深、涉猎之广，而使书话具有价值。谢国桢的《江浙访书记》一书是80年代的新著，是谢老在耄耋之年访求善本珍藏的记录，也是他晚年的读书笔记。内容包括文史哲经、天文地理、风俗人情、医理科技，十分广泛。把人们少见的古本，有些名不见经传人物的作品，以及一些从未刻印过的手稿或抄本，一一记录下来，也记述了一些爱书的动人事迹。例如，谢老关于《尧山堂外纪一百卷·明万历间刻本》的题跋(见《江浙访书记》第303页，三联书店1985年版)，其中说道：

余浏览是书，见其所辑历代文人遗事，摭拾古人诗词佳句，极为赅博。以其多为流俗传闻之事，故不理于明清士大夫之口。实则自明以至清季，尚无统记历代文学源流掌故之书，有之亦一鳞半爪之作，惟此书杂记历代文学源流，洋洋洒洒，可作中国文学史读也，研究文学史者亦应取材于是。惟著者宗瞿宗吉之遗风，故于世俗流传，如苏轼、秦观、陆游、关汉卿、马致远、瞿佑、解缙等人遗事谀闻，捃辑颇备，至其记元代词山曲海之作，尤曲尽其详。元代文学，赖兹以传。……惟作者之旨，专在搜揽市井通俗文学，然不采民歌民谣，劳人思妇之辞，则囿于缙绅士夫之传统思想，犹存文士之积习，其卓视远见尚在冯梦龙之下。且其书真伪杂陈，不加鉴别，如苏东坡、解学士等人之遗闻风说，以讹传讹之事所在皆是，其它各家传说，亦难以缕举。……余既得《留青日札》，欲觅此书，久求之而不获，今乃于无意中得之，是则铭心之物，蓄于所好，久之乃能得之，可遇而不可求也。1967年9月24日，休沐之晨写此。

这里既有作者对该书优缺点的分析评价，还有讲得书的心情。这些文字，虽是信手拈来，终因作者真知灼见而别具一格。

黄裳的《榆下说书》和《翠墨集》，也是以线装古籍为主，谈论版本、掌故，兼及学问评论等，往往恣意汪洋，遍及几千年的文化历史。黄裳自己说："这些文字大抵说的是与书有些关连的事情；同时也是说，这只不过是一些漫谈。取书本中一点因由，随意说些感想，和说书艺人的借一点传说敷演成为故事的有些相像。"(《〈榆下说书〉后记》)

此外，《一氓题跋》一书的内容涉及小说、戏曲、诗词、版画等，介绍作者、版本，评论其价值和作用，以及抒发作者的情感。书中为《清同治本使蜀日记》所写的题跋，值得一读。兹录如下：

清郭尚先撰。郭尚先，字兰石，福建莆田人，道光八年(1828)任四川学政，道光十一年卸任。计在四川约两年余，道光八年十一月到成都，十一年一月离成都。盖记在四川任学政时，每年到四川各府——成都、重庆、保宁、顺庆、叙州、夔州、龙安、宁远、雅州、嘉定、潼川、绥定、康定、巴安等处，考试秀才之行程也。同治七年(1868)其子郭筏龄为之刊行。郭尚先在四川较出名，并非因其为学政；郭擅隶书，在巡历所在，应四川人要求写了不少字，我记忆我老家即有他写的一副对联。作为学政，必须到所属各府去主持岁试、科试，且文武考皆兼管。在成都住下来的时间，即回到成都，又必主持成都府属考试。以当年交通条件极端困难而论，跋涉所及，远到四川边区各府、州属，大部分时间均在船、轿中度过，实为一辛苦差事。郭记中所列举之地，我以一四川人，百分之九十九亦未尝去过。此种制度作为上官亲历民情，自属十分可取，不当日守签押房也。可惜所记甚简略，如考试，只记某县文风好，某县次之，而未记所出考题及有关考生考场等；以一四川提督学政大员，而不及四川政情及成都同官情况；对经济则偶记一处物产、物价，而无较详之风俗民情。另记中附诗二十三首，率浅淡不可卒读，全无诗意。只过邛州时记文君井一则尚可一提："文君井为前刺史蔡天藻堙之，天下有如此杀风景事。"(《一氓题跋》第284～286页，三联书店1981年版)

《一氓题跋》以其内容和学术价值，也是应该归入书话之列的。

在书话的发展中，还有以现代中外图书为主的，这样的书话，近年来就有几种出版。唐弢的《晦庵书话》，是在1962年北京出版社出版的《书话》的基础上扩大改编的。除《书话》外，又收录了《读余书杂》、《诗海一勺》、《译书过眼录》和《书城八记》四个部分。唐弢早期写的书话，三言两语，一百几十个字，文字极短，然而是一种题跋式的散文。赵景深评论过："其实《书话》本身，每一篇都是十分漂亮的散文。"唐弢自己也承

认，“我曾竭力想把每段书话写成一篇独立的散文：有时是随笔，有时是札记，有时又带着一点絮语式的抒情。”(《〈书话〉序》)

这里引述唐弢关于《山中杂记》的一则书话(收入《晦庵书话》第220页，三联书店1980年版)：

《山中杂记》一册，郑振铎著，开明版，48开小本，封面印莫干山照片一，篆文“山中杂记”四字，大概出叶圣陶手笔。再版改作铅字排印，封面纸变浅蓝色，画杨柳月。全书收散文十篇，第一篇为《前记》，说明由上海到莫干山的沿途经过，副题为“山中通信”，所以是书信的形式。其他九篇记山居生活，偏报导性，今年(1946年)夏天，我们本有往莫干山计划，振铎拟作一月逗留，而人事乘六，终不果行，络纬声中，转眼又届秋令，劳生碌碌，此愿何日得偿乎？

唐弢是主张书话写作要有散文色彩的。1979年他为《晦庵书话》出版写的序里，就明确说过：“书话的散文因素需要包括一点事实，一点掌故，一点观点，一点抒情的气息；它给人以知识，也给人以艺术的享受。”他写的《人道》、《花之寺》等书话就是这样写作的。中国的诗话文论，其写法往往是很短的条文，这与19世纪英国出现的具有小品文风格的长篇书评是明显的不同。应该重视我们自己的传统。

作家孙犁写的书话《书林秋草》，尽管不同于藏书家的书话，这本书里较少版本知识和书人书事的轶闻趣话，而是有关评论古典文学、文学体裁、作品评论，以及论述作者自己创作经历的文章。正如吴泰昌在该书《编后记》里所说的：“他(指孙犁)过眼的书多是常见的普通书，他的特点在于，结合自己的创作经验和人生阅历，用心地读，认真地咀嚼，在普通的书里尝出自己的滋味来。可以说，他的这本‘书话’是一位诚实的有独到见解的作家读书的实感。”这段很精辟的话，就是中肯的书评文字。

关于孙犁的书评，我在前面几篇“书评例话”里，曾经有所援引。现在再引述他的书话《陆机〈文赋〉》一文(见《书林秋草》第77页，三联书店1983年版)：

在中学时期，有两种古代文学形式，没有学好。一是楚辞；一是汉赋。一直到现在，总是对它们不太感兴趣，也不能得其要领。抗日时期，有一位姓梁的女孩子，从北平出来到解放区，就学于我教课的地方。她热情地送给我一本《楚辞》，是商务印的选本，我和女孩子同行，千里迢迢，把这本书带到延安，一次水灾，把书冲到了延河里，与其作者同命运。

司马相如、扬雄的赋，近年念了一些，总是深入不进去。才知道，一门功课，如果在幼年打不下基础，是只能老大徒伤悲的。

在读晋赋的时候，忽然发见陆机的作品，和我很投缘，特别是他的《吊曹孟德文》和《文赋》两篇。

《吊曹孟德文》，我记得鲁迅先生曾两次在文章中引用，可见也是很爱好的。

此文是陆机因为工作之便，得睹魏武的遗令遗物，深有感触而后作。事迹未远而忌讳已无，故能畅所欲言，得为杰作。但这究竟是就事实有所抒发，不足为奇；《文赋》一篇，乃是就一种意识形态而言，并以韵文出之，这就很困难。

中国古代文论，真正涉及到创作规律的，除去零篇断简，成本的书就是《文心雕龙》。《文赋》一篇，完全可以与之抗衡。又因为陆机是作家，所以在透彻切实方面，有些地方超过了刘勰。

这篇赋写到了为文之道和为文之法，这包括：作者的立志立意；为文前多方面的修养；对生活的体会感受；对结构的安排和文字的运用；写作时的甘与苦，即顺畅与凝滞，成功与失败。

自古以来，论文之作，或存有私心，所论多成偏见；或从来没有创作，识见又甚卑下，所论多隔靴搔痒之谈；又或本身虽亦创作，并称作家，论文反不能从实际出发，故弄玄虚，如江湖卖药者所为。徒有其名，而无其实。致使后来者得不到正确途径，望洋兴叹，视为畏途。像《文赋》这样切实，从亲身体验得来的文论是很少见的。这种文字，才不是欺人之谈。

前几年，我借人家的书，把这篇赋抄录一过。并把开头一段，请老友陈肇同志书为条幅。后因没有好的裱工，未得张挂。

这则书话，既是读书笔记式的文字，又是很有见解的评论。

无论写作书话或书评，都要求它的作者能够热爱图书。只有热爱书籍，才能充实头脑和心灵，提高分析能力，学会辨别是非，做到实事求是地进行评论，这就是书话家、书评家最根本的修养了。

得失寸心知

——我写《书评例话》

一位青年朋友小罗不久前告诉我，网上有位湖南老编审在评论我的旧著《书评例话》。我虽然没有见到这位老友的评论文字，却引起了我一段深深的历史记忆。

从学生时代开始，我就喜欢读书，养成一种泛览的习惯。多半是散文诗词方面的文艺读物，也涉及历史、人文书籍。1950 年参加编辑出版工作以后，与书稿打交道，逐步了解图书的出版过程。一种职业的要求，使我对书籍的感情，增加了新的内容。上世纪 50 年代，编辑前辈们提倡编辑“练笔”，我体会“练笔”就是要求编辑重视写作。编辑写“审稿意见”是练笔，写书刊评介文字也是一种练笔。1952 年在《人民日报》上读到编辑部戴文葆先生介绍《保卫和平》杂志的书评，视角精当，文字优美，融思想性与可读性于一文，令人难忘，顿有所悟。书评决非小事，要求在内容和文字上做到尽可能地完美结合。我的“练笔”就从这里起步。

报纸有书评版是现代报纸的很好传统。当时《光明日报》的“图书评论”版就很有影响。我最初写的书评主要发表在《光明日报》和《中国青年报》上。从读书学习入手，有了一些写作经验，也提高了欣赏评鉴图书的能力，就不满足单篇的书评写作，可以写同类书的综述文字了。还产生了研究书评理论的兴趣。70 年代初，从商务印书馆资料室借到早在 30 年代萧乾写的《书评研究》一书，如获至宝，悉心研读，又觉得不能满足。其实，正是这本书引领我走上书评研究的道路。进入 80 年代以后，在全国出版界发生了出版科研的第一次浪潮，编辑出版工作者搞一点出版学、编辑学研究是顺理成章、义不容辞的责任。图书出版对书评发展提供基本的条件，而图书评论也是监督和影响图书出版工作的重要因素之一。这些也都是出版学、编辑学需要研究的问题。1989 年 4 月，中国图书评论学会成立，对于图书评论的实践和理论，起了很好的组织和推动作用。有了这样一种客观的社会条件和研究氛围，我是身受其益的。

《书评例话》一书以书评创作为中心分成十个专题，采集相关实例，分别展开论述。这十个专题是：编辑与书评、体裁与形式、复述与引文、标题与署名、风度与风格、开头与结尾、角度与方法、序跋与书评、作者与书评、书话与书评。写这十个专题比较顺利，写完后意犹未尽，又陆续写出并不相同又互有关联的零星文字，大致有五十个小题目，用了《续话》的总标题发表，权且作为研究性的书评理论文字了。

《例话》各篇文字在国家出版局的《出版工作》上陆续发表，其后某日我忽然收到山西《编辑之友》编辑部的老友孙琇寄给我的《例话》剪贴合订本。他对这些文字的厚爱，使我对书评研究不敢懈怠。中国书籍出版社于 1991 年出版了《书评例话》单行本，便是我的第一本书。第二年获得了第六届中国图书奖。

"编辑与书评"是《例话》一书中的头一个专题。出版与评论之间有着一种天然的联系。我还认为，编辑不仅要关心书评，也要自己动手写书评。编辑写书评有优势，比如比较了解作者，了解书稿的出版过程，以及有审稿记录、做过同类书的比较等等。据说目前普遍不大欢迎编辑写的书评。如果情况确实是这样，那么原因可能很多。有的编辑轻视书评的意义和重要性，或是不大讲究书评写作的方法，往往用草率的态度匆促完稿，就不可能写出应有水平的书评来。何况，社会上就确实存在轻视书评文化价值的现象，在考核业务、评定职称时，把书评文字排斥在外。不过无论如何在宏大的书评作者队伍中，编辑应该占有一席之地。

思想文化的传播主要有赖于传媒的作用，不应忽视图书编辑对图书出版的促进作用。在谈到我的第一本书时，我没有忘记它的责任编辑章宏伟——至今是我的好朋友，是出版社的编辑主动地促成此书的出版。编辑与作者是在促进文化建设的一致目标下，共同合作的伙伴。在新时期里，希望能够更多地听到编辑与作者之间亲密合作的生动故事。

1993 年出版、由王余光和徐雁教授主编的《中国读书大辞典》，是一部大型的百科式读书大辞典，其中"读书品评录"的不少条目，便是书评研究文集。它们包括萧乾在1935年由商务印书馆出版的《书评研究》、唐弢的《晦庵书话》、中国图书评论学会编的《书评的学问》、徐召勋的《书评和书评学》、王建辉的《书评散论》、孟昭晋的《书评概论》等，以及巴金、叶圣陶、黄裳等人的序跋集，都有所介绍评述。在我的《书评例话》一书条目中，有如下的评价："该书最为人注目的，是将围绕书评的10个专题博采例证进行分析研究的《书评例话》同以书评为中心而发表各种见解的《书评续话》的合刊。在这两话的31个标题下，著者广泛而深入地探讨了书评，有较高的学术价值。"(《中国读书大辞典》第902页，南京大学出版社1993年版)

有一分耕耘，就有一分收获。读书的收获积累多了，经过思考把零星的认识，所谓一得之见或一己之见，加以深化和条理化、系统化，这个过程也就是提高的过程。写出来的东西，就会言之有物，水到渠成。宋代大诗人陆游说的："文章本天成，妙手偶得之"(《文章》)，大致就是这种境界了。

杜甫有诗云："文章千古事，得失寸心知。"(《偶题》)这里讲了客观作用和主观认识两个方面。就作者主观而言，真是"如人饮水，冷暖自知"。主观认识脱离客观实际的人，不能说没有，但毕竟是少数。对于我来讲，驽马行于千里之途。书评研究工作寄希望于年青一代了。

2005年7月

乙 编

书评续话

“书评例话”十题写成以后，我对于书评工作的关心与思考，一仍其旧。平时在阅读报刊书评或自己写作时，偶有所感或有心得，就随手记下。这些零星文字大致仍以书评理论与写作方法为中心，但较之“例话”的内容就一鳞半爪、不成系统了，但每则均冠有标题。由于陆续写出，可以看出作者思想轨迹，或因针对书评现象而写，也有作者反复强调的东西，就不免有重复之嫌。

现在以“书评续话”为总题，排在“书评例话”后面，便于读者阅读，两者也有贯通、呼应的地方。读者如果有所启发，从而深入思考、辨析，则作者幸甚！

书评与现代文化

有人说，一个伟大的思想往往被简化成一些简单的信条。本文的题目可以写成洋洋的论文，也可以用概括性的条条表达出来。作家萧乾有句很精辟的话，他说，书评“并不仅仅是报刊上偶尔设置的一个栏目，而是现代文化这座巨厦一根不可或缺的梁柱”(《未完成的梦》)。这个形象的比喻，揭示了书评与现代文化的关系。

通过报刊等媒介工具向社会传播的书评，不仅具有满足人们了解图书出版信息、引导读者选择图书的作用，而且往往又是某一专业方面进行学术研究的参考文献。书评作为一种文化现象总是带有现代社会中思想、政治、经济等各个方面的观点，也不可避免地渗透着当代的学术文化批评的精神，因而具有现代文化的品格；同时，由于直接参与现代文化的发展，因而书评作者又担当着文化咨询和顾问的角色。应该承认，在现代文化中有一种书评文化，它是社会文化的组成部分。

书评文化的社会性，表现出书评具有不同层次、不同角度的文化批评的特征，特别强调书评跟广大读者的沟通。书评作者可以从微观研究与宏观考察相结合来阐述和发挥自己的见解。正是书评作者的主体作用，实现着书评的社会价值，而书评的灵魂则是实事求是的科学态度。

我国80年代初以来，每年出版的图书品种迅速增加，书评刊物(包括全国报刊上的书评专栏)空前增加，随之而来的书评数量的急剧增多，表明书评已经是人们阅读生活的一部分。然而，图书评论至今还没有形成独立的学科，没有形成一支有才华的、热心以书评写作为己任的书评家队伍。社会舆论总是用那些平庸一般的书评来判断书评的价值，甚至忽视书评的社会作用和书评写作的劳动性质，把书评排斥在科学研究或文化学术创作的范围以外。这些不公正的偏见，无疑影响人们从事书评写作的积极性。从事文学、电影、戏剧评论的，他们是评论家；然而从事书刊评论的作家，就难得被尊为书评家了。已经听到有人发出“呼唤书评家”的要求，书评家为什么迟迟不见“挂牌”呢？

目前严肃的、科学的书评太少，八股式的平庸之作又较多，这是事实。原因之一恐怕还与书评理论研究的薄弱有关。书评文化的提出，应该有助于书评的理论建设，改善书评家的社会地位，发挥书评的指导作用，使书评事业得到可喜的发展。书评家跟其他作家一样，也肩负着重大的社会责任。

缺少“书评文化”的书评，往往是缺乏作者的评论意识和审美分析，仅仅满足于对图书的表面认识，而没有深化和升华，甚至只是表述先验的印象，进行吹嘘和捧场。对于应该揭示的缺点，又往往是浮光掠影，轻描淡写，这是一种不正常的写作心态。

至于书评中一些属于读后感想式的随笔文字，不少忽视写作的散文风格，缺少旁征博引的知识、交友论道的评述、治学研讨的智慧和著述撰文的经验等等，恐怕也是“书评文化”不足的一种表现吧。

书评与报刊传媒

报刊大众传媒是现代图书评论的重要载体。报刊传媒的出现，既促进了书评的发展，同时也使图书评论成为报刊传媒的必要内容之一，它们之间的这种相互关系，反映出现代书评的显著特点，就是为了满足读者阅读、欣赏和文化的需要，报刊传媒和书评工作者负有同样的使命与责任。

我国目前报刊传媒中，设有书评版专刊的报纸大约有十多家，书评读书类期刊大致也有十多种。以我国每年出版十万种左右图书来说，发表书评的园地显然是不多的。值得一提的是，1998 年 6 月 19 日《中国图书商报》开始出版《书评周刊》每期二大张八版，试刊已经出了七期。版面形式活泼，各栏内容比较丰满。编者的办刊目的是要在人文倾向和新闻取向之间找到一种两者兼顾、结合的路子。试刊号上用“本刊编辑部”名义发表的《书评的立场》中说：“我们的立场，也应该只是读者的立场，而非‘做书’或‘卖书’的立场。”顺便说，《中国图书商报》原名《图书发行》，最早创刊于 1955 年元旦，是新华书店总店向全国发行界传播的刊物。自 1995 年初改名扩版以来，从形式到内容有很大变化，大量增加图书信息和各种体裁的图书评介是显著特点之一。《中国图书商报》出版《书评周刊》的做法，自然使人想起《纽约时报》的书评版了。

书评与出版工作

书评写作要选择“切入点”。图书内容往往涉及面较广，或者由于书评作者对图书内容感受不同，需要辨别主次，选择颇费斟酌，也就十分自然的了。表面看来，这似乎是个写作艺术、技巧问题，其实不尽如此。

伍杰著《我的书评观与书评》一书，从形式上看是一部研究书评理论的文章结集，但在内容上是对书评理论进行全面研究的专题著作。其中关于书评的任务、作用，以及它与出版的关系，有独到的论述。有篇评介此书的文章正确地揭示了此书作者提出“图书评论是出版工作的延续，出版二作的范围应该包括编、印、发、读、评五个环节”等重要论点。可是书评至此并没有进一步加以阐述。由伍杰先生最先提出的出版工作“五个环节论”，是突出了图书评论与出版工作的关系，对于编辑、出版工作者从事图书评论创作与研究建立了有力的理论依据。

书评的功能

在金华浙江师大逸夫图书馆讲话时摄(1992 年 5 月，孙英春摄)

长期以来，书评理论研究空气的冷落，书评队伍的薄弱，始终是影响书评工作健康发展的重要因素之一。作为有权威性的图书评论专刊的《中国图书评论》杂志，设有“书评研究”栏目，比较重视刊发书评理论研究的文章，可惜并不经常刊出。该刊 1998 年第 6 期上李大星《书评的症结》一文，阐述了我国书评发展滞后的原因，指出：“在书评问题上最关键的问题，是对书评作用的理解。”明确指出这一点是很重要的。“书评作用”的问题，值得大家进一步研究和阐述。

评书与论人

评书与论人是密切相关、互为补充的。一篇好的书评，常因评书之需又能恰当地论及作者，写了作者的思想、人品和风格；而论人之笔墨又加深了书评说理的深度。“读其书，不知其人，可乎”？书评的内容也总是由评书及人，或是先论人而后评书。因此，以“书与人”为刊名的杂志和专刊，据我所知就有两家。1994 年江苏省出版总社创办《书与人》杂志，一直本着由书及人的思路，提倡多读好书，发扬求知、博识、创新和审美的精神。1997 年第 5 期起增加了“书林广角”、“新作点评”和“品味斋”等栏目，大致是在保持该刊原有文化特色与品位、由书及人的基础上，加重了评书的分量。由文化部主办的《中国文化报》在 1997 年开辟了《书与人》专刊，每周一整版，以发表一二千字左右的书评文字为主，它的“每周话题”多半是记者采访的出版热门话题。《书与人》杂志和专刊都有利于探索和丰富书评写作的多样性。

作者自评

季羡林先生写了《评季羡林〈怀旧集〉》一文，发表在《读书人报》创刊号上，引起读者重视。虽然“作者自评”的方式，并不是自季先生始，但季先生真诚与坦率的态度，显示出作者的可贵品质，从而增添了书评的人格魅力。文学评论家洁泯认为：“季先生倡导直署真名来评述自己的文章写得胸襟坦率，不亢不卑，这一举动，无异为读书界吹来一股清新之气。”(见《关于作者自评》)提倡“作者自评”，因为这是对读者真诚，对自己自信的表现。我又想到，希望更多的作者在为自己的著作出版写“自序”时，也应该有点“作者自评”的精神。

书 评 编 辑

几年前，有人向某大报投寄一篇近三千字的书评稿件，经编辑的删削，砍成百把字的书讯发表了。事后了解，这位编辑说：发表书评，岂不影响出版社登广告了吗？这自然是个别的例子，但这位编辑根本不懂得报纸发表书评的意义和职责，则是十分明显的。

国外报刊一般重视发表书评，且有权威性书评版；报纸的书评编辑，要求有较高的素养和很强烈的责任感。

19 世纪俄国伟大的民主主义者别林斯基、车尔尼雪夫斯基、杜勃罗留波夫都做过书评编辑。1857 年，杜勃罗留波夫在中央师范学院毕业后，就受聘于《现代人》杂志，具体接替车尔尼雪夫斯基负责《批评与书刊评论》工作。他们写过许多长篇的文学批评论文，但也写过不少甚至不满六十行到一百行的评介图书的短文。

20 世纪 40 年代，联共(布)中央还就报纸开展图书评论作过决议，明确要求报纸发表图书评介和新书推荐的述评，要求书评编辑注意出版的新书，了解有关学术动态，并组织力量撰写已出版书籍的评介。可见，书评编辑的责任是很重大的。因为选择书籍来作评介确是一件非常重大的任务，要了解读者最关心的、最感兴趣的是哪些书籍，哪些书籍有可能提出原则性的批评意见。为了做好这项工作，光靠书评编辑显然是不够的。书评编辑还需要有编辑部以外的各方面的顾问和作者。

我国 50 年代初就由新闻总署、出版总署发出《关于全国报纸期刊均应建立书报评论工作的指示》，指出：“在报纸、期刊上经常发表对各种出版物(包括书籍、期刊、报纸、美术出版物、挂图等)的批评、介绍和有评论性的出版消息，是有重要政治意义的工作。"还指出："重要的报纸、期刊的编辑部，都应当指定得力的人员或组织社外的评论员或专家，经常地担任出版评论工作，并应发表适当的读者投稿，来吸收大量的读者参加这个工作。""书报评论的编辑应当与作者、编辑者、出版者和新闻出版行政机关建立应有的联系。"

现在抄录以上指示，是很有现实意义的。我们的报刊既然有了书评专栏或专刊，理应就有书评编辑和它的职责。

书 评 插 图

“图文并茂”是编辑期刊的一项要求，对书评刊物也不例外。

书评文章的插图，是对文字评论提供形象性的材料，旨在增加书评读者对图书的了解，也有利于对书评的理解，并提高阅读的兴趣；插图可以发挥配合文字和增强阅读效果的作用。书评插图大致有三类：一是书影。关于哲学和社会科学一类书籍的书评，一般往往选取封面照片；如果是文学作品，也可以选刊作品原有的插图；古籍(特别是影印古籍)或翻译书籍还可利用原本和原文书的书影。《文汇读书周报》上的“每周一书”栏目，在简要的文字介绍以外必有书影，他们也很注意插图工作。二是作者照片或画像(包括漫画像)。《读书》杂志在这方面已经形成自己的风格。有专家画像固定发表在文前题头的位置上，清新活泼，给人以亲切之感。1987 年在《读者良友》(5 月号)上发表介绍《武则天本传》的文章，就同时刊出武后像等，也是例子。三是作者的原稿、手迹等。名作家的原稿、手迹，有历史文物价值。

目前我们的书评插图还不十分丰富，很有必要大力提倡，但首先要求书评编辑能够重视这项工作。有的书评刊物由于忽略了书评插图的上述特点，虽然每期的题头、尾花和配图工作做了不少，但总觉得缺少了重要的东西。

广告文字

这几年广告开始受人重视。人们认识到“广告是通过一定媒体，传播以事实为依据的信息的经济宣传手段”。尽管这样，还时时听到有人对广告另眼相看。因为，解放后，我国对于广告是作为资本主义的产物而加以非议的。“文革”时期发展到了顶点，在报纸上就不许登广告。这种影响不是一下子就能清除的。

一切形式的广告都是宣传手段，其实，宣传并不是不需要实事求是。作为文化广告的“书刊广告”属于图书宣传推广的一种形式(手段)，是一种很严肃的读者工作，为出版社和广大读者之间架起桥梁。书刊广告文字，实质上是书刊的内容介绍，是对读者负责的报道文字。诚然，读者对于那种一味夸大的、不负责任的广告文字是很反感的，这种广告也败坏了广告的声誉。不过，过去和现在都有不少写得有内容、分析中肯、文字简练的广告文字。

我在《书评例话》的《开头与结尾》一题中，曾经引用过商务印书馆在1928年关于老舍两部小说的广告文字，很值得一读。不久前，读到香港三联书店的两则新书广告：

《黄遵宪诗选》(李小松选注)

黄遵宪，字公度，广东嘉应州(今梅县)人，晚清著名的爱国者、政治家，也是被梁启超誉为“诗界革命”一面旗帜的杰出诗人。

他曾提出“我手写吾口”的主张，在形式上力倡“不名一格，不专一体，要不失为我之诗”。他的诗反映了整个时代的民族灾难和风云变幻，有“诗史”之称。黄诗形象、生动，特别是歌行体，诗情激越，形式多变，颇有生气，在古典诗歌的发展史上占有独特的地位。

本书共选黄诗一百一十八首，着重于吟咏粤省及家乡风土之作，每首有扼要的题解、详明的注释和通俗晓畅的译文。

《急转的陀螺》（郁风）

郁风是画家、作家和社会活动家。她的父亲郁曼陀、三叔郁达夫，均为现代中国的著名人物。本书由作者自编。收入的二十篇散文，精选自四十年来的力作，分为赞美故园乡土、怀念亲人知交、讴歌国际友谊的篇章。写作时空的大跨度，造就了全书内容的丰赡与多姿，而画家的散文，更是光色兼备，情景交融，另有气质。

这样的广告文字，从朴素中见功力，读来也很亲切。短短二三百字的广告，要写好并不容易，须要认真下点工夫，绝不是率尔操觚所能奏效的。鲁迅、叶圣陶、巴金等前辈作家在办出版社做编辑工作时，都亲自写过不少书刊广告。上海的《出版史料》曾经发表过叶圣陶30年代主持开明书店编辑工作时写的几则广告（刊《出版史料》1987年第1期），读后更受教益，特抄录两则：

《幻灭》（茅盾）

内容：本书为一中篇小说。是一幅现代青年的描写。书中主人公静女士是一位多愁善感的幽静温柔的女子。向善的焦灼与幻灭的苦闷，织成了她的颠沛的生涯。她希望在恋爱中得到安慰，结果是失望。她又转而想在服务社会上得到慰藉，结果是更大的失望。国民革命的高潮，曾卷了她去，然而她依旧回到原路。革命时代青年的心理的感应，在此书中有一个不客气的分析。全书共男女人物十二三。时代背景为1927年秋，正是中国历史上一个极不平常的时代。

《我与文学及其他》（朱光潜）

这个集子收集文学论文十四篇。说是论文，可不是搬弄理论，辑录成说的一类。作者谈他怎样跟文学打过交道，经历怎样的甘苦，得着怎样的领悟，尝味怎样的愉悦；深广的学识，超脱的胸襟，浓厚的同情，融合而为亲切有味、引人入胜的文字，其中大部分涉及诗。一切好的文学跟艺术本来都是诗，当然就广义方面说。要在文学跟艺术的天地间回旋，从诗入手，植根更深。读者读这个集子，宛如跟作者促膝而坐，听他娓娓清谈，而跟随作者从诗的基点看文艺，所见必将更为深广。

应该说，一则精彩的书刊广告，其意义也就是一篇书评。

现在有的编辑不重视写书刊广告，抓不住全书内容，不研究读者对象，文字枯燥刻板，满足于公式化的老一套写法，或者动辄以“国内第一部”、“具有权威性”自居，关键恐怕还是在于责任心和认真态度。他们读了上面的一些广告，能无动于衷吗？

书 评 之 忌

美国书评家西斯曼在他的《论随笔》(*On Essays*)一书中向书评作者提出在写书评时应该遵循的二十条意见，其中包括“别评你不懂或不关心的专业作品”；“在写书评之前，别去看别人的文章，这是一条应该遵循的规律”；“别浏览一下就句句作评”；“别把自己的东西强加于作者”；“别堆砌批评术语”；“评书时如果发现缺点，应该指出，但不应该用教训的口吻夸夸其谈告诫作者”，等等。

西斯曼在列举书评的二十条忌讳以后，还告诫书评家们：“在自己坐下来写书评时，尽管也很难逐字逐句对照遵循，但我总把它当做教学问答手册似的，竭力牢记在心。”(刊《书林》1986 年第 11 期第 36 页)应该承认，西斯曼的二十条意见，确是宝贵的经验之谈，有着深刻的道理。写作书评时如能明确几条信条，也是十分有益的。不过，西斯曼的意见，也未必要完全照搬。

西斯曼先生讲到自己曾为一位朋友的小说写过书评，结果伤透了脑筋，于是他再也不干了。因此，西斯曼的第一条意见就说：“别评朋友的作品，所有的灾难都会由此而生。”西斯曼的这一意见纵然有一定的道理，但还是值得进一步研究的。

书评家工作的唯一对象是书本身，书和作者是应该分离的。但这种“分离”，首先意味着不搞庸俗的奉承，也不搞有意的攻讦。对于“权威”，不盲目崇拜；对于无名的新人也不任意轻视。书评家只要保持严肃的科学态度，贯彻民主的说理的精神，坚持公正的认真的批评，是完全不必回避评论朋友的作品的。书评家应该是一个诚实、正直的人。托尔斯泰说过，“评论家是评论聪明人的傻子”，书评家也应该有点“傻气”，这样在写书评时，就不会抱狭隘的成见，也不致顺风转舵；就能避免故作玄虚的“高深”，或者追求空洞的大话。要知道，那种抱残守缺、顺风转舵、屈从“权威”和轻视新人、卖弄学问和不懂装懂等，都是书评之忌！

图 书 销 售

莱蒙托夫的《当代英雄》，可说是一本名著，世界许多国家都有译本，我国在解放前就有译本，50 年代以后人民文学出版社、译文出版社又分别出版过不同的译本。可是据记载，《当代英雄》在 1840 年初版之时，尽管还有别林斯基在《祖国记事》上撰文给予好评，但几乎销售不出去。现代社会里，恐怕仍然不能认为，有了书评的肯定，这本书就一定好销。

出版社搞发行工作的同志，往往要求编辑部多组织一些书评，认为发表书评会促进图书的发行量。其实，决定图书发行量的有许多因素，不应该过分迷信书评对发行的促进力量。

承认书评也是图书宣传的一种形式，在传播信息和推广工作上是有作用的。一般说，报刊上发表了一本书的书评或书讯，对读者或发行人员就会产生影响，对该书的销售是有利的。然而书评跟发行、销售的关系，毕竟只是一种不稳定的、变化不定的因素。有的读者是在读了书评或书讯以后，才下决心不去买这本书的，大约他们认定可以在以后急需时再找来查阅。这是一种奇怪的心理现象。决定图书发行数字的，还是图书本身的性质、价值和读者对象。有些内容很窄、读者面有限的图书，即使佐以有水平的书评，也未必就有良好的发行；反之，没有书评的书籍，其销售未必就一定不好。何况，书评的目的和作用，绝不仅仅是为了发行。

评论作者

书评家要客观地根据图书的内容来进行评论。但是，如果以为书评家拿起一本书，可以不问作者是谁，只是从头到尾读过以后，就凭图书的内容进行评论好了，这种意见也不免偏颇。评论图书与评论作者有时是难于分开的，或者评论作者是必要的。不少书评恰恰用相当的笔墨来评论作者，甚至可以看做“人物论”。大致有几种原因：一是被评的书是作者的代表作；二是结合作者生平或有关观点、活动，才能更好地评介图书；三是有意识地介绍作者一些遗闻轶事或为了考证作者等需要。这类书评的特点，就不限于就书论书，而是把书跟作者的观点、事迹等联系起来，往往从评论作者出发，以书的内容作具体和进一步的阐发；或者根据评书的需要，叙述作者的写作背景，等等。

历史学家戎笙写过一篇《萧一山和他的〈清代通史〉》(刊 1987 年 5 月 6 日《光明日报》)，把评书与评论作者完全结合起来，紧紧结合《清代通史》一书中李大钊、蒋梦麟、梁启超等几篇序言来评论的；同时也引证《清代通史》初版“叙例”中的一段议论，批评了作者萧一山对唯物史观的无知和偏见。可见，评论作者不是孤立的，而是为评书服务，是为了更好地评介书。顺便提一下，该文把作者及其图书并列为标题的做法，已是一种惯用的格式，成为常见的书评标题之一。

作家与书评

20世纪20年代以后，我国不少作家、学者既有创作又有评论(包括图书评论)。鲁迅、周作人、巴金、郑振铎、唐弢、孙犁、陈原等，就有不少图书序跋和书刊评论文字。近来姜德明主编的《现代书话丛书》，集中不少有关资料。研究作家、学者们的书评文字，可以从中看出一种批评观、批评方法和语言特色。这种书评的个性也就是书评作者的个人风格。我读过马晓声《孙犁书评的个性》(《中国图书评论》1997年第4期)一文，认为“孙犁先生书评的个性可以归纳为：1．论作品，亦论人与人世；2．以现实印证古典作品；3．由作品引发对理论问题的思考；4．语言平实，坦言无忌；5．用散文的笔法撰写书评”。这种研究值得提倡。如果从研究书评作者的个人风格入手，提升到对书评理论和方法加以进一步阐述，就更加完满了。

书评的力量

“作者是看不见自己的作品的”，往往需要从他人的评论中了解和重新认识自己的作品。这样的认识，应该是没有疑义的。

女作家赵清阁在40年代编选过一本中国现代女作家的小说、散文集——《无题集》，由晨光出版公司出版。该书的特点是，没有选取女作家已发表的旧作，而是要求她们写出新作。四十年后，湖南文艺出版社重印了这本书(由于已有同名书出版，就改用陆小曼《皇后饭店》一文的篇名为书名)。赵清阁为此书重印写了后记，其中说：“开始，我对集子的重印不太热衷，因为我觉得20、30年代的女作家作品，和今天的文学新潮流相去遥遥，恐怕读者不会感兴趣，与其重印遭冷遇，毋宁不印。后来我看到去年香港出版的《读者良友》里杨玉峰写的一篇关于《无题集》的评介文章，肯定了《无题集》的文献意义及史料价值，谈到中国现代女作家的作品集，历来都是选自报刊发表过的文章；而《无题集》里的文章，都是编者预先约好，作者专为编者的结集所写；认为这是弥足珍贵的一个集子，不应该忽略。这篇评介文章对我有所启发，才感到重印不无意义，也还必要；它确是老一辈女作家留给后代的珍贵文献。”

这岂止是记载一则书话，大概也能表明书评的力量吧。

书评的力量(续)

浙江《出版研究》(1988年第4期)发表了严麟书写的《重印〈徐志摩诗全编〉有感》一文，指出，浙江文艺出版社出版的《徐志摩诗全编》初版三万九千册于1987年6月出版后很快售缺，读者纷纷写信索购，于是不到半年安排重印三万四千册，第二年又要第三次重印了，这在文艺版书中是少有的。严文认为："这个事实表明：一是这本书的质量好，二是宣传评论做得好。"

《徐志摩诗全编》是在《徐志摩诗集(全编)》一书的基础上增补修订而成的。增诗五十首，删诗四首，共收二百八十首，是迄今收诗最全的一本徐志摩诗集，不仅收诗齐全，而且校订质量较好，兹不多述。下面转录严文关于这本书的宣传评论工作情况。

在《徐志摩诗全编》正式出版(1987年6月)之时，又相继在北京的《博览群书》，上海的《新民晚报》、《文汇读书周报》，本省的《浙江日报》、《杭州日报》、《钱江晚报》、《浙江工人报》等发表了书评，具体介绍了《徐志摩诗全编》的特点，比较实事求是地公正评价徐志摩其人其诗，一分为二地评论徐诗的思想性和艺术性，指出他的诗，从思想内容上来看，既有咒诅社会黑暗，向往光明，追求理想，讴歌自由和爱情，同情劳苦大众的较为积极健康，具有一定社会意义的作品，也有不少消沉、苦闷、悲观、颓唐之作，真正有政治性错误的诗仅两首(即《秋虫》、《西窗》)，加上少数格调低下之作(《别拧我，疼》等)，还不到诗篇总数的5%。若从诗的艺术性来看，徐志摩的诗新颖，独特，素以诗风轻盈、飘逸、柔美蜚声文坛。特别是徐诗很讲究形式美，他在新诗创作中实践了闻一多的主张，力求诗有三美：绘画美，建筑美，音乐美。徐诗的艺术性正是由美的色调、美的旋律、美的排列构成了形式美，具有较高的审美价值和艺术魅力，值得我们欣赏和借鉴，这些书评文章的发表，有力地促进了读者的购书欲，尤其是爱好诗歌的青年们，争相购买《徐志摩诗全编》……

这些文字是很有说服力的，编辑重视图书的宣传评论，及时做了大量的工作。好书是要宣传的。只有实事求是的书评，才有客观公正的评价，而科学的评价才是书评力量的来源。《徐志摩诗全编》的评论文字又是生动的一例。

主动选书约稿

董鼎山先生在一篇文章里谈到这样一件事：美国一位犹太女作家辛西亚·奥兹克(Cynthia Ozick)，有一次可能想写写书评，因而到《纽约书评》半月刊编辑部打听，问问有没有新书可以评论的。这位作家还没有进门，居然就遭到门口接客者的拒绝。乍听起来，似乎只是编辑部的门警森严，不过，美国一些重要书评刊物不收投稿，则是事实。书评文章是由书评编辑经过自己挑选图书后主动组稿的。美国社会有一批有影响的权威的职业书评家，他们了解出版情报和读者情况，是书评编辑的重要组稿对象。

萧乾同志在30年代当报纸编辑时，很重视书评。他说："我的一个原则是：坚持自己花钱买书来评，不评赠书。在上海时，我顶着大太阳，冒着溽暑，去四马路买回一叠叠值得一评的书，然后打包分头寄给我那十来位书评家，请他们评论。"由书评编辑负责选题、组稿，确是对编辑工作的很大考验。目前，出书品种如此之多，如果事先不了解出版情况，不及时了解图书内容和读者的反映，书评编辑就很难做好自己的工作。

自然，编辑部拒收书评投稿，也绝不是高明的办法。好文章来自无名作者的主动投稿，在中外编辑史上可说比比皆是。在我国一向提倡编辑要重视处理主动投稿。编辑选题约稿要有正确的鉴别力，处理来稿同样要有正确的鉴别力。在目前，我们的书评编辑如何正确地做好选书、约稿工作，可能是更为重要的事情。

美国书评家西斯曼曾经说过："千万别当受雇写谩骂文章的家伙。要是编辑X先生知道你是小说家Y先生的宿敌，让你写一篇关于Y先生近

1997年5月6日，左起：秦中俊、俞筱尧、许觉民、吴道弘，在北京中国国际图书公司大院内

作的书评，当心。不要拿自己的信誉开玩笑。”这里是否透露出书评家对于书评编辑的某种顾虑呢？

评系列书

有位同志在看过《书评例话》以后，问我关于系列书的书评。目前是“丛书热”，全国各家出版社都在出版自己的丛书，不少出版社同时出版一种以上的丛书。此外，仍存在没有丛书名义的成套书。书评家应该重视系列书的书评工作，何况，系列书的书评确有它特殊的地方。一是写书评时丛书或成套书未必已经出全；二是在有限的书评篇幅里，很难面面俱到地介绍，往往有考虑重点、找出主题等问题。

第一，着重介绍丛书或成套书的编辑宗旨、方针，直接说明丛书内容等。

作家沙汀写过介绍“小图书馆丛书”的书评，全文只有四段，其中第三段是书评的核心，勾勒了这套适合少年儿童阅读的、为帮助他们建立科学合理的知识结构而编辑的大型丛书。

“小图书馆丛书”由文学名著、思想教育、文体卫生、科学技术四大类组成，共一百二十本，是少年儿童的知识宝库。它通过精选、改写、节编、翻译等多种方法，编得很有特色。如文学类，几乎精选了古今中外第一流的名著，又使之儿童化。《茅盾童话选》有文献价值，巴金的《童年的回忆》，能帮助小读者认识这位文学大师，曹禺等人的戏剧改编成故事，使名剧普及了……又如思想教育类，寓教于乐，饶有风趣。《打开智慧之门的钥匙》，讲哲学深入浅出，《亭亭山上松》、《雏凤声》、《生命的诗篇》，发扬了我国诗教的传统。再如自然科学类，也很注重生活化和趣味化。《少年生活小顾问》成了儿童的知心朋友，《在飞向宇宙的道路上》五光十色，引人入胜。总之，这套丛书能使读者在较少的时间内读到较多的文学名著，获得社会科学和自然科学知识，受到思想品德教育。(《一套有价值的“小图书馆丛书”》，刊 1986 年 4 月 17 日《人民日报》)

第二，从宏观出发，概括出丛书或成套书的若干特点、特色，再引述具体书的例子作为佐证。

由中国建筑工业出版社陆续出版的“中国历史文化名城丛书”是洋洋二十多卷的大型丛书。程里尧写了评介这套丛书的文章，标题是“它们像一座座收藏宏富的巨大博物馆”，文中并未讲到收录了哪些城市(也许一一开列城市名称还有困难)，只是就已经出版发行的《绍兴》、《苏州》、《西安》三卷来评述的。

书评作者揭示了三大特点：特点之一，“丛书中的每一卷，都有自己独特而庞大的构架，便于突出本城市的特点”。以《绍兴》一书为例，列举其中有“蠡城春秋”、“水乡风貌”、“名人胜迹”、“越中园林”、“古建掇英”、“民居一瞥”、“艺文荟萃”、“越地民俗”、“会稽特产”、“古城新姿”等文章，指出“这套丛书是对中国历史和文化作了比较全面而概要的注解，从而具有较高的资料价值”。特点之二，书评指出，“丛书的作者不但以宏大的手笔勾画出一座历史名城的全貌，而且在引人深思和予人以启迪处适当渲染，寓思考和趣味于知识”。以《苏州》一书为例，列举两千五百年前吴国勇士要离刺杀庆忌的故事、夫差与西施的故事，宋徽宗“花石”之祸，南宋平江城的兴建，以及园林、评弹等等，对此作了引人兴味的描述。特点之三，书评指出，“收入了大量珍贵的实物照片和历史照片，并使图文紧密结合”，还具体举出画卷墨迹、遗照珍品，以及古代建筑、风景名胜等图片。(刊 1987 年 9 月 5 日《光明日报》)读者感到不足的是，书评对《西安》一书未予举例。

第三，书评提出或归纳一个或几个主题，展开论证，阐释。

这类书评比较常见。如杨连仲评“外国名人传记丛书”(刊 1987 年 10 月 18 日《光明日报》)，就用这个办法。书评明确从“丛书”的共同风格、选题范围、传记作者三个方面(主题)分别进行论述，同时结合书中的具体例子。这是综合中有局部，以个别来说明共性。

还可举出苏双碧评《纪念毛泽东》等大型系列传记图册的书评(刊 1987 年 7 月 2 日《光明日报》)。文物出版社出版的这套图册，已经出版的有《纪念李大钊》、《纪念毛泽东》、《纪念刘少奇》、《纪念周恩来》、《纪念朱德》、《纪念任弼时》、《纪念彭德怀同志》、《纪念贺龙同志》、《纪念宋庆龄同志》等多种。书评全文以形象化的革命史册为主题，从四个不同方面进行阐述：(一)反映的是各个传主的独特经历，但又都是由中华民族的共同事业谱写而成的，有着鲜明的时代感和历史感；(二)收录了许多珍贵的历史照片；(三)图册在一定程度上反映了传主的各自突出的特点；(四)编选了许多老一辈革命家的家庭生活照片，使人感到亲切。

这个例子说明，评论系列书要求作者正确地揭示系列书的个性与共性的关系，从而构建书评的主体。

书评的要素

我有个固执的想法：书评文章应该告诉读者评什么书，作者是谁，哪家出版社出版的，全书篇幅多少，书的定价多少。在形式上，这五个项目是可以单独列出的。因为它们最简明地提供被评图书的情况，使读者一目了然。即使读者暂时不读书评，他也从这里获得了图书的出版信息。记得几次写文章或在有关会议上发言，我都强调这五个项目的重要，甚至认为是书评的要素。

其实，这是国外书评的通行规格，一般是在书评题目后面列出这五个项目。国内一些书评刊物也有这样的做法。《读书》、《博览群书》等杂志发表的书评，都在文末专门列出一行介绍这些项目。可惜，这种办法时下还没有引起更多书评编辑的重视，似乎有必要反复强调和说明。

被评的书名是什么，首先要告诉读者，这很容易做到，但有时也被忽视，用了简称，或者忽略了书的副题。除了书名，同时要说明作者(有时还应在文中有适当的介绍)。至于需要注明出版者的道理，也很简单，既是尊重编辑出版的劳动，也是为读者提供需要了解的信息。如果还能直接写明版次，以便了解是新书还是重印书，就更好了。书的篇幅和定价，也是读者需要了解的具体材料。说到底，这样做是为了方便读者，是读者观点和服务观点的体现，千万不要误认为是为出版社服务的广告。

书评的文风

东西方文化传统不同，文风表述各异，书评写作亦然。西方作者的书评文字，常有行文枝蔓、结构松散，也常有评论轻率或溢美之词。相比而言，日本学者的书评，总觉慎重得多。由于各种原因，我们对于外国作者评论我国出版物的书评文字见得更少。近读日本京都大学教授吉川忠矢《读周一良〈魏晋南北朝史札记〉》一文(发表在《书品》1997 年第 3 期)，平心静气，娓娓道来，以研究、探讨的方式谈感想、体会和意见，文风很好。

《书品》杂志，以评介古籍为主，专业性强，学术品位很高，由中华书局出版发行，也许一般读者没有引起注意。

首先是一个读者

书评家的素质是什么？为此可以写出书评家的若干基本条件来，诸如马克思主义的理论修养、专业和其他知识的修养，以及客观公正的道德修养，等等，这些无疑都是正确的。但我认为，书评家首先是一个读者。书评家在写作书评前的阅读，并不是一般的浏览，而是反复、细心的阅读，并且从中得到正确的理解。一个好的读者会对图书进行选择、分析，然后进行评判。17世纪法国一位学者谈到批评家(或评论家)的职责时，强调“对著者及其作品作出认真的判断”。著名文学批评家李健吾先生说过：“一个批评者需要广大的胸襟，但是不怕没有广大的胸襟，而是怕缺乏深刻的体味。”如果忽视阅读，就谈不上体味和感受。《诗品》的作者司空图早有同样的见解，他说：“愚以为辨于味，而后可以言诗也。”(《与李生论诗书》)书评家如果缺乏对图书(作品)的体味，同样也是做不到有理解和判断的。正确的评价来自正确的理解，正确的理解又离不开认真的阅读。因此，书评家首先是一个读者。

语言之美

辽宁人民出版社出版的“当代美学家思想研究丛书”，由阎国忠写的《朱光潜美学思想研究》一书是其中的一本，也是国内研究朱光潜的第一本专著。朱先生作为我国当代美学事业的开山者，有过重要的影响。研究他的美学思想，理所当然会引起大家的重视。

章启群为这本书写的书评，其中引述了原书开卷中的这样一段文字：

迄今，他(指朱光潜先生)的书排起来差不多可以盛满一层书架，他所涉猎的知识差不多可以编一部美学百科全书，而他几十年间对美及艺术问题的是是非非、层层叠叠、反反复复的苦想，差不多可以看作当代中国全部美学史的缩影……他以自己深湛的研究沟通了西方美学和中国传统美学，沟通了旧的唯心主义美学与马克思主义美学，沟通了“五四”以来中国现代美学与当代美学。他是中国美学史上一座横跨古今、沟通中外的“桥梁”，从他身上，人们既可以回顾美学丰富的过去，也可以展望美学光辉的未来。在今天，有谁能试图在美学中有所成就而可以不经过他的引渡呢?

书评作者认为：“评价与仰慕、理性与情感、逻辑和文采，在这里熔于一炉，汇成一体。”“作为一部学术著作，《研究》一书语言的洗练和思维的明快，使全书呈现出一种理论上清澈浏亮、一目了然的美。”(刊 1987 年 6 月 30 日《光明日报》)

读到这里，仿佛有一种清新的感觉。应该重视学术性著作的文字表达问题，提倡语言的美。而学术性研究著作的书评，能够注意原书文字语言美的，实在少见，这就值得赞赏了。

阅读书评

书评是启发、引导和教会读者怎样去鉴赏和分析图书的，而读者往往首先要懂得如何去阅读和理解书评。怎样阅读书评，是方法问题，又是阅读的要求和目的问题。

不同的读者根据各自的需要，对于不同性质的书评，就有不同的阅读目的。读者对待不同性质的书评，要根据需要决定自己的阅读方法。即使同一篇书评，又因不同的阅读目的而有相异的方法。比如，一篇文学史图书的书评，图书馆的资料人员可以作为信息和编目需要去阅读；中文系的学生大半是作为学习和辅导材料去阅读的；有关专家也许只是作为研究动态和搜集材料而阅读。可以说，阅读目的决定阅读方法。

应该说，任何一种方法都是一定经验的积累，它固然重要，但更为重要的是，要根据需要来使用方法，并且发展和创造方法。

任何一个读者都会有自己的读书感受与鉴别能力，书评家的本领可能更为高明些。阅读书评是读者有意识培养这方面能力的有效途径。

态度、质量和权威

有两种不同的议论：一种意见认为写书评太难了。首先要认真阅读原书，至少两遍，并且经过消化领会，然后才能写出自己的判断和见解来；另一种意见认为，写书评是对图书的议论，有书可据，毕竟不同于创作论文，又有什么困难可言呢。这是截然相反的两种见解，或许将会长期存在下去。

两种不同的见解，反映的竟是两种不同的书评写作态度：前者代表了认真、严肃的态度；后者反映了某种程度的轻率和偷懒。目前那些旨在庸俗吹捧、廉价拔高而又靠关系发表的书评文字，根本就缺少书评写作的正确态度。这些书评文字的随意性、主观性，在读者中造成了消极影响，使书评丧失了自己的权威性。

著名作家高尔基于 1930 年曾经说过："书评从来没有对我发生过任何影响。现在的书评尤其不能够对我发生影响，因为，要知道，书评家们读书是不细心的，没有本领的，往往不理解所读的东西。当然，这不仅对我的作品如此，这是书评家的通病。"(《论文学》第 265 页，人民文学出版社 1978 年版)高尔基批评的那种现象，在我们目前的书评文字中难道就没有吗？难道就不值得我们重视吗？

如果书评作者在写作书评时采取轻率的态度，可以肯定，写出来的只能是失败的书评。要求写出有质量的书评，就非有正确的态度不可，这样才会有书评作者的真实感情、深切理解、冷静分析和公允评价。自然，还需要具备才力(专业知识)和识见(鉴别能力和独到见解)。在这方面，作者自己是最明白不过的。古人云："文章千古事，得失寸心知。"是

出席中国编辑学会“三大”时，与徐学林(左)、戴文葆(右)合影

说作者自己的体会与判断是最有资格发言的。狄德罗也说过：“一部作品最严格的评判者应该是作者自己。他私自下过多少苦功啊！只有他自己才认识暗藏的缺点。”(《狄德罗美学论文选》第226页，人民文学出版社1984年版)这段话同样适用于书评作品。

然而书评作品的好坏，怎样评估书评质量，毕竟是个科学问题，是有客观标准的，有时也许从不同的标准衡量会有不同的鉴定，甚至不同的评价。即使这样，作品质量的客观性还是存在的，也无法否定作品的整体社会效应。

可以说，高质量书评是书评权威性的基础和条件，书评的权威性只能建立在书评质量的基础上。如果埋怨人们对书评的冷落和轻视态度，责怪书评的社会地位不高，那是无济于事的；唯一的出路，就是认真、努力地写好书评，提高质量，不断写出有权威性的书评来。

图书＋书评

在中外图书史上，图书与图书评论有着某种彼此促进、互为影响的现象。有价值的图书有了有价值的书评而得到更加广泛的传播，有时书评本身更为人们所熟悉。但是，有价值的图书毕竟汗牛充栋，而有价值的书评则可谓凤毛麟角。这种历史和现实的情况，提醒人们要更加重视书评的作用。我曾经想编一本《名作名评选》，目的也就是要充分发挥书评的作用。

出版翻译图书时，用附录形式发表书评，既是很好的一种出版方式，也是充分发挥书评作用的一种方式。

在出版翻译外国政治学术著作时，不少编辑很重视用图书的附录形式刊出有关书评。19 世纪德意志帝国宰相奥托·俾斯麦的回忆录《思考与回忆》中译本，出版时附录了弗·梅林的《俾斯麦的回忆录》一文和该书俄译本序论，以及由阿·叶鲁萨里姆斯基写的《外交家俾斯麦》一文。这两篇文章写作时代不同，评价也有异同，对读者是有启发的。实际上这两篇都是书评。诸如此类，还可举出爱新觉罗·溥仪《我的前半生》一书(群众出版社 1983 年 9 月版)的附录，即朱家溍写的《对〈我的前半生〉部分史实错误的更正》一文，其实也可说是一篇书评。可见，出版图书(首先是翻译书)时，如果有可能，附上有价值的书评，这种出版方式值得提倡。

十条箴言

有好几位外国书评家都讲过书评写作的原则和要求，其中美国西斯曼的“书评二十忌”是告诫书评作者应该避免或不应该做的事情。罗伊·沃尔珀(Roy Wolper)于1985年在《论学术评论：十个常见的错误》一文中，则提出了书评写作的十项原则，讲得很扼要，中肯，可以说是十条箴言。现在不妨介绍如下，并作一些议论和补充。

第一条　在全面分析的基础上对书籍作出评价。

对一本书的认识，一定要认真细致地通读，有了理解，并经过全面分析以后，才能作出恰当的基本评价。“全面分析”的意思就是要考虑一本书的每一部分，不要以偏赅全。既要看到该书的优点，也要了解它的不足和缺点。所谓“分析”，不但要区别性质上不同的，而且要有数量上的概念。

第二条　评论者应指出哪些问题被作者忽略了或无意中遗漏了。

指出一本书被作者忽略了或遗漏了的问题，也许是比较容易的。但这样做时，一定要慎重，一定要正确判明确是书中所不应忽略和遗漏的问题；如果不是这样，就是无的放矢或者强加于人。

第三条　批评必须有充分的论据。

即使是轻描淡写或一笔带过的批评，也必须有根据，要避免轻率、武断的批评。

第四条　不要曲解作者的原话。

这是至关重要的。书评家切忌主观，武断，只有正确理解原话，理解原书，才不致犯这个毛病。

第五条　将值得重视的作者原话告诉读者。

这一条是书评中的引文问题。正确、恰当地使用作者原话，目的是直接表明原作者的观点，增强书评的说服力，也让读者从中作出自己的判断。

第六条　含义隐晦的标题应该加以解释。

这是帮助青年读者正确理解原书所必要的。

第七条　对于任何一本书，读者与评论者不可能有同样透彻的了解，必要时评论者应就评论的内容作更广泛的背景情况介绍。

在书评中结合具体情况介绍一些有关知识，提供背景材料，叙述有关的人和事等，这是许多书评实际在做着的，也就起了辅导读书的作用。书评中的知识性部分，就是可读性的一部分。

第八条　如有可能，评论应以警句或书的引文作为开头。

这种方法在中外书评中都已采用，在外国书评中更为常见，用得恰当也是很不容易的。

第九条　力戒佶屈聱牙，陈词滥调，空话连篇与言辞不当。

这一条的反面就是主张通顺流畅，语言生动，言之有物与用词准确。文风太重要了，书评应该也是“一件艺术品”。

第十条　尽管情况的考证烦琐复杂，但评介一定要精当。

“评介一定要精当”，这是很高的要求，也是书评家要尽力争取达到的目标。评论和介绍都要抓住关键，简明适当。

我相信，这十条箴言对读者是会有启发和体会的，并且会指导自己的书评写作，但书评的箴言绝不仅仅这十条。

文体与形式

书评是不是一种文体？这个问题大概是用不着去争论的。大量的图书评论文章的出现和存在，足以说明书评就是一种文体。然而再问一问书评究竟是一种什么样的文体，恐怕就有不同的答案了。有主张新闻文体，把书评从属于新闻体的一种，也有主张评论文体的，跟诗、词、曲、小说评论相比，书评有它自己的明确对象。这个问题只有随着书评理论的深入研究，在讨论中求得共同的认识。

与此相关，如何界定书评的形式，也是可以讨论的。书评大致已经有了公认的形式，但要明确界定形式和范围，也许就比较困难了。书评文体肯定在向多元化发展，有以批评议论为主，也有以介绍阐释为主，或以随笔杂感为主等等。此外，我们也难以确定地说那些以介绍图书内容为主的书讯就一定不是书评，更不能从篇幅来判断和区分。美国作者莱斯特·金在《图书评论》一文中指出："书评首先应就书籍的内容向读者进行总的介绍，同时对作品的优劣加以分析和评价。介绍和评价两者之间既有明显的区别，又有密切的联系。"在通常的介绍文字中，也总是包含有评价的意思在内。可见，介绍与评价正是书评的两大职能。"图书评介"这个词是很适当的。书评研究者 A·沃尔福德在《评论的艺术》一文中把"内容提要"(Annotation)、"内容梗概"(Abstract)、"文摘"(Digest)一律作为评论的不同形式，也许是有道理的。

胡乔木写过《读韦君宜〈病室众生相〉》一文(刊 1987 年 9 月 8 日《人民日报·大地》)，短短五百多字，对女作家、编辑家韦君宜的《病室众生相》一文推崇极高，认为"这是一篇难得的散文佳作，依私见看足以继武朱自清的《背影》”。同时还评论了韦君宜的长篇小说《母与子》，认为“这是表现30、40年代地下党活动的无可替代的力作”，并且说：“她的散文集《祖国恋》(天津百花出版社版)很有特色。但是相比之下，《病室众生相》似乎进了一步，文字清素而情致浓郁，韵在言外，至少不亚于我所读过的当代名家的很少一部分散文。”书评作者对作品进行了评论，阐明了自己的见解，应该承认是一篇极好的书评。

信息量

人们读报刊发表的书评，从中获取出版、学术和文化的信息，包括了解出版的书刊内容、写作背景或同类书的比较、作者情况、学术文化研究动态和有关评介等，意味着包含有大量的信息。书评要求有丰富的信息量。书评容纳的信息量大小，往往也是书评优化的一个方面。不过，信息量与书评篇幅并不成正比，也不能简单地把增加信息量等同于扩大知识面。关键是必须从有益于读者理解书刊这一原则出发，把握住信息量。

报纸版面有限，编辑要求写短小精悍的书评，是有道理的。但在处理各类书评时，也容易删了那些本来可以不删的地方。做到恰当，确实不易，有时连书评作者也往往拘泥或局限于自己的评介范围，不像写书话文字(属于书评范围)时，仿佛就自由多了。

近年来，黄裳先生在《读书》上发表的书话，评书议人，考察版本，论学术渊源，抒读书感受，娓娓道来，有一定的知识性和信息量。我们的书评文字如果能够考虑信息量，即使看来似“闲笔”，或许正是加深读者理解的有用材料，大有引人入胜的生花之妙笔。

列宁书评的注

列宁写过《非批判的批判》一文，是评驳一篇以“商品拜物教”为题对《俄国资本主义》一书发表的书评。大家知道，《俄国资本主义》一书是列宁于1896年在西伯利亚狱中时克服种种困难，搜集和利用了大量的图书和资料，进行大量研究工作的成果，到1899年得以出版。列宁这篇对“书评”的评论和批判，针锋相对地揭穿了书评者——“合法马克思主义者”斯克沃尔佐夫的“批判”手法和强加于人的“论战”秘密，阐明了革命前俄国经济的一些基本问题，在某种程度上说，也仍然是书评文字。《非批判的批判》共有七处作者注，有的还写得很长，其中有两处值得介绍。

书评者指责列宁在《俄国资本主义的发展》里引证马克思的话是“自由翻译”，于是列宁反问道：“这岂不是很妙吗？我所说的和马克思的引文中所说的，究竟有什么差别呢？这始终是威严的批判家的秘密。”(《列宁全集》第3卷第567页，人民出版社1984年版)在这里，正文并没有进一步明确具体地揭露出来，而是通过注释的形式，作了令人信服的说明，注释的原话如下：

顺便谈一下译文。斯克沃尔佐夫先生从我的书中引证了以下一句话：“……好像只有社会的绝对消费能力才是它们〈生产力〉发展的界限”(第19页)，于是就严厉地训斥我说：“伊林先生……并没有注意译文的不当，而原文却很简单很明白：‘als ob nur die absolute Konsumptionsfähigkeit der Ge sellschaft ihre Grenze bilde’。”(第2286页)这个(完全正确的)译文有什么不好，批判家没有说明。而要说明他的严格精神，只要把他的译文举出两三行就够了。第2284页：“如果每年正常的再生产表现为已知的数量，那么这也表现为……”(原文为：ist damit auch unterstellt)；第2285页：“问题首先是关于简单再生产。其次将表现为(原文为：Ferner wird unterstellt)不仅是产品按其价值来交换”等等。总之，毫无疑问，善良的斯克沃尔佐夫先生坚信：unterstellen意思是表现，wird unterstellt是将来时。

至于威严的批判家的文笔，我就不谈了，他甚至用这样的句子来款待读者：“现在资本主义的生产方式等于农业性工业。”(第2293页)

以上注文(见《列宁全集》第3卷第566、567页，人民出版社1984年版)跟正文紧相呼应，为自己在正文中提出的论据进一步提供材料，又不致影响正文的结构和论据次序。

在《非批判的批判》一文结束时，列宁写了有八百多字的长注：

在我看来，最近在我国书刊“开始表现出来”的那种“新的”“批判的”思潮正可归结为这种折中主义……因此，我暂时只能表示一个相反的愿望：让新的“批判思潮”完全明确地表现出来，不要只作暗示。这一点进行得愈快愈好，因为这样思想混乱就愈少，公众就会愈清楚地认识到马克思主义和对马克思进行资产阶级批判的新“思潮”之间的差别。(《列宁全集》第3卷第585页，人民出版社1984年版)

这条注回答书评者的挑战，详细列举俄国当时的折中主义思想，正是我用删节号删去的地方，约有六百多字。列宁是利用注文的形式提出了补充材料，实际上也是展开论证的一部分。

书评中加注的方法，写得适当，就成为评论的组成部分。在内容上跟正文互为呼应，补充材料，展开论证。

列宁的《非批判的批判》作为《俄国资本主义的发展》的有关文章收入《列宁全集》第3卷中。

偏爱与个性

文艺评论家王朝闻在《我的自传》中说过："我觉得，不感兴趣的评论对象，硬要写评论，是写不出自己独特见解和观察力来的。如果说，文艺评论和文艺创作一样，应当有作者和作品的个性，那么，经不起实践检验的偏见应当排除，与别人的兴趣不尽相同的偏爱，也应当允许。"这段关于文艺评论的话，是完全可以移用来研究图书评论的。书评作者对于自己不感兴趣的书籍(也就是说，他接触的是一本自己没有兴趣的书)，硬要写评论，确是难于深入下去，写出自己的独特见解。书评要有感而发，需要某种推动力，才能激起作者的热情，发挥观察力的作用，直至写出自己的见解。兴趣往往就是这种推动力，又往往引发出作者的个性来。

兴趣可以是一种偏爱。人们有不同的审美兴趣，其中就表现出不同的偏爱。书评作者的偏爱表现在选择评论角度、对偏爱的(或熟悉的)内容进行阐述和发挥。同一本书在两位不同书评作者的笔下，就会写出不同的感受和议论，从而表明书评的个性(自然，个性还包含其他的内容)。偏爱能够表现出个性。

但是，王朝闻强调："经不起实践检验的偏见应当排除。"偏爱绝不是偏见，偏见就是成见，它经不起实践的检验，也不符合客观的实际，书评写作时也应当排除偏见。允许偏爱，发挥个性；排除偏见，同样也是为了尊重和发展个性。

赞书评编辑

偶然读到今年上海《解放日报》的《读书》专栏(很惭愧，过去没有注意到)，其中发表的《丰子恺文集》书评，在文章末尾用括号标出如下一句话："《丰子恺文集》(艺术卷)，本市延安东路1440号文汇文化服务部有售。"读了这句话，犹如一股暖流，使人感到关心和体贴。

近年来，报刊发表的书评有不少是说明图书的作者、出版者和出版年月的，但像《解放日报》发表书评那样告诉读者哪里有售的，实在难得，让读者不由得对书评编辑产生感激之情。细看专栏的其他书评也都有类似交代，有没有这样的交代，在读者心里产生的感受是大不相同的。

读者在阅读书评之后，随之关心的便是关于这本书的出版、发行情况，很想知道书出版了没有，在哪里能够买到。令人遗憾的是，常常读到一些不介绍出版者、甚至根本不提作者的书评，而书评编辑往往也不关心，并没有加以补充。萧乾先生认为，加强图书的宣传评介工作是解决"卖书难"、"买书难"的重要一环。可见，在书评末尾写上关于书的出版、发行情况的确有一定的作用和意义。

自然，这样的交代，话虽简单却又很不容易，需要书评编辑花许多时间和精力去做调查，而读者的受益却是无法估计的。更为可贵的是，这种做法体现了书评编辑关心读者的服务精神。

《解放日报》书评编辑的做法值得学习，谨向书评编辑致敬！

“广告书评”

有家出版社曾在中央的一家大报上陆续刊出几次图书广告。出版社在报纸上刊登图书广告本是常事，所不同的，这家出版社的图书广告文字或是“书评”，或是已发表书评的摘要，大致都是以书评代替广告文字。有议者认为：“这样以广告形式刊登的书评，读者总以为是人家出了钱，你跟着在讲好话，效果究竟如何也是值得怀疑的。”(刊 1991 年 1 月 26 日《文汇读书周报》第 2 版)这个问题如何认识，可以研究，但与书评作者的关系似乎不大，很可能作者并不完全清楚。我则以为，近年来某些广告文字包括图书广告文字，有哗众取宠之心，少实事求是之意，以致在读者中信誉不佳，这是应该引起重视的。

这家出版社的几次广告，说它“以广告形式刊登书评”确是事实。这种“广告书评”的出现，可能原意是想引起读者的重视，增加广告的说服力，殊不知在广告地位刊出的文字，人们仍然会另眼相待。此外，是不是多少反映了目前在报刊上发表书评之难。有位朋友曾诉说他向某大报投寄书评稿件的遭遇，令人啼笑皆非！采用“广告书评”，未始不是一种办法。

不过，就图书广告而论，只有提高文字的科学性和艺术性，当做严肃的书评来要求(本来图书广告文字也是书评的一种形式)，内容实事求是，文笔清新可读，这样才能取得效果。

遗憾的是，这家出版社的几则“广告书评”，统统遗漏了被介绍图书的定价、发行办法等，丢掉了广告的要素，重复了时下某些大报发表书评的缺陷，是很不应该的。

导 读

书评写作必然是书评作者自己读书研究的结果，然而自己读书未必都须要写成书评。写出书评发表的就要明确主要的读者对象，正是从读者的角度去观察，去要求书评，才强调书评的导读作用。

导，就是引导、指导，也包括疏导的意思；导读大致就是引导和指导读书，有益于读者阅读。介绍、推荐一本书是导读，这容易理解；批评一本书，指出书中有哪些错误缺点，是怎样错的，为什么是错的，正确的又是什么，这样的书评，实际也含有导读的意思。不过，也不是所有书评都有等同的导读作用。某些学术性争鸣或专业性的纠误，主要是跟图书作者进行讨论和批评，读者自然会从书评中获益。

因此，在研究书评的导读作用时，要爱护并引导读者的读书兴趣，启发并提高读者的思考能力，也要考虑读者能否接受，认真地加以指导。如切如磋，如琢如磨，这是导读中的平等态度。

书评视角

图书评论毫无疑义是对图书内容的评论，这种评论允许从不同的角度、不同的侧面或在不同的层次上进行。然而图书是由内容和形式构成的，图书的形式，包括它的开本、版式、装帧和材料等部分，图书的内容与形式是统一地呈现在读者面前的。

读者要求图书既有优秀的内容，也有完美的形式。因此书评家的视角也要投向图书的形式方面。这并不是说，书评一律都要评论到图书形式，实际上，并不需要也没有必要每篇书评都来研究、评论图书的形式；即使如此，书评家还是应该重视图书的形式。

一般说来，现代图书版式设计采用大字、宽行距是一种世界性的趋势。从保护读者视力着想，无疑是有积极意义的。我国的图书版式设计、正文用字大小，通常也是根据不同性质的图书而采用相应的方法，然而也有的图书在版式、正文用字等方面忽视读者的使用需要，特别是成人教材一类的图书。有一本《电视英语》教材，由于正文用字太小，行距又密，给读者造成阅读困难，尤其是老年读者甚至无法阅读；对于保护中青年读者的视力，也十分不利。辞典工具书的版式，也有很不合理的。一本在外省某市印的《新华字典》，纸质和印刷都十分粗劣，几乎使小学生无法使用。推而广之，报刊文章恐怕也不宜用太小的字号。严格讲，这些问题的实质，又何尝不是精神文明的范围呢？

书评的冷淡

图书出版以后就有不同的命运，有的由于内容平平，引不起读者的注意；有的由于评论界写的推荐评介，而在读者中迅速传播。但确实也有不少好书由于评论界对它冷淡而默默无闻，至少没有得到及时的广泛传播。50年代，何其芳出版过两本杂文集——《星火集》及其《续集》，作者曾经给一位同志写信说："谢谢你对于我过去写的一些杂文的评论！我那两本杂文集子所受到的待遇是比较冷淡的，好像《续集》尤为如此。"(刊1991年1月11日《文汇报·笔会》)可见，图书的作者是多么需要书评啊！多数的图书作者的心态，总是喜欢自己的书有评论，甚至乐于听到批评，这至少说明自己的书开始被人注意了。

然而更为重要的是，图书的价值和意义需要评论来揭示和阐发，而正确、深刻、及时的图书评论，使图书作者得到认识上的提高，或者是知心的共鸣，或者是有益的针砭，甚至是一种鼓舞的力量，同时也就使读者得到如良师益友般的指点和导引。书评的作用正是使优秀图书发挥更大的效益，在读者中间得到更广泛的传播。

写到这里，一方面寄希望于书评家的选择眼光，尽可能不要使好书受到冷淡；另一方面也得承认，我国书评事业的发展现状，还难于一下子消除书评的冷淡现象。

通病及其出路

许多研究、关心图书评论的同志已经对目前书评中出现的弊端有所论述，列举三五条或七八条的都有，其中举出“书评文字一味吹捧，内容缺乏新意”的算是最常见的通病了。近读香港《今晚报》的《书话》副刊(1990 年 12 月 17 日)，有文章说到香港书评的弊病，觉得它与内地的书评弊端有某种同病之感。看来，提高书评的评论质量和权威程度，是一个普遍的问题。

毫无疑问，肯定图书的优点、特色，并不就是吹捧；反对书评中的吹捧现象，也完全不是不能表扬图书的成功之处。吹捧是属于言过其实，言不符实，往往出于情面，讨好图书作者；为了销路，谋求增加发行数量，于是言不由衷，只讲好话，也就失去了书评的严肃性和公正性。至于书评内容毫无新意、缺乏见解，这涉及作者的专业和文化修养，以及写作的态度问题了。实在说，书评写作是一种费力难见效(包括能否发表在内)的劳动，如果有人把它说得十分轻巧，真是莫大的误解。因此，没有一点志士仁人的精神，就不大可能去叩书评之门。近几年，尽管涌现出不少热爱书评事业的中青年，但书评写作队伍的数量仍然太少(特别是缺乏有权威的书评家)。除了这些原因以外，我以为，如何逐步克服图书评论与图书发行之间的脱节现象似是不容忽视的。这个问题直接关系到书评跟读者、出版者的关系，解决得好，就会产生一种直接的客观力量，促进书评的发展及其质量的提高，有利于书评对图书市场的指导作用和对形成健康读书风气的导向作用。然而，这个问题的解决是需要大家来研究的。

理解和激情

中国版协与北京版协在怀柔召开“首都出版界老同志座谈会”庆祝建党八十周年。与黄涛（八十一岁）、方厚枢（左，七十四岁）合影，时为 2001 年 6 月 27 日，由黄涛夫人马艳秋（六十九岁）摄

发表在《出版工作》（1990 年第 12 期）上常政同志的《百科全书编辑札记（续九）》一文中有一则介绍《从类书到百科全书》的文字，记述了他为编

辑姜椿芳同志关于百科全书的论述的缘由，以及编成后对这本书的评价，全文只有三百五十多字，是一篇很精彩的图书介绍文字。摘录如下：

这是我搜集姜椿芳同志关于百科全书的论述所编成的一本文集名。椿芳同志去世已两年多了。他临终前的一个最后嘱托，我时刻不能忘怀："……有一件事情想对你讲，请你把我从建议大百科的那份东西开始，把后来所写的、所讲的、所发表的文章，收集一下，看能编成一个小册子不。请你看着办。"现在，我终于尽了这一义务。其实，这也是对十年来百科事业的同道者们和关心大百科的广大作者和读者应尽的义务。姜椿芳是一位渊博的学者，他从我国的类书研究起，在百科全书编纂学问上下过很深的工夫。他又善于用平易的语言和激越的感情向人们讲述百科全书的时代意义。在中国大百科十年紧张的编辑工作中，他一直是亲临前线的实践者。这本书就收入了他在大百科各卷编辑工作会议上的讲话辑要。他的文章和讲话风趣耐读，充满生动的事例。这是百科全书家的作品，富有百科全书那种特有的浓缩的风格。

即使几百字的介绍，毕竟是一种写作，仍然受着创作规律与要求的约束。离开了对于写作对象(图书)的理解和写作时的作者思想感情，同样是写不好图书介绍文字的。目前有的编辑轻视书刊的内容介绍文字，往往在发稿前的极短时间里怠于思考，率尔操觚，几百字的篇幅虽然容易交卷，只是抓不住要害、实质，或者泛泛其词，没有可读性。理解和激情，对于写作是绝对需要的，对于图书介绍和书评写作，也都是不能缺少的。

成语与分寸感

曾经读过几篇针对时下报刊上发表的书评文字的批评，认为书评的“八股”之一是：文字老一套，多用陈词滥调，读来乏味枯燥。这种批评的积极意义在于，正确地指出时下书评中确实存在的某些毛病，以及书评不重视文采的倾向。伍杰同志提出书评要有韵味，概括成三：有文，有情，有骨。还有同志撰文呼吁书评既要立论公允，不吹捧不溢美；又要有可读性，能吸引人。由此我想到书评中正确、恰当地运用成语，恐怕也值得重视。

在世界各民族语言中有着丰富、生动和形象的各种成语，它是语言中的精粹部分，凝结着人类的聪明和智慧，是文章修辞的重要材料。正确、恰当地运用成语，不仅能使文章生色，而且给读者以广阔的联想、无尽的回味。成语之有别于“陈词滥调”是不言而喻的，然而某些成语确实因常用常见而被忽视其意义，以致产生误解，模糊了界限，竟被视为“陈词”了，这自然是个别的。

书评评事论理，运用成语，不乏其例。柯灵是散文大家，他的短篇《论钱鍾书》，不足两百字，其中就有如下几句话：“钱鍾书的《写在人生边上》，戛戛独造，使人耳目一新。思路活跃，深刻，犀利，或天马行空，或鞭辟入里，或一针见血。针世砭俗，或锋利，或婉曲，或反讽，或借喻，都能耐人低徊，有会于心。”这里连用几个成语，读者从“天马行空”、“鞭辟入里”、“一针见血”中产生丰富的联想。这是上乘。如果成语用得生硬，不当用而用，非但不能产生好的效果，容易引起读者反感。至于时下有些书评作者对成语本身没有吃透词意，或褒贬错用，或用得不当，或者误用、生造硬凑词组，那是另一回事。我们千万不要因噎废食，裹足不前。书评中运用成语，也是一种艺术。

有人说，艺术的天才在于分寸感。书评行文，运用成语，也要有分寸感。掌握分寸并不容易，掌握住分寸感，才能有说服力。这要求对所写的对象须有相当的了解，对运用的成语也要理解正确，才能恰到好处，使文章增色，真正起到或言简意赅、或耐人寻味、或画龙点睛、或令人遐想的作用。

在书评中运用成语是为了书评的文采，然而文字的清新华丽、明快畅达或朴实凝重等等，都是有文采的表现，只是风格不同，重要的还是“言而无文，行之不远”。

书评和法

书评和法，可能是个大题目，但也不妨“大题小作”。曾经听说，某书评刊物因为发表了批评某书的文字，引起该书作者的不满，指责书评作者和书评刊物是对他的“诽谤”，甚至把书评文章说成是“侵犯著作权”，对书评作者和书评刊物施加压力。这件事情可能不具典型性，不过由此引起的思考，值得一议。

图书评论，如同新闻评论、文学评论、戏剧评论和影视评论等一样，既是评论体裁的一种，又是沟通出版社、作者和读者的重要工具，有时则是读者对书刊发表意见的直接手段。在这个意义上讲，更是读者的一种权利，读者有权对书刊这种社会现象进行评论。同时，国家有关领导部门提倡、鼓励报刊发表书评，是一项十分重要的文化宣传政策。

任何一种评论文字，重要的是要发表作者的积极有益的见解，实事求是，与人为善，要分析说理，以理服人。评论一部小说或者评论一部专业著作，就会对小说或著作的优点长处有所赞扬和肯定，也会对小说或著作的缺点失误进行批评和驳论，这是十分自然的；至于评论内容的是非，属于意识形态范畴，这也是任何人能够理解和同意的。重要的是，书评作者也是著作人，他撰写的书评文字同样受到著作权法的保障，怎么可以毫无根据地把书评文字说成是“侵犯著作权”呢？

至于书评一经报刊发表，人们(包括被评图书的作者)理所当然也可以有不同的看法和意见，甚至是反对的意见，这既是允许的，也是正常的。不过，应该通过反驳或讨论的方法进行反批评——真理愈辩愈明。

由于以往长期“左”的影响，缺乏正常批评的空气，至今还没有很好形成进行各种评论的良好环境与条件，不少批评性的书评有可能受到种种不公正的对待。因此，在宣传书评意义和作用的同时，也要提倡书评家应该具有法律意识，更要提倡在书评中正确地运用批评的原则和方法，以促进作者、出版者与读者的共同提高。

“一件艺术品”

叶圣陶先生在30年代应《宇宙风》杂志之约，为“我的爱读书”专栏写稿，写了《杨柳风》(英国格莱亨的童话)、《人与医学》、《福楼拜评传》(李健吾著)三本书的书评。其中对《福楼拜评传》一书，叶圣陶说：“看罢这本书，最初一个念头是，评传之类的书的确应该像这样写。抄录几节传记，嵌入几段作者的作品，‘等因’‘奉此’这么一来，那算不得评传。还有一层，这部书本身就是一件艺术品。”这里包含三个意思：怎样写评传，批评了“算不得评传”的写法，书应该是一件艺术品。

“一件艺术品”五个字提出了对书籍的高标准，只有在思想内容、材料价值、结构和逻辑，以及文字表达等方面，达到一种和谐的结合和完美的统一程度，才有可能成为吸引人的有价值的作品——一件艺术品。这是否可以启发我们，书评也应该有这样的写作标准，使书评也成为“一件艺术品”呢？

读 者 评 书

图书的出版为读书活动的开展创造了前提条件，而后者又促进和推动了读者的选择意识和评论能力，并且有利于图书出版工作的提高。可以说，图书出版最终会培养和造就出一大批评论图书的读者，这也就是必须重视读者评书的理由。

说是“读者评书”，仅仅是相对“专家评书”而言，后者往往是指专家评论属于自己专业的图书。在他评论不属于自己专业的图书时，实际上也就成为“读者评书”了。不过应该承认，确实存在“读者评书”和“专家评书”这两种书评形式的。

读者书评对作者和出版者来说，是重要的信息反馈，可以从中汲取有益营养；而在读者之间则是交流意见和彼此教育的有效方式。书评家的责任不仅是兼收并蓄，还要善于发现有代表性和倾向性的积极因素。

读者评书(续)

从广义上讲，一般读者对图书的批评意见(有时是书评文字)，也是图书评论中一个很重要的组成部分。拥有大量读者、深受知识分子喜爱的上海《文汇读书周报》，通过“点题征文”的办法，先后有《一本买了感到后悔的书》、《一本读了还想再读的书》等选题，不仅达到“读者评书”的目的，也获得大量读书反馈的信息，推动评书工作的普及化、大众化。很有影响的《中国出版》杂志从1997年第7期起设立“读者监督岗”栏目，欢迎读者对书刊质量评头品足。该期同时发表陈福季的《〈毛泽东诗词集〉编辑中若干问题的商榷》一文，同时刊出中央文献出版社的有关复信。对沟通读者与出版者的联系，让更多读者有机会评鉴、关心出版物质量，无疑是必要的。

此外，曾有一位中学生肖铁写了《灵性中掺杂的非灵性》(发表在《文学自由谈》1997年第3期)，文章坦率地批评了该刊主编冯骥才一部散文集中的病句。这件事引起舆论界的好评，认为是编辑正确对待读者批评的例子，是一种雅量和正气的表现。

标 题 难

写书怎样起书名，是一门学问，叫“书名学”；作文写题目，也是一种艺术，叫“标题的艺术”。既是学问、艺术，就应重视，需要研究。

马克思、恩格斯之间为《福格特先生》一书的书名，有过多次通信，反复讨论。列宁的《俄国资本主义的发展》一书，最初曾打算叫做《论俄国资本主义发展的问题(关于大工业的国内市场及其在俄国的形成过程)》，后来有人认为书名太长，列宁还想过要改为《论俄国资本主义发展的问题》。总之，是经过了反复的思考。

写书评也要重视标题。可以朴素或艳丽，可以含蓄或明晓，但不要读来费解和产生歧义。有些书评即使有副题，也往往在读完书评以后才会理解。如《陀螺·浓酒·火炬——中青出版社出版的人生系列读物读后》，在书评末尾写道：“法国物理学家居里曾满怀激情地把自己的一生比做一只高速旋转的‘嗡嗡作响的陀螺’。我国诗人郭小川把人生比做一杯‘浓酒’，不经三番五次的提炼，就不会可口。爱尔兰作家萧伯纳说得更含鼓舞意义。他说：‘人生不是一支短短的蜡烛，而是一支由我们暂时拿着的火炬，我们一定要它燃得十分光明灿烂，然后交给下一代的人们。’”原来，陀螺、浓酒和火炬都是比喻人生的。这个书评标题是有特色的，能够引起读者的好奇，使读者一心要读下去。另一篇书评《“智慧树”的魔力》，标题倒也形象，可惜缺少点题的笔墨，就不免费解了。可见书评标题之难。

繁 与 简

报纸发表的书评，往往要求精练简短，这是世界性的潮流。一是限于报纸篇幅，二是新闻总是跟书评争地盘，何况还要考虑读者的读报时间。相比之下，刊物上的书评就自由多了，特别是学术性专业刊物，把书评写成学术论文，也是常有的。人们容易重视“繁”的而忽视“简”的，实则繁简都是出于需要与可能，两者不能孤立论评。简并不容易，繁未必就难；简而精当，就难能可贵；繁而芜杂，完全不可取。繁与简又可以都有价值。

文艺现象中出现“小小说”、“微型小说”，特别是“微型戏剧评论”等，受到读者欢迎。一般读者写书评往往开门见山，短小精悍，特点也在“简”字上面。看来，写作短小充实的书评是值得提倡的。

吕叔湘先生《书柴德赓〈史籍举要〉》一文(刊 1990 年 5 月 2 日《光明日报·史学》)，只有四小段。头段中只用三句话对《史籍举要》一书内容作了介绍；第二、三段结合例证分别论证此书的两大优点，极有见地；末段说明此书的读者对象和作用。全文不足八百字，有评论有例证，写得清晰明白，读来令人信服。大学者写小文章，篇幅极为简省，而内容十分丰富，实在是书评中的上选。

“一句话书评”

《文汇读书周报》增辟“一句话书评”专栏，受到读者广泛欢迎。这个专栏很有特点：一是每月都有论题，如春节前出版的一期，题目是“节日期间你打算送给朋友一本什么书”，并预告下期题目是“与安眠药同效的一本书”，十分别致，引人深思。二是有统一的格式，试看一例：

●《洗澡》，杨绛著，三联书店

——《围城》的夫妻篇，如果你看《围城》时哈哈大笑，看《洗澡》时，你则会含泪微笑。（湖北光化水泥厂子弟学校费锡强/教师，点评《洗澡》及《围城》的还有安徽的汪锡钰、江苏的敖瑜等五位读者）

“一句话书评”的格式(内容)包含书名、作者(译者)、出版者等，顺便说一句，时下书评作品忽视原书作者、出版者的屡见不鲜。而作者、出版者恰恰是书评作品的要素，因为都是读者所要知道的。特点之三，有的还要报道一下同一本书的其他书评稿件。总之，“一句话书评”有醒目的格式，字体富于变化，言简意赅，信息量大，在读者与作者、出版者以及读者之间起到交流的作用。

也许有人会问：一句话能成为书评吗？我想，只要这句话是读者的心声，写出了自己对书刊的感受、心得和评论，就是评书，为什么不是书评呢？作者和出版者需要了解读者的反应、意见，书评界需要广大读者一起参与书评，“一句话书评”实在是读者评书的好形式。

书的价值

图书中包含着人类积累起来的知识和文化，有助于社会的前进；同时，社会的不断发展，也促进了图书工艺的改进和传播。古今中外历史上有过许多伟大贤哲，他们称颂过图书的巨大意义和作用。高尔基就发出过“热爱书吧”的号召。

组织社会读书活动，对于推动人们读好书、交流读书经验、引导图书市场健康发展方面起到了很好的作用。北京、上海等地开展的社会读书活动，充分证明了这一点。苏联有个全国性的“图书爱好者协会”，也以培养人们的读书兴趣、组织读书活动、引导读者读好书为宗旨，其中开展书评工作占着重要的地位。书评引导读者读好书，提高读者对书的价值的认识，发挥图书对读者的有益作用，从这个意义上说，书评是开发书的价值的重要工具。

体 例

在古籍整理工作方面，点校古书最容易了解一个人的学识水平。同样的道理，编辑的审稿意见最能集中说明编辑自己的审稿能力和学识水平。戴文葆同志一次跟我谈到审稿工作时说，一般人不重视汇编书的责任编辑，往往不大了解汇编书编辑之难。其实，单就汇编书的体例来看就大有学问。体例是全书的总纲，从文章的排列次序，如何处理目录、注释等，可以看出编辑的能力和水平。这个见解是很深刻的。

有些书不重视体例，汇编书(和翻译书)没有必要的编辑说明和其他交代，学术性著作不重视注释和索引，以及序跋文字等。希望书评作者在评书时要留意书的体例。

不久前见到陈原同志的《社会语言学专题四讲》(语文出版社 1988 年版)一书，这是陈原同志应中国社会科学院研究生院语言系之约，给社会语言学硕士研究生做的系列演讲，篇幅不大，书末附录有“座谈记录”、“参考书目举要”两种，其中“座谈记录”很引人注目。原来在陈原同志几次讲演以后，曾经与听讲者进行过座谈讨论，讨论不限于对讲稿的意见和问题，也有讲演人的回答和发言人的见解，是一种自由讨论的交谈，因此这份记录有问有答，还记录了座谈时的气氛，如“笑”、“众笑”等，读来生动。值得指出的是，作者特意把它收入该书，其意义不小，正如陈原同志所说：“以后有机会还希望举行这样的讨论会，有辩论，有批评，这样才能彼此有所启发，有所得。”(该书第 97 页)“座谈记录”在一定程度上是对正文内容的进一步阐释，使记者有启发，也为出版学术演讲举出了好的例子，值得提倡。陈原同志不仅是语言学家，而且是编辑家。

书评综述

台湾谢丰丞先生的诗集《少年维特的身后》一书出版后，在大陆曾有多篇书评。发表在《天津书讯》(1990 年 3 月 17 日)上署名为“痴人”的《学者诗话》，就是该书的书评综述。

“综述”是介于“评论”与“介绍”之间的一种形式，评介书刊的“出版综述”，特点是集中评介某一门类书刊，信息量大，便于比较，提供读者和研究者总的概貌，写作者可以对书刊作者和出版者作评论，有时还以自己的感受和需要比较自由地写作。《中国出版年鉴》创刊十多年来，发表了大量的“出版综述”。正如“出版综述”那样，“书评综述”文章也有自己的特点，只是过去很少见到。“书评综述”分为两类：一类是评“书评”的文字，往往选择“同一门类书的多篇书评”或“同一人的多篇书评”对照比较，加以综述；有时是就一定时期内发表书评的情况，评述它们的质量、特色和倾向等。另一类则是同一本书的多篇书评的综述，上述所举“痴人”的《学者诗话》一文便是这类文字。这类文章的特点是，主要进行一些比较，还应指出不同书评的各自角度和重点，对被评书的内容作简明的介绍，要向读者说明书评的出处，等等。

目前我们的书评家还不大关心“书评综述”的写作，其实做好这一工作，对繁荣书评创作、提高书评质量和促进书评理论研究，都是十分有益的。愿“书评综述”之花普遍开放。

评 书 会

有一种说法：编辑眼高手低。这种说法的本意也许是讽刺编辑的，但我作为编辑，听了倒没有一点不安。说编辑眼光高实在是句赞誉辞，编辑必须具备较高的鉴赏、识别和判断能力，“眼高”是好事，而“手低”则是相对的。从编辑审稿角度讲，“眼高手低”是编辑的职业特点，自然也决不可一概而论。识别能力直接关系到作品的质量，编辑写书评应该充分注意这一点，提高编辑的书评写作水平也应该从这里下手。

几年前，商务印书馆编辑部早有评书会的形式，要求本馆编辑对自己经手的图书进行讲评，也请读书界、学术界人士一起参加讲评，作学术报告。这种书评会既有利于总结选题经验，又有利于学术讨论，编辑与专家、读者相互启发，取长补短，集思广益，共同提高，还可以锻炼、提高编辑的书评能力。这种评书会形式值得推广。

书评的新闻性

现代书评的发表，总是离不开报纸、杂志，国外报纸的书评编辑往往把发表书评看成是新闻的一部分。《纽约时报·书评周刊》编辑辛克勤说："书评是新闻的一部分，它告诉读者出版界和知识界的潮流和趋势。不仅评论有价值的书，也给予畅销书大小不等的篇幅，以此实现书评的新闻性。"报道出版信息，评论有价值的图书，或者评述出版界和读书界的倾向，都有新闻的因素。

但要实现书评的新闻性，还需要在出版流通领域解决一系列的问题。诸如出版准时，新书跟读者见面及时，有较强大的书评写作力量，有相当数量的书评园地，特别是书评编辑与出版、发行部门的配合等等。显然，我们目前在解决这些问题方面还存在不少困难。

目前我国的读者往往难以读了报刊发表的新书书评就能在书店买到此书，发表书评(指新书书评)与图书供应在时间上脱节，做不到协调配合；或者书评发表很久，图书供应不上，使书评失去新闻作用；或者新书已经销售一空，书评姗姗来迟，使书评失去导向作用。

看来，重视书评的新闻性，也是为了充分发挥书评的作用和增强书评的权威性，最终还是对书评家识别能力的考验。

书评文体

书评是评论图书的一种独立的文体，但在其他文体中，往往也包含有评论图书的内容。鲁迅在给一位青年开列的读书单中有《四库全书简明目录》，并认为这本书的价值是“现有的较好的书籍之批评”。可见，有价值的图书目录也是书评。如果把眼光再扩展些，那么在各种文论、人物论中，情况往往也是如此。含有图书评论内容的各种文论、人物论，确是屡见不鲜的。

有一篇漫谈“年谱学”的文章，在介绍年谱学的发展与地位、年谱种类及年谱总录等情况时，总是跟有关图书的评介联系在一起的。特别在文章结尾的两段，着重介绍近几年大陆与台湾、香港出版的年谱。文章作者说：

近几年来，年谱撰述更是异常活跃，学术界思想解放，眼界开阔，广收博采，蔚为大观。古代人物仍是年谱撰述的重点，已出版的计有《王充年谱》、《三曹年谱》、《高适年谱》、《元稹年谱》、《吴承恩年谱》、《徐光启年谱》等，在这方面以出文史书籍为主的齐鲁书社尤为用心，他们还注意出一些知名度较低的历史人物年谱，如《郑康成年谱》、《李德裕年谱》、《张溥年谱》、《许瀚年谱》、《刘鹗年谱》等，填补了这方面的研究空白。自然，近代、现代史的研究更为重要，近代、现代史人物年谱现在已愈来愈多，篇幅平均要比古代人物年谱多，范围更广，如《蔡元培年谱》、《章太炎年谱》、《郭沫若年谱》、《柳亚子年谱》、《陈寅恪年谱》、《陈嘉庚年谱》等，这些年谱多为谱主的后人、门生、故旧所撰，收罗详尽，剪裁得当，曲达旁通，渊源自现，为研究这些人物及整个近、现代史提供了极可靠的资料。

应该提起的是，近年来台湾、香港等地学者也撰写了多种古代、近代、现代人物年谱，其中大部分态度严肃，观点别致，材料也丰富，如胡颂平先生编写、1984年由台湾联经出版事业公司出版的《胡适之先生年谱长编》，卷帙浩繁，竟有十册之多，恐怕是现有年谱中篇幅最大的一部。（张桂华《年谱漫话》，刊《博览群书》1987年第9期）

这篇文章自然不是以书评形式出现的，然而有着大量的评书内容。人物传记的评述，如罗孚写的《曹聚仁在香港的日子》一文，主要篇幅是叙述作者对曹聚仁的认识过程，夹叙夹议，作了评论。但文章的最末一节则是评议《中国学术思想史随笔》一书的。摘引如下：

当年以《听涛室随笔》的专栏在报上发表时，我没有看它（指《中国学术思想史随笔》一书）；他身后由旁人整理，用《国学十二讲——中国学术思想新话》的书名出版，我也还是没有读过。直到北京三联再加整理，出了新书，这才读了。

从随笔到随笔，现在恢复了随笔之名，不过不是《听涛》，而是《中国学术思想史随笔》。说是新书，因为它已经大加增订，指香港出《十二讲》时删节的三十段文字和未被编入的十八篇文章都补进去了，使它更加丰富……不过，我总觉得现在这个书名可以删去一个"史"字，就叫《中国学术思想随笔》也是可以的，而且更加简单明了……他晚年写这些随笔时，由于思想更成熟，也就更自负，说这是有所见的书，不仅是有所知的书。窃愿藏之名山以待后世的知者。

他说，他是以唯物辩证法的光辉，把前代的学术思想重新解说过；批判那些腐儒的固陋，灌输青年以新知……他的文字也是清新的，雅俗共赏的，能把艰深的旧学讲得通俗易懂，不枯燥，吸引人。读着它时，颇有当年读《文心》的那种乐趣。《文心》是他的老师夏丏尊和叶圣陶合作谈文章作法的书。这本《随笔》谈的是学术思想，而讲得这样深入浅出，就更不容易。（刊《读书》1986年第12期）

可见，这是很集中的书评文字了。

通信中的评书

朋友、师生之间的书信是交换知识、切磋学问的一种手段。其中往往有评书论人的内容，中外皆然。

马克思、恩格斯的大量通信中，有不少是评论书刊报纸的。19 世纪俄国著名哲学家、文学批评家别林斯基给果戈理的那封著名的信——《与友人通信摘录》，是评论果戈理的文学作品的，列宁称它为最优秀的民主主义文献之一。

列宁博览群书，勤于思考，他对图书评论的许多意见是在书信中表达的。德国的马克思主义者、政论家和历史学家弗·梅林写过四卷本《德国社会民主党史》一书，内容丰富，论证精辟。列宁早年就读过这本书，在给母亲的信中提到这件事时，列宁说："在阿纽塔(指列宁的姐姐)寄来的书中，我特别喜欢梅林的著作；我刚读完它的第 2 卷，感到非常非常满意。"(《列宁全集》第 37 卷第 239 页，人民出版社 1959 年版)在列宁的家书中，还可以读到列宁其他的图书评论和读书感想。如谈考茨基《土地问题》、拉布里奥拉《关于唯物主义历史观问题》等的文字。至于十月革命后，列宁的大量书信中更有不少是评书的。1919 年 10 月 24 日给国家出版局瓦·瓦·沃罗夫斯基的著名的信，就是专门批评《1919 年 3 月 6—7 日的第三国际》一书的。这封信对改进编辑出版工作有重要的意义。

《毛泽东书信选集》收有评论文章、诗词、图书以及原稿等的一些信件。1944 年 4 月给李鼎铭的信，是对《永昌演义》一书的意见。提出："吾国自秦以来二千余年推动社会向前进步者主要的是农民战争，大顺帝李自成将军所领导的伟大的农民战争，就是二千年来几十次这类战争中

黄山市的"花山谜窟"前的索桥，为 2000 年 9 月建成。与李景端(译林出版社社长)在索桥出口处合影，由邵益文摄

的极著名的一次……此书如按上述新历史观点加以改造，极有教育人民的作用，未知能获作者同意否?"(《毛泽东书信选集》第 230 页，人民出版社 1983 年版)

中外历史上的政治家、思想家、文学家等等留下的通信中，有着图书评论的丰富内容，它们是图书史、出版史和书评史的宝贵资料，值得很好地去发掘和研究。

书评小品

报刊书评编辑对稿件的要求中，字数总是很重要的一点。现代报刊文章的世界性趋势，要求写短小精悍的文章，书评也不例外。但是小文章并不就是小品文。《中国图书评论》今年第一期开辟“书评小品”栏目，我以为很有意义，又是十分重要的。

小品文，通常是指散文中的一种体裁。它在我国已有悠久的历史传统，又有多样的形式；而现代小品文逐渐区别于笔记、随笔、杂文等，走上独立发展的道路。同时小品体裁影响到戏剧、绘画、电视等领域，形成“戏剧小品”、“电视小品”等。把“小品”移植、渗透到书评中去，同样值得提倡和重视，希望书评家去开拓、创造，并且积累实践经验。

书评小品应该探求自己的特点。那种对图书作全景式的透视，或者像一幅写意画的书评，即使是小文章，恐怕未必就是小品，而最犯忌的是写成一般的图书内容提要了。如果是从图书中寻找小角度来评论，有时则需要抓住蕴藏着的不为人们重视的东西，或者从点滴的感受中引申出深沉的思考。写法可以自由灵活，但要避免一般的夹叙夹议，落入随感、体会一类的程式。文笔尤其要讲究，朴素清新也好，轻松自然也好，可以艳丽华贵，也不妨气势磅礴……总之要有韵味，能给人美的感受。书评小品是最能发挥认识作用和教育作用的。

“二句三年得”是写诗的苦吟，写短文也需要反复的推敲，书评小品既离不开品评，也离不开语言的锤炼工夫。书评小品符合读者的需要，它就是有生命力的，值得提倡。

丙编

书评赏析

20世纪90年代，在书评家伍杰先生主持下，曾策划编选《中国书评精选评析》一书，由伍杰、徐柏容和我三人分工负责编选工作。“我们编辑此书的初衷，是想反映‘五四’以来各个时期的书评状况。于是定了几条不成文的原则：书评文章要选比较好的，在当时是有代表性的；入选的书评作者是有影响的人物，所评的作品要有相当的影响；文章要照顾各个方面，力求门类齐全，如此等等。……为此，考虑了集子的三个部分：一是书评文章，是全书的主体，文章选自公开发表的各种书报刊上；二是评析，对书评文章讲些我们的看法，三五百字，力求简洁、生动、活泼；三是作者简介，帮助读者了解书评作者其人。这样的编辑目的，是想使广大读者了解过去书评的状况，……可以作为研究书评史的基础；还可为从事书评事业的同行提供些借鉴。”(《〈中国书评精选评析〉序》)我为此书选编新中国成立至1978年期间的书评凡三十六篇。不过，《中国书评精选评析》一书印数不多，市场已见不到此书。

现在要说明的是，这里选录了萧乾《〈虾球传〉的启示》等十一篇书评文本和评析文字，一仍其旧，供读者阅读鉴赏。

萧乾：《虾球传》的启示

小说这一创作形式，在分量上，在重要性上，都可说是三十年来新文学的主流。它消耗了最多的纸张，磨光了大量的铅字，也拥有数不尽的读者。在“朗诵诗”及“山歌”等方式下，诗歌已摸索出一条大众化的路，小说却还没有认真被解放出来。这自然是从在上海住过两年多，不大能看见北方作品者的见识来说。科学可以先发明原理，后产生出品；一个文艺方式的建立，是需要示范性的作品的。我是因为厌弃了那纯粹堆砌文字，在装饰图里打磨磨的功夫，老早便放弃了小说写作的。不满意欧化的体裁，然而对于“章回”，我又觉得不够自然。它是昨日大众的语言，却未必是今日的，而且，它本身已有了一套八股。例如“且说”“按下不表”及“且听下回分解”那套术语，同时，又总觉得术语以外，章回一定还有其精华在。创造人物对小说与戏剧可说都是一个很重要的工作。就像画画的人点睛一样，怎样一点便真了呢？就有了血肉，便凸出来，便能由纸本里大阔步迈到人群里？当我看《小五义》时，我无时无刻不记挂着白玉堂，那个又骄又硬的小子。当“白玉堂”那只碗打碎，我发了一愣；随之，白玉堂在藏珍楼里遇难，我哭了半天。他们的吃、喝、打扮，他们的侠义，他们的说话就“着镖”！什么什么都传染了我。我冒了挨打板子的险，在班上偷看它；夜里梦呓中，我还学徐良鞠毒箭躬。什么新小说对于读者曾有过那等魔力？怎样才能得到这分魔力呢？

在《虾球传》里，我得到了一个可贵的解答。

在书桌上，在过海的船舱里，在枕畔，过去十天，我的手没有离开过这已印成三个单行本的《虾球传》，而当我的手不捧着《虾球传》时，我的心还是徘徊在这个流浪儿的身边。满港九的街头我看到他：淘气的使我想到他；穷的、偷的，使我想到他；坐在街头拿虱子，脸上可是一片严肃向上气的乞儿，更使我想到他；红磡、旺角、铜锣湾，那些地名好像都因为“虾球”的踪迹而变得有了意义。我时刻牵挂着他的遭际，佩服他转危为安的本事，也敬仰着这个在生活教育中成熟的人物。

《虾球传》写的是两个中国：一个是腐朽了的，一个是生气勃勃的。这两个从始至终是强烈地对照着。作者鞭笞的对象是那片腐朽，对于因那片腐朽而遭殃的，如用走私来解决失业的退伍军人，作者寄予的毋宁是温爱、同情。对于妓女、扒手，作者也是本此认识去处理的。把握了衬在人物后面的广大社会背景，才是《虾球传》成就的主要原因。

先从它次要、可又是最出色的部分说起。

《虾球传》采用的结构，是古今中外文学方式中最灵活，最有机的，那即是流浪汉(Picaresque)小说写法。其同于《汤姆·琼斯》以至狄更斯全部作品处是：一、以一个人物的遭际与命运为故事的中心；二、这人物而且是来自下层社会，时常还是属于不法之徒的，然而他的心地良好，只是境遇坏而已；三、故事的发展是波浪式的：刚跳出一关，一关又来了；不是乐极生悲，便是悲尽喜来。所以人物尽管幼小，却需要机警、聪明，而且奋斗过程中必须有几颗“救星”。

《虾球传》的可贵处在于它不同于一般流浪汉小说。一、它不是为了“热闹”而布置埋伏，而是借埋伏(如虾球被拖去当壮丁)暴露出社会的腐烂脓疮。故事的背景由港九(《春风秋雨》)而伸延至珠江沿岸(《白云珠海》)，而广东省会(《山长水远》)，这背景移动绝不同于由张家庄到李家庄，而是由殖民地到保甲长作威作福的国统区农村，终于到了马专员、马太太、鳄鱼头等官僚恶棍合伙贪污的广州。二、正如它的背景，虾球这个人物的升沉吉凶也不是拼起来凑热闹的。由遇到游击队首领丁大哥，听到妓女六姑在死床畔的训话(“人是不容易饿死的……你要向上做人!”)，沉船后，又邂逅了龙大副，终于看到光芒万丈的“三姐”，这些正是虾球由一个香港乞儿扒手成为一个游击战士的陆标。换言之，这不是一部漫无组织的“流浪记”，而是向着革命顶端前进的金字塔；不是东冲西撞的涧溪，而是经过重岩叠岭，滚入汪洋里的大江。

这个差别，正是因为作者有一个积极、坚定、活生生的哲学，一把随时随地可以使用的尺度，一个可大可小的镜头。有那个，是正义感；没有那个，最多不过是片牢骚。有那个，人物便是有目的的斗士；没那个，只能是些江湖镖客。

从“题名”和内容来说，近年的城市里小说界一个相当普遍的趋势是题材偏重室内生活，写的都是内心冲突，而形式又多是含蓄的，静止的，或象征的，标题带些诗意。一面这样做，一面大家却有时又奇怪，甚有羡慕着张恨水等人读者的广众。

什么是章回的秘诀呢?《虾球传》所昭示的是动作，是吸引力，是戏剧性。就是说，人物的创造应少靠形容词，少靠作者从旁的解说，甚至少靠“对话”，而多从情节动作上着手。要吸引住读者，需要戏剧性。要人物凸出来，甚至迈出书本来，也需要戏剧性。而三部《虾球传》，章章都有戏剧，每段且必有个顶点。

最显著的戏剧是战斗了，而在以游击队为主干的《山长水远》里，这种场面特别多，像陈家祠里，一群孩子在虾球领导下，智夺四挺机枪。加入了革命队伍的虾球，被派到敌营里去做情报，于救出亚成后，险些为狠毒的鳄鱼头捉到。虾球这种本事，无疑是向挑草人学习的。那是他第一次目睹的游击队神出鬼没的战术。在广州，赵科长想凭智巧把走私军人一网打尽，终于为后者的首领巫营长看穿。在天字码头前那一幕也就够惊心动魄了。然而最伟大的场面还是鳄鱼头那条差舰，因为走私过重，在海面沉没的一景。那是为生存而与自然斗争的一个壮伟场面。船上有强者的虾球，也有弱者的牛仔；向上的龙大副与堕落的魏经理、鳄鱼头和他的姘头黑牡丹。然而，当“云在奔腾，海在狂啸”时，鳄鱼头的狠毒和魏经理的贪婪全都暴露出了。第二天，海滩上有一堆尸首和一簇湿渌渌的残生。

然而更深刻的戏剧却不一定是斗争的场面，而是悲与喜的交错。虾球做扒手，扒到一位金山客的一生积蓄，结果钱为王狗仔拿去，自己一回家，却看见久别初归的老父因被扒而病倒在床上！这还不是最离奇而最动人的戏剧！饥饿的虾球向壮丁贩子借一笔钱去赌，眼看把“自己”赌掉了，那也是扣人心弦的戏剧！有些场面是啼笑不得的，如鳄鱼头站在船头与私娼黑牡丹的合唱，一个唱《黄埔校歌》，一个唱《客途秋恨》。还有些更细腻的双关，如同虾球在后方医院里说剪趾甲，旧的不去，新的不来。然而最感人的戏剧场面应是三姐查船那一幕，它不但把革命军秋毫不犯，优待俘虏的纪律具象化了，因而与鳄鱼头及马专员的世界呈现出强烈的对照，并且描画出一个革命者严正、善良的人格。对于三次捉而又放了的军官，她劝他“垫高枕头想一想”！这比起一顿恶骂是多么更有力，更令人降服！

对于人物的处理，作者绝不落章回的窠臼，即是省事地把人物典型化了。将一个人写成可恨远比把它写成可悯容易，而除了鳄鱼头和马专员那些坏透了心的家伙外，作者对于人物的分析，是客观的，因而，也就不缺乏了解与同情。连鳄鱼头，这个杀人不眨眼的恶霸，在沉船之后，还在黑牡丹及牛仔的新坟前跪下来，口中念道：“生者平安是福，死者魂归西天。”其实，逼近一看，不是鳄鱼头心地仁慈，而是他还有其自私与迷信。然而，这么一写，鳄鱼头这个人物就“真”了。

作者随时不忘记人物的社会背景。章回小说每遇到一个人物出现时，必把他姓字名谁，他的来龙去脉交代个明白。《虾球传》的作者是尽量让读者由故事本身去了解人物的过去，到必要时，作者才轻点一笔，所以虾球姓什么，到第三卷我们才知道，而且是由闲谈中露出的。然而对于他的社会背景，作者是不马虎的。至于人物的本质，尤有清楚的索引。鳄鱼头与蟹王七虽同是流氓，而且后者还因争风把虾球丢进海里过，然由蟹在船上不玷辱亚喜，可以看出他还有其可取处。这区别在战场上自然是不被注意到的。对于女人，亚娣、亚喜、六姑、黑牡丹、洪少奶，作者都寄以同情，因为她们都是为了生存。妓女六姑躺在病床上说：“何必请医生？我自己久病成名医了。打针吃药没有用，除非不干这种生意。”连洪少奶，这个为了享受而玩弄着三教九流，以至舶来男人的交际花，都还有其良心。她不忍用鳄鱼头做牺牲品，来取悦马专员。这点，鳄鱼头就远不及她了。更动人的是黑牡丹淹死后，她问鳄鱼头是伤心还是高兴，狡黠的鳄鱼头笑而不答，她却伤心起来，说：“你永远不会懂得我们的感情！我们都是私娼呀！至于你，你们都是嫖客！”她的笑里有多少泪！

对于虾球这个人物，作者处理的自然细腻多了。当虾球还过着乞儿的日子时，他便不是甘于堕落的，夜里睡的不知道是粪堆，醒来便跳到海里洗个澡，并且把衣服也洗干净。这“洁癖”象征了他的“向上”倾向。全书到处可以看到他心地仁慈的地方，他扒了金山老的钱，在没知道那是他的生父时，他便已经惭愧了。对于因吃醋把他丢到海里的蟹王七，他事后并不怀恨，还在蟹危难时帮他忙。虾球是个小情种。女人们喜欢他，他也喜欢女人。走私的海上浮起一只火腿，他第一个先想到亚娣——而且为了亚娣他还偷过鳄鱼头的桌布。最伤心是把亚娣那对金耳环送去时，刚好他的情人去旅馆开房间。那个悲怆局势使人想到屠格涅夫的《初恋》。对于小玲，那穿红褂子的姑娘，他也一见钟情，时刻不忘，还为她私运了一条花布，结果却成为牛仔的寿衣！虾球的勇敢也是由生活中锻炼出来的。他那些偷扒打的本领，以后都得到了正用。如丁大哥所说，虾球有丰富的想象力。然而虾球好赌，连自己都当过赌注；如小老虎一样，他也不是驯顺的家伙，受过革命的洗礼后，还不时想去炸鱼！但是虾球是个满身尘埃、热气腾腾的孩子，有长有短，有光有影的孩子，一个仍在茁长中的孩子。他的进步是无止境的。他是凸的、立体的、有血肉，而且能走出书本的。试试看，读完了《虾球传》，你盘手伫立在萧顿球场的铁网外，一个皮球踢起，几十个吵吵嚷嚷的虾球会蜂拥过来。

怎样把“虾球”写“活”了的呢？单从手法来说，作者以丰沛无比的想象力、发明力，织成了一个充满了动作的故事。是在动作，而不是在冥想中，一个人物才会活生起来，而只有活生的人物才能把握得住读者的心灵。这个体验足以说明心理分析及象征，玄想派小说之无前途，也道出传统的章回小说仍能吸引人的原因。

主观地描写冥想是谁都玩得来的，尤其是都市里的少男少女；要以大幅背景，写宵小以至轰烈的动作，需要的则是最丰富的生活知识，而这里正是谷柳先生令人景仰的地方。三十年来中国新小说家里，找这样对生活——下层生活熟悉的人，恐怕没有几人吧！对港九、广州，以至珠江沿岸的街道地形，作者都清楚得了如指掌，连珠江沿岸的草木都辨识得出！黑世界的行话，江面上的咸水歌，枪的牌名，鸦片的种类，轮船的构造，帮会的组织，以及官场的派头排场……写什么像什么。有了这些，再加上灵巧的机智，澎湃的气魄，交织在一个坚定的向上的人生观上，那还需要什么词藻来堆砌呢？

就主题来说，《虾球传》写的可说是革命势力一面无情地粉碎着封建势力，一面对于本质好、能力强的，怎样克尽最大的容忍等待，使无纪律的变为有纪律，使无意识的变为有意识；不勉强，也不排斥；以“条条道路通罗马”的信念，用“浪子回头金不换”的宽厚，引导、迎纳一簇孩子们进入革命的怀抱，使没用的学成有用，又把有用的放在正经用途上。对于今天仍站在革命圈子外面的，它昭示怎样去掉不必要的戒心，同时，消灭苟且心理，从自己生活里，去寻找革命的道路。这个题旨，在今日应是够现实的了。

什么是革命者的精神呢？作者通过故事，从各方面阐说了许多。在战斗中，要机警和保密。虾球把这两个原则掌握得居然可以在牢狱里教训亚成了。三姐认为“斗自己的思想，是一辈子都不能放松的事”。这是怎样重要的启示！斗自己，以至没有了自己，只有大众，那是怎样艰难，怎样崇高的境界！然而在三姐心坎上，是只有大众的利害，没有个人的恩怨的。这革命的美德，是唯有真投到群众中去的人才能具有。作者告诉我们，有了那个，事业就永远不会失败的。

在《虾球传》还未出完，第四册《日月争光》尚待问世的今天，对它下任何结论都是不适宜的。而且，凭什么，我也没这资格。以上只是我个人读后的一些感想，或者不妨说是赞扬，因为《虾球传》确实给了我莫大的启示。这十年中，我花了好几年去弄象征派小说、心理派小说，越弄却越糊涂。这十年中，多少朋友劝我读理论书，把思想搞清楚，我一直迷信“直觉”，以“性情不近”为自欺欺人的遁词，不肯去钻研。记得我曾对一个恳劝我的人振振有辞地说，理论家是画地图的，我想实地旅行。因为那地图是许许多多旅行者踏访的结果，其中，一定也包括无数次迷向的经验。轻视那经验，是自误，也会造成自我浪费。如今才明了有张地图在握，旅行起来才能不至迷向，才能辨识陆标。

《虾球传》的作者正是这样一位持有地图的旅人。

特伟先生为本书的插图，自然也是值得称赞的。那些插图，似乎愈画愈活，到了第三卷，如鳄鱼头和部下喝酒猜拳那幅，简直就是画家通过了自己想象做出的素描了。每个人物都在动作着，在两方吋的空间，我们几乎听到杯盘击碰的响声。这应该是艺术插图之不同于“大狗跳小狗跳”一类小学教科书的所在。特伟先生笔下的鳄鱼头似乎比主人公的虾球更成功。

1949 年 2 月 9 日九龙

（原载 1949 年 2 月 21 日香港《大公报·文艺》）

【评析】

黄谷柳的长篇小说《虾球传》，是富于鲜明的南国地方特色的作品，出版后曾引起读者的很大注意，对后来香港文学的发展也有影响。本篇作者热烈地赞扬这部小说，从比较小说创作的各种体裁谈起，深刻地说明故事情节、人物处理、主人公虾球的性格等问题，强调地指出小说作者“是持有地图的旅人”，又有“最丰富的生活知识”。那么，什么是《虾球传》的启示呢？书评揭示小说的主题后说过一段话：“对于今天仍站在革命圈子外面的，它昭示怎样去掉不必要的戒心，同时，消灭苟且心理，从自己生活里，去寻找革命的道路。”“如今才明了有张地图在握，旅行起来才能不至迷向，才能辨识陆标。”可见投身革命，掌握先进思想是一种历史召唤。这是重要的思想启示。

“《虾球传》的作者正是这样一位持有地图的旅人”。——书评中仅仅用这句话来评论该书的作者。书评末段是对该书插图的称赞，只用了一百多字，如说“那些插图，似乎愈画愈活”，“每个人物都在动作着，在两方吋的空间，我们几乎听到杯盘击碰的响声。这应该是艺术插图之不同于‘大狗跳小狗跳’一类小学教科书的所在”。写得活泼、具体，十分必要。

这是一篇情感与理智兼备的书评，是思想与艺术统一的小说评论，是书评工作为新文化服务的又一佳作。

戴文葆：介绍《帝国主义与中国政治》

《帝国主义与中国政治》一书，原在 1948 年由三联书店出版，1949 年在北京刊行解放后的第一版，去年又经作者做了一些必要的修改，由人民出版社重新出书。

本书所写的对象是：帝国主义列强与半殖民地中国之间的政治关系。这是近代中国政治史和革命史中的若干基本问题之一。毛主席在《新民主主义论》中曾经指出："帝国主义侵略中国，反对中国独立，反对中国发展资本主义的历史，就是中国的近代史。历来中国革命的失败，都是被帝国主义绞杀的。"就在这个主题下，本书通过具体的历史事实，深刻地分析了从鸦片战争到第一次国内革命战争前夜的八十五年间，国际帝国主义者怎样从政治上来对中国进行侵略，"他们从中国的反动统治者与中国人民中遇到了怎样不同的待遇"，并且说明"一切政治改良主义者对于帝国主义者的幻想曾怎样地损害了中国人民的革命事业"，从而清理了帝国主义列强，特别是美帝国主义与半殖民地中国的政治关系。

鸦片战争是帝国主义对中国民族压迫的起点，本书的讨论就从这里开始，首先分析了第一次和第二次鸦片战争前后二十年间资本主义国家与中国之间的政治关系。经过天津条约和北京条约，外国侵略者与清朝政府建立了相互信托的关系，并在最后形成了绞杀中国人民革命的军事合作。本书指出："列强根据太平天国大革命的经验开始发觉：为了控制中国和榨取中国人民，是宁愿保留和支持现在这个皇朝，而绝不能随便把它推翻的。""在清朝政府方面，对于外国侵略者抱绥靖妥协态度，而对于人民则坚持武力镇压，这样的政策已不再有什么动摇了。"1840 年到

1864 年的历史表明，帝国主义与封建势力相结合，成为压在中国人民头上的两座大山。自此以后，帝国主义逐步建立了对于清朝政府的控制。同时，中国也产生了一批较“新”的官僚，如求助于外国军队而剿平了太平天国的曾国藩、左宗棠、李鸿章等，他们想以洋务的皮毛来维持旧统治，尽着为侵略者开辟道路的任务。所以书中指出：“帝国主义者的经济侵略破坏了中国的封建经济，从而在中国不可免地要出现资本主义的因素；但帝国主义并不愿意中国的资本主义正常地发展。帝国主义者又要求中国在一个对外极端软弱无能而对内有力量‘维持秩序’的政府的统治下面，从而使中国永不可能成为独立的国家。李鸿章这样的‘洋务运动’正是符合于帝国主义的要求，因而是为帝国主义所赞助的。”

辛亥革命的爆发，虽使帝国主义者一时受到震撼，但它们立刻看出当时中国革命的领导者和革命人民的幼稚可欺，狡猾地决定了向中国人民反攻；它们找到了袁世凯作为他们统治中国的工具，并一直支持到袁世凯爬上皇帝的宝座。“美国、日本、英国、德国对于袁世凯建立独裁以至恢复帝制，都曾经给以怂恿和鼓励，那是不可掩饰的事实。”袁世凯死后，帝国主义国家各自寻找其有力的工具，互争霸权。北洋军阀系统在袁死后分裂为“直系”与“皖系”两派。“直系”军阀冯国璋、曹锟、吴佩孚等正是美英帝国主义所运用的工具；“皖系”军阀段祺瑞以及“奉系”军阀张作霖则是日本帝国主义膝下的宠儿。本书指出：华盛顿会议以后，各帝国主义在华互争霸权的斗争，就反映为各派军阀的频繁不绝的内战。帝国主义的代理人，不论是日本的还是美英的，同样是卖国求荣、制造内战和残害人民的罪魁。通过对太平天国、辛亥革命和第一次国内革命战争前夕这三个历史时期的讨论，本书很尖锐地指出帝国主义者在这三个时期的一贯立场，都是扶持反革命势力，破坏中国革命，阻挠中国进步。在国际帝国主义者中间，美帝国主义者尤其狠恶狡诈。

在中国和帝国主义国家的关系问题上，有些人常有许多谬误观念，幻想从血污满身的帝国主义身上寻找支持力量。——这正是戊戌维新运动及其以后同类政治运动的悲剧。在清算第一次国内革命战争以前的八十五年历史时，本书分析了这种幼稚的幻想的导源和危害性，譬如维新运动者“以为可以用不着正面反对帝国主义，只要用改良主义的办法就可以实现资本主义的改革，顺便地也就解决了中国的独立问题”。但是帝国主义却把这种幻想作为阻止人民革命的避雷针。在中国是没有改良主义前途的。“帝国主义列强侵入中国的目的，决不是要把封建的中国变成资本主义的中国。帝国主义列强的目的和这相反，它们是要把中国变成它们的半殖民地和殖民地。”(毛泽东：《中国革命和中国共产党》)因此本书指出维新运动者不在争取民族独立斗争的基础上实现资本主义改革的想法是注定要失败的，又如辛亥革命的领袖们由于对帝国主义存着幻想，向袁世凯采取调和妥协的态度，结果不能不招致失败。本书由此得出极其有益的结论：对帝国主义及其所选出的代理人的任何幻想，都会对人民解放事业造成严重的损害！

人民并不幻想帝国主义的支持，也不仰赖帝国主义的“承认”。毛主席在《中国革命和中国共产党》中说：“帝国主义和中国封建主义相结合，把中国变为半殖民地和殖民地的过程，也就是中国人民反抗帝国主义及其走狗的过程。”本书一开始就把贯串在近代史中这两根线索挑了出来：“当清朝政府第一次签字于卖国条约上时，也正是中国人民针对外国资产阶级侵略者从事爱国主义斗争的开始。”因而，本书不但论述了中国遭受帝国主义侵略的悲痛历史，以及由此形成的畸形政治关系，而且剖析了这种悲痛的历史和畸形的政治关系是怎样被中国人民的革命实践所变革着。在分析中国人民怎样对待帝国主义侵略者时，本书始终珍视人民在各个历史时期中所做出的革命伟业，批判了对近代史若干资产阶级作家的谬见。但也并不讳言人民在斗争中一些认识上和行动上的错误，它历史地按着人民觉悟的水平、可能采取的斗争方式，以及帝国主义侵略日益逼紧的形势作了具体的分析，击溃了那些指手画脚“旁观者”的议论。

在新版本中，作者除去订正了有些历史材料的错误和用语的不当之外，在 1864 年以后帝国主义侵略势力与封建势力之间的关系上，在戊戌维新运动与帝国主义势力的关系上，在袁世凯与整个欧洲资产阶级的关系上，都作了一些补充说明。对于五四前夕国内外条件的变化，中国社会阶级关系和思想潮流的变动，五四运动的历史意义，也做了一些增补。尤其重要的是添写了“反帝国主义的战斗旗帜”一节，论述中国共产党的诞生和它的第二次代表大会宣言的重大历史意义。这次大会的宣言，空前地向中国人民明确地分析了中国国家所处的情况，并第一次地在中国人民面前把中国的民主问题和民族独立问题连在一起，展开了革命运动的广大远景。增添这一节是异常必要的，因为从此灾难深重的中国人民，在和强大的帝国主义及其在中国的一切走狗的斗争中，就有了最可信赖的领导者了。

应该指出，本书仍有一些缺点。主要是缺乏中国近代经济状况的分析。譬如，对于满清政府最初在对外关系上之所以采取闭关锁国政策，没有从当时支持这一政策的自给自足的经济基础来说明；对于民国元年以后中国内部产生各派军阀斗争的经济原因，即地方的农业经济(不是统一的资本主义经济)以及帝国主义划分势力范围的政策，也缺少阐释。其次，对于中国人民革命斗争的分析，也还用力不够。特别是正面地论述近代中国革命思想发展的梗概不够清晰，使近代史中的革命思想的主流不够突出。此外，引文偶有脱漏，注脚中的某些参考书名未用原名而使人难以查考。

总之，这本书较有系统地论证了毛主席在《中国革命和中国共产党》和《新民主主义论》中所指出的中国近代史的主题，是目前近代史著作中较好的一本。在今天，反对帝国主义依然是我们的严重的任务。本书的新版本，可以作为学习中国近代史的辅助读物，有助于我们从思想上武装起来，更勇敢地去进行反对帝国主义的斗争。

（原载 1953 年 1 月 18 日《人民日报》）

【评析】

著名历史学家胡绳的《帝国主义与中国政治》是 20 世纪 50 年代很有影响的学术著作，曾经在当时的学术界和知识分子中间广泛流传。怎样来评介这样的著作？书评作者采取着重说明该书主题思想的方法，首先从宏观上勾画出该书的脉络——近代中国政治史和革命史中的若干基本问题。这样的评介方法是合适的。本来学术著作的书评，还可以就其中某一问题进行详细的评述(甚至提出补充或争鸣意见)，或者分成几个专题来评论，但这通常是在专业刊物上或者学术研究时才这样做的。

对于该书的不足之处，同样用大写意的手法作了说明，并没有逐条去展开论证。这同本篇的写作目的、发表书评的报刊性质和篇幅等因素都是有关的。尽管着墨不多，但给人的印象是深刻的。

韦君宜：读《牛虻》

在《钢铁是怎样炼成的》和《卓娅和舒拉的故事》两本书里，提到保尔和卓娅都爱读《牛虻》，都受到过这本书的教育。因此，《牛虻》中译本一出版，就被广大青年读者争相阅读了。这本书描写了一百多年以前意大利民族解放运动中的英雄人物，描写了历史上那些为了人民而流血的志士仁人的精神面貌。那名为牛虻的英雄的政治思想以及对问题的认识，与我们这时代的英雄不同，但我们敬爱他们，正如我们敬爱我们《水浒》里的英雄或太平天国的英雄。他们是我们的先辈，有许多地方，我们是可以向他们学习的。

《牛虻》所反映的是19世纪30年代到40年代的意大利，正当意大利受到奥地利的压迫的时代。意大利被分割为几个小国(包括教皇领地)，好几个小国的统治者都是奥地利皇室的亲属或走狗，教会也是奥地利的同盟者。残酷的压迫使意大利人民无法忍受。在20年代烧炭党人起义之后，又有小资产阶级的民主主义者、革命家玛志尼创立了“青年意大利党”，他们提出的任务是：“复兴意大利，使它成为自由、平等的统一国家，成为统一、独立、自主的意大利。”同时还有一些大地主和资产阶级分子，倡导国家再统一运动，他们拥护教皇，主张建立独立的君主国家。青年意大利党为祖国解放进行了二十年的斗争，但是，玛志尼不依靠群众，主要想以密谋方法取得政权。他曾一再写信吁请庇埃蒙(那些小国之一)国王和教皇起来领导意大利的民族解放运动，对于当时号称“倾向自由主义”的教皇尤其寄予很高的希望。这些希望当然落了空，所以他最后终于失败。

牛虻就是青年意大利党的一分子，但他比玛志尼等更接近人民，他经历过各种艰苦，还亲身受过教会神甫的欺骗与出卖。他看透了教皇和教会的伪善，坚决反对他们。他与山民的革命组织相联系，进行武装起义活动。事败被捕，英勇地牺牲了。

有许多青年读者读了这本书，感到难于理解，提出了一些问题。他们问："这样一个一百多年前的玛志尼党人，我们可以从他身上看出一些明显的缺点，有什么地方可以供今天的我们学习呢？"

这就是我们必须回答的。

牛虻以他的坚毅、严峻、明确深刻的爱与憎，深深吸引了我们。有的青年读者读过这本书之后发问："为什么牛虻的性格这样严峻、冷酷，好像对什么人都恨，老是嘲笑人？为什么不像卓娅、马特洛索夫那样活泼愉快、那样热爱着生命？"这是由于牛虻成长的年代正是意大利人民受内外敌人迫害的年代，之后他又发现自己是教士蒙泰尼里的私生子，又在南美过了长期的苦难生活，受迫害、受侮辱的生活毁损了他的身心，也把他的性格锤炼得更加刚强。这样的人的性格，和在社会主义的美丽花园里由国家教育机关和家庭小心培植长大的卓娅和马特洛索夫等当然不会相同。但如果认为他的性格只是冷酷严峻，对什么人都恨，却也是不对的。牛虻对于祖国的爱是很鲜明的。他年轻的时候，就以宗教的热情宣誓："要把我的生命献给意大利，帮助她从奴役和贫困之中解放出来。"为了这，他从十九岁坐监狱起，一直斗争到死。他临死时还说："只有我们才是生命和青春，只有我们才是永恒的春天，只有我们才是未来！神甫，曙光近在我们眼前——难道你不愿意看到日出吗？"这是多么热烈的对于祖国未来的歌颂啊！

牛虻爱人民，人民也关心他。当他在街上拾到一个流浪的小孩时，他对孩子是那样关心、体贴；他对扭曲着身体供人玩笑的杂耍班小丑表示了热烈的同情。在他被捕之后，刽子手们折磨他，但士兵们同情他。在奉命枪毙他的时候，士兵们都向旁边瞄准。一个士兵在牛虻死后冒着生命危险替他送出遗书。很显然，是牛虻的革命热情和勇气，像阳光一样照到他们悲惨的生活中，才能使得他们如此。

牛虻痛恨敌人。在敌人面前，他真是又冷又硬，像钢铁一样。书中生动地描写他对反动统治者的敌视和蔑视。他们审问他时，他嘲讽他们，笑他们，使那个反动的军长都不能不承认："那样子人家还以为审判官是犯人，他倒是审判官呢。"书中更突出地描写了牛虻对于教会的痛恨，这使有些青年读者提出问题："牛虻为什么那样特别痛恨宗教、痛恨教会？似乎比恨反动统治者还深，是不是因为个人仇恨？"事实上，书中已经提到，在牛虻被卡尔狄出卖的时候，另外一个城市比萨也正发现了一个教士是间谍。被卡尔狄出卖的事件只是一个引子，从这里开始，他看透了当时当地天主教会与奥地利侵略者和本国反动统治者勾结的真相。这正是他高出于书中所写的大资产阶级分子和其他玛志尼党人的地方。他对教皇、教会和蒙泰尼里这个人，都作过清楚的分析，他把当时的教会比作扒手，"把意大利比作一个醉汉，搂住一个扒手的颈子在哀哭，而那扒手却正在掏他的口袋"。有的青年读者问："蒙泰尼里好像也不太坏，他爱牛虻，牛虻为什么那样恨他呢？"我们不要忘记，当时的教皇是带有所谓"自由主义"的虚伪幌子的。像蒙泰尼里这样满口仁慈、高谈囚犯的"人权"的教士，正是教皇和教会的适当代表。他一面看了囚犯身上捆着皮带就大惊小怪，说是"野蛮行为"，一面却同意对犯人实行秘密审问和秘密处死。即便在最后他发现了牛虻就是自己所钟爱的儿子以后，尽管他一面为儿子的死悲痛、发狂，但最后还是他的反动政治立场占了上风，他同意了军长的意见，杀死了牛虻。这一冲突的结果，尖锐地表现了蒙泰尼里在本质上是一个什么东西。牛虻说过：蒙泰尼里的任务就是"要维持一般人对新教皇现有的热情，不让它衰退下去，同时要吸引公众的注意"。应当承认，牛虻所以痛恨蒙泰尼里，主要是由于他对蒙泰尼里这样的教会代表有了这样明确的认识的缘故。

从对祖国对人民的爱和对敌人的恨，产生了牛虻坚强的革命意志。为了革命，他忍受一切苦难。当他叙述在南美洲痛苦的流浪生活时，琼玛问他："你为什么没有自杀呢？"他回答："你想，我的工作怎么办呢？谁能代替我去做呢？"在秘密法庭里，在牢狱里，在刑场上，他镇定地忍受敌人对他的肉体上和精神上的各种摧残。在临死的遗书上，他写着："我将怀着轻松的心情走到院子里去，好像一个小学生放假回家一般。我已经尽了我工作的本分。"这是何等大无畏的视死如归的气概！这种坚强的精神是从哪里来的呢？看他临刑时候，敌人以为他会害怕，他却从容谈笑地对敌人宣布："轮到我们收拾你们的时候，我们就要用大炮来代替

在《出版史料》编辑部召开的专家学者座谈会上

(2001年8月9日)

这半打破旧的马枪了。”显然，正是由于这个对革命必然胜利的信念，使他能够有那样刚强的气概。这种信念不但支持他忍受了敌人的折磨，而且支持他克制了与革命利益不相容的个人私情。牛虻对蒙泰尼里是有父子感情的，他向蒙泰尼里进行战斗的时候，时常感到痛苦。但是他还是不留情地坚持战斗了。在蒙泰尼里面前鲜明地表示了自己的立场，“你我之间不能有别的任何关系了。除掉战争，战争，还是战争”。最后他曾流了泪，想争取蒙泰尼里，但是当蒙泰尼里拒绝之后，他就不再多说，走向了刑场。

这样爱祖国、爱人民、痛恨敌人的精神，这样坚强勇毅、百折不挠的革命意志，都是值得我们学习的。

但由于历史条件的不同，牛虻的某些思想行为，是我们不应当学习的。例如牛虻他们的革命方法，那是我们根本不能采取的。他与玛志尼有些不同，因为他对教皇和国王并不寄予希望，而且与一些山民有着联系，不像玛志尼他们那样完全“只知道城市里自由主义的贵族和有知识的公民”。但是，他与玛志尼一样，不是依靠组织群众起来革命，而是要以少数革命家密谋的办法取得政权的。他对暗杀的错误手段也加以肯定，对“一切混乱和错误的根源”的分析也是不对的。此外，他对于爱情的看法不正确。他不爱绮达·莱尼，却与她同居，把这个女子只看作发泄情欲的对象。他爱琼玛，却勉强压抑自己的感情。他寻找刺激的歇斯底里病态情绪、冒险情绪，是不好的，没有为了革命的长远利益尽力减少牺牲。他对蒙泰尼里的态度基本上是认得出敌我的，但也还是有着病态的。最突出的一点就是当蒙泰尼里跑到他面前挡住他射向敌人的枪口的时候，他拿枪的手竟垂下来了，以致被捕。作者花费了很多笔墨来描写这一幕个人的悲剧——父亲爱儿子，不敢说明；儿子爱父亲，不能去亲近。父子站在相反的立场，儿子反对父亲，父亲杀了儿子。尤其是最后蒙泰尼里杀死牛虻之后悲痛发疯那一节，写得非常生动。这样的悲惨结局自然是蒙泰尼里自食其果，但是这样多的关于父子关系的悲剧描写，确是也在有些地方混淆了人们对于蒙泰尼里与牛虻的主要矛盾的认识。

这类的问题，青年读者们还提出了很多很多。为什么会有这些问题？因为《牛虻》的作者并不是马克思主义者，作者所写的牛虻也不是马克思主义者。在伏尼契写作这本书时，列宁刚刚开始革命活动，在牛虻的时代，在19世纪三四十年代，欧洲的英法等主要国家的工人阶级虽然已经成长起来，开始卷入反对资本主义的斗争，但落后的意大利还是苦于民族压迫和教会、地主的封建压迫，工人阶级还没有壮大起来。在这样历史条件下创造出来的牛虻，必然要受到时代的限制，在伏尼契所创造的这位革命志士典型的思想感情中存在着某些严重的缺点，那是可以理解的。有相当多的青年读者一向读惯了《钢铁是怎样炼成的》、《卓娅和舒拉的故事》这些书，读《牛虻》不知道怎样读法，也想以看保尔、卓娅的眼光去看牛虻，以学习保尔、卓娅的方法去学习牛虻，结果就发生了很多疑问。有的青年因此对这一作品表示失望，有些人并且提出：这一类作品青年可以根本不要读。其实我们的高中学生、大学生读这样的书，应该不会发生太多困难。这里面的主要问题是怎样培养青年阅读古典作品的能力，怎样教育青年用历史观点看问题，不以今天的要求去要求古人。我们应该有从我们上代的人们的智慧成果中汲取营养的能力。因为怕“批判不了”而对过去的一切作品都采取拒绝态度，是错误的。

（原载 1953 年 9 月 12 日《人民日报》）

【评析】

《牛虻》中文译本于 1953 年在我国出版后，曾引起广大读者争相阅读。但同时也有许多青年读者感到难于理解，提出了一些问题。本篇的写作有很大的针对性，解答了青年读者在阅读中提出的若干疑问。有针对性地写作书评是很重要的一种写作方法，可以更好地与读者沟通，发挥书评的导读作用。本篇全面评述了小说《牛虻》反映的时代背景，那名为牛虻的英雄的政治思想和行为，从牛虻身上学习什么，不应该学习什么等等。对于指导读者（特别是青年读者）如何正确对待古典文学作品，至今仍是书评工作者不容忽视的任务。

胡愈之：人民生活是写作的唯一源泉

——介绍《韬奋文集》

《韬奋文集》三卷集，在不久以前已经全部出版了。

韬奋——这个名字，对于现在还年轻的一代，是并不那么熟悉的。可是，三十五岁以上的知识分子，只要是经历过旧社会的辛酸苦辣的，对于韬奋这个人和他所主办的《生活》周刊，至今都还会保留着深刻的印象吧。

在二十多年前，中国民族危机正十分深重。在国民党统治区内，人民被压迫得喘不过气来，大家用愤怒来对待反动统治阶级的血腥镇压。韬奋所主办的《生活》周刊成为当时国民党统治地区内销行最广、影响最大的读物。尽管国民党政府采取了禁运禁寄以及各种方法加以摧残，《生活》周刊销行最多时每期仍达十五万份以上，这个销数是当时国民党地区任何公开刊物所不能达到的。到后来，《生活》周刊被正式查封了，生活书店就用另外名称出版新的刊物。只要这个刊物上面登载着韬奋的文章，立刻就有广大的销路。从国内各阶层到海外华侨，千千万万的青年人都把韬奋所主办的刊物，当做不可缺少的精神食粮。韬奋所写的“小言论”，在抗日战争爆发前后的国民党地区内，起了强有力的宣传鼓动作用。

正如毛泽东主席的题词中所说：“热爱人民，真诚地为人民服务，鞠躬尽瘁，死而后已，这就是邹韬奋先生的精神，这就是他之所以感动人的地方。”

热爱人民，忠诚地为人民服务，这是从旧社会出身的知识分子改造的一个主要标志。

从韬奋早年所写的一些文章和《经历》中可以看出，韬奋是从封建官僚家庭出身，早年受了英美资本主义的教育，他的思想转变是比较迟的。“九一八”事变以后，他才开始对于中国革命的道路有了认识。1933 年到欧洲，1934 年到苏联游历学习，他才从资产阶级的唯心主义逐渐摆脱，树立了唯物主义世界观。韬奋所走的道路，正是在他以前和在他以后中国无数知识分子走向进步、走向革命的道路。但是韬奋和某些小资产阶级知识分子不相同，他在开始转变以后，立即勇敢地坚决地走向革命的道路，不动摇，不犹豫，任何困难都不能阻挡他前进，一直到死为止。

《经历》、《抗战以来》和《患难余生记》，是韬奋短短的一生的三部曲，是他用他的独特的风格写成的。这些自传体的文章，充满了对祖国、对人民的热爱，对革命的无限忠诚。同时，韬奋也如实地深刻地写出了他自己思想斗争的过程。他从不掩盖自己的思想错误，也不害怕暴露自己的缺点。他在早期的文章里就已经说：“天下无十全的东西，最要紧的是要有常常力求进步的心愿。”(文集，一卷，十四页)正因为韬奋的文章，充满着求进步求真理的热情，所以直到现在，仍然具有吸引人和鼓舞人的一种巨大力量。

从 1926 年韬奋接办《生活》周刊起到他流亡病死为止，他在报刊上发表的论文、随笔、杂感，约计有一千篇左右，现在在文集第一卷保留的是一百四十六篇，按年代排列次序，从 1927 年起，到 1941 年为止。这样的编选是恰当的。从这些文章里，可以清楚地看出韬奋思想转变的过程。正如《韬奋文集》编辑委员会的“代序”中所说：“从韬奋思想发展的过程，可以看出半殖民地、半封建的中国社会的革命知识分子思想发展的规律。”他由一个资产阶级改良主义者逐渐转变为社会主义者，由一个倾向实用主义的唯心论者逐渐转变为马克思主义者。当时，韬奋所经历的道路远比今天知识分子改造的道路艰难。但是，就在今天，并不是每一知识分子都已经坚决地跳出资产阶级反动思想的泥坑了。尽管这几年来，中国知识分子的政治态度，一般都有显著的进步，但是长期受旧社会影响的人们，改造成为完全社会主义的知识分子，仍然是一件不十分容易的事。因此，韬奋的一生经历和他的大部分著作，在今天还有现实的教育意义。

韬奋在 1933 年被迫出国，以后在不到两年的时间，游历西欧、苏

2001年1月8日，《出版史料》出版筹备会议时同人合影

联和美国，写了三十七万字的游记。这些游记，现在被编入文集第二卷。它们也是韬奋用他所特有的文体写的。其中主要是写人民的生活，笔调是那么明朗轻快，使人读过一遍，感觉到和身历其境一样。当时正是国际资本主义在表面上稳定，德意法西斯势力抬头，而苏联处在第二个五年计划期间，遭受帝国主义包围，困难还很大。但是通过了十分锐敏的观察，韬奋已经肯定了资本主义必然灭亡，社会主义必然胜利。这些游记，充满了对于新鲜事物的喜爱以及对于腐朽社会的憎恶，至今仍然是报告文学中的杰作。

最后，从《韬奋文集》可以证明这样的一个真理：人民生活是一切文学艺术的取之不尽、用之不竭的唯一源泉。韬奋最重视人民群众的生活。他办刊物、写文章的目的，就是为了表达人民大众的思想和情感。早在1927年，韬奋在说明创办生活周刊的动机的那篇文章里，曾经说："农人的苦生活，工人的苦生活，学徒的苦生活，乃至工役的苦生活，女仆的苦生活……都是本刊已载过的材料，也就是本刊替民众里面最苦的部分，对于社会的呼吁。"(文集，一卷，五页)韬奋的政论文章，一般都是反映此时此地人民群众的内心要求。他时常说，每一篇不到一千字的"小言论"，在下笔以前，要费很多的时间考虑，什么是当前大多数人最关心最焦虑的问题。很多文章都是先经集体讨论，然后综合了各方面的意见写成的。韬奋的文风，生动活泼，浅易近人；他反对千篇一律的空洞议论，竭力避免深晦难懂的字句。他经常说：文章“要切合于大众的真正需要……要能适合于大众的容受性。”(文集，一卷，一五六页)

韬奋，作为一个优秀的成功的政论家和新闻工作者，并没有别的窍门，只是能从现实的人民生活中，去吸取文章写作的源泉。他永远不离开人民，不离开生活。人民生活，本来是最丰富多彩的，最生气勃勃的。一个作者，真正热爱人民，忠诚地为人民服务，他就找到了取之不竭、用之不尽的写作源泉，他的文风也决不会是枯燥无味的。就是这样，韬奋的文章，才能有吸引人说服人的力量，并且在人民的革命事业中，起了优良作用。

今天，在走向社会主义社会的新中国，人民生活是远比韬奋从事写作的那时候更加生动，更加丰富了。很多新的事物值得培育和鼓励，很多旧的渣滓需要扫除。而我们，有些写作者却在诉苦，说是没有文章可写了。并且写出来的文章，往往是干巴巴的，缺乏生气，不能令读者满意。这是不应当有的现象。我们还应当重读一下韬奋的文章，从这里面学到一些好东西。

(原载 1956 年 5 月 6 日《人民日报》)

【评析】

书评文字不仅要评论图书，有时还必须介绍、评论图书的作者。评论作者也是为了更好地评书，为读者全面、深入地理解图书提供必要的材料。我国古代就有“知人识书”的说法。因此，在书评写作中，在介绍篇幅浩繁、内容丰富、题材多样的个人文集或全集的时候，总是把作者和图书联系在一起评论的。本篇就是很好的例子。通过邹韬奋先生的主要经历，介绍了他在不同时期的创作——《经历》等自传体文集、政论文、随笔杂感和国外游记等，说明韬奋的人格和文章仍然具有吸引人、鼓舞人的巨大力量。

书评作者是韬奋的亲密朋友。早年韬奋曾为胡愈之的《莫斯科印象记》写过介绍文字；两人相知甚深。本篇分析深刻，写得亲切、自然。

翦伯赞：评《六十年的变迁》

李六如同志所著《六十年的变迁》第一卷已在《北京日报》逐日发表完毕。这一卷共分六章，从戊戌变法的前夕写起，一直写到武昌起义的前后。

从第一卷的内容看来，作者写著这本书的目的是想通过季交恕及其家庭和他周围的人和事写出一个封建地主商人的儿子走上革命道路的迂回曲折的过程及其以后的革命活动，同时还企图通过季交恕在六十年中的所见所闻反映出 19 世纪 90 年代到 20 世纪 50 年代之间的中国社会的变迁。因此，这本书虽然是一本文学作品，也提供了一些历史资料。

从 19 世纪 90 年代到 20 世纪 50 年代这六十年间，在中国历史上是一个历史变革时代。在这六十年中，在中国的土地上发生了许多震撼世界的惊人的历史事迹，如戊戌变法、义和团、辛亥革命、五四运动，特别是中国共产党的成立、发展及其所领导的革命取得历史性的胜利。在这些伟大的历史事变中，出现了不少可歌可泣的事件和人物，这些事件和人物都应该书之史册，垂诸后世。可是由于上述的历史事变的影响几乎都扩大到全国的范围，而我国的疆域又极其广阔，各地的情况，很不一致，这些情况都没有很好地记录下来，因此当我们研究近代史的时候，就往往感到资料的不足。李六如同志能够用小说体裁写出六十年的变迁，从历史学的角度来看，是一种很有价值的劳作。

用小说体裁写历史，古已有之，演义是也。但演义只是把真实的历史作为底布随便绣出自己所喜爱的花纹，因此，如果说演义也有一定的史料价值，那不是它所演的历史故事而是掺入这些演义中的作者的意识和反映在演义中的作者的时代精神和客观存在。《六十年的变迁》和过去的历史演义不同，它是一部写实主义的文学作品，在这部作品中，作者忠实地记录了近代史上许多重要的史实。例如作者在这本书中叙述了19世纪90年代中国的封建地主家庭，商人和商业资本的活动，经馆、科举和洋学堂的情况。叙述了戊戌变法前后的维新思想的传播。叙述了20世纪初期帝国主义对我国的经济侵略和官督商办实业的腐败。叙述了武昌起义前夕新军中的革命活动和清末地方官吏的贪赃枉法、屠杀人民，以及武昌起义前后的情况等等。所有这些史实都写得非常具体、真实而又生动有趣。读了这本书就令人感到中国近代史是如此五光十色，丰富多彩，并不像某些著作中所写的那样贫乏、那样干燥无味，好像除了一些空空洞洞的原则或者干巴巴的教条以外，就没有什么东西。

当然，这本书虽然以近代史为题材，基本上还是一本文学作品，因此作为史料，作者对某些历史事变的叙述还是有不够详细、不够准确的地方。例如对于湖南饥民烧抚台衙门、广州黄花岗七十二烈士的起义、武昌起义前夕的革命活动、捉杨度、文学社的活动等等的描写，本来可以写得更详细些准确些，但作者为了体裁所限，就不能像写历史笔记一样尽其所见所闻而写之。实际上像上述各事，一般的情况，大家已经知道，知道得不清楚的是其中的细节、小事，而这些细节小事往往是构成大事的重要组成部分，或者是带有关键性的环节之一，把自己所见所闻的细节小事写得详细一些，就有助于整个历史事变的说明。

如果说这本书还有美中不足之处，那就是在叙述过去的史实和人物的时候，使用了不少现代的辞汇，如“自由主义”、“大脑皮质”、“女制服”、“新生力量”、“联系群众”、“领导干部”等等，这些辞汇在辛亥革命前后是没有的，应该检查一下把它们去掉，改用当时人习用的辞汇。不仅使用了现代辞汇，还掺入了现代的意识，例如季交恕对某些事情的看法，好像已经有了马克思主义观点，而这在辛亥革命前后是决不会有的。也应该检查一下把这些现代意识去掉，改用和当时人可能有的观点来描写当时的史实。把作者现在的意识、观点和言语掺入过去的事变中，这就会失去历史的真实，就会减低史料的价值，而且也会违背历史主义。

即使这本书也还有美中不足之处，但它的写作是值得称赞的。因为它恢复了一个中断了的中国历史学的优秀传统，即记录当代史事的传统。

中国古代的学者都很注意记录当代的历史，现存的宋明人的笔记，十分之五六都是记载作者当时的事迹。中国的学者之不记录当代的历史是从清朝开始的。由于清初文网严密，有不少的学者因为写历史而丧失了生命，学者才考古而不谈今，以后变成风气，以拾遗补阙为史学之正宗，而对于眼前的大事视若无睹。在清人的笔记中记录当代史实的就屈指可数。辛亥革命以后，北洋军阀与蒋介石相继统治中国，文化统治不减于清朝，所以还是很少有人记录当代的事。解放以后，人们逐渐注意近代现代史，但是用笔记或小说体裁来写近代现代史的还是不可得见。李六如同志的这部书，可以说是一个很好的开端，我们希望继《六十年的变迁》之后继续有这一类历史小说或历史笔记出版。

（原载《读书月报》1957 年第 4 期）

【评析】

首先弄清一本书的性质，在此基础上展开分析评论，这是书评写作很常见的一种方法。本篇就是一个例子。书评作者以其历史学家的专长，应用正确的历史观和熟稔的中国近代史知识，肯定了“这本书虽然是一本文学作品，也提供了一些历史资料”。称赞作者记录了中国近代史上许多重要的史实，说明该书的价值和优点。同时举例说明书中的缺点和不足，评述中肯。指出：“它的写作是值得称赞的。因为它恢复了一个中断了的中国历史学的优秀传统，即记录当代史事的传统。”

书评的末段文字，详细地讲到该书的出版意义，还希望以此为开端，继续有这一类历史小说或历史笔记出版。这里也就表明，书评对于出版工作的导向作用。

茅盾：怎样评价《青春之歌》?

最近关于《青春之歌》的讨论很有意义。因为这次讨论不但提出了对于一部作品正确评价的问题，而尤其重要的是提出了评价作品时思想方法的问题。文学作品是反映现实生活的，在评价文学作品时存在着怎样的思想方法，也就意味着在对待现实生活时存在着怎样的思想方法；评价作品时的思想方法不对头，有主观性和片面性，还不过关系到理解一部作品是否正确的问题，其事比较小，但在观察、分析现实生活时思想方法不对头，有主观性和片面性，那就关系到是否能够正确地认识现实的问题，这就不是一个小问题了。我想我们应当提到这样的思想高度来看待这一次的对于《青春之歌》的讨论。

自从《中国青年》第二期发表了具有代表性的郭开同志的《略谈对林道静的描写中的缺点》以后，《中国青年》第三期和《文艺报》第二期都发表了对郭文表示不同意见的文章(也许别的报刊上还有关于这部小说的和对郭文的讨论，可惜我限于阅读范围，未及拜读)。这几篇文章都批评了郭开同志的论点，也指出了郭开同志思想方法的主观性和片面性；我看这些批评都是正确的。为了节省读者的时间和精神，我不打算重复他们已经说过的话；我在这里只谈谈三个问题。

第一，为什么我们肯定《青春之歌》是一部有一定教育意义的优秀作品?

首先要谈到这部小说反映的是怎样的现实。

《青春之歌》所反映的，是从“九一八”到“一二·九”这一历史时期党所领导的学生运动。毛主席在他的著作中，对于“五四”以迄“一二·九”

的学生运动给予了英明的正确的评价；这是大家都学习过的。因此，要评断《青春之歌》是不是一部好作品，首先要看它是符合于毛主席对那个时期的学生运动的论断呢，还是离开了毛主席的论断？我以为《青春之歌》的整个思想内容基本上是符合于毛主席的论断的。它对于读者会发生怎样的教育作用呢？它可以帮助我们(特别是年青一代)丰富自己的对革命历史的认识，对党在特定历史时期、特定地区、特定群众中间的革命策略和方针的认识。它通过了卢嘉川、江华、林红几个英勇不屈的共产党员的形象(他们在书中虽然所占篇幅不及林道静所占的那样多，但是我们却时时感到他们的伟大的存在以及他们对林道静的巨大影响)，告诉读者，党的优秀儿女曾经怎样地忠心耿耿、艰辛斗争，为革命事业、为今天的我们广大人民的幸福生活，献出了自己的生命。最后，这部小说还通过了林道静这个人物的具体事实，指出了当时的小资产阶级知识分子只有在党的领导之下把个人命运和人民大众的命运联结为一，这才有真正的出路；指出了小资产阶级知识分子必须经过思想改造才能真正为人民服务。

《青春之歌》所反映的历史事实，离开今天有二十多年了。要正确地理解这部作品，我们就得熟悉当时的一切情况，特别是当时青年学生的思想情况。如果我们不去努力熟悉自己所不熟悉的历史情况，而只是从主观出发，用今天条件下的标准去衡量二十年前的事物，这就会陷于反历史主义的错误。当我们去熟悉历史情况的时候，当然要站稳工人阶级的立场，用马列主义的观点，这才能够对于历史事实作出正确的评价；但是，光有工人阶级的立场、马列主义的观点，而不求熟悉特定的历史事实，这就叫做没有调查研究没有发言权。评论一部反映特定历史事件的文学作品的时候，也不能光靠工人阶级的立场和马列主义的观点，还必须熟悉作为作品基础的历史情况；如果不这样做，那么，立场即使站稳，而观点却不会是马列主义的，因为在思想方法上犯了主观性和片面性，在评价作品时就不可避免地会犯反历史主义的错误。

不要陷于反历史主义。这是我们读《青春之歌》时首先要警惕的。而我们之所以肯定《青春之歌》，也因为它没有反历史主义的毛病。

第二，我们怎样评价林道静这个人物？

林道静是地主家庭的女儿，然而，和她的生母一样，林道静在家中是一个被压迫者。到她长大，她过的是十分凄惨痛苦的生活；只因为她长得美貌，她的父母想把她镀点金，以便当做礼物结交权贵，这才送她进中学校。林道静的身世(还有她的生母的悲惨的命运)使她自幼就仇恨封建主义，要反抗；然而她所受的教育却是资产阶级教育，她在家庭以外所接触的人又以小资产阶级知识分子为多。因此，她有强烈的个人主义，她的反抗封建家庭是从个人主义的立场出发的。小说描写了这样一个青年女子在当时的历史条件(以及林道静自己的小环境)下，所经历的思想改造的过程——亦即从反抗封建家庭走到中国共产党所领导的革命运动的过程。

这个过程，大体上是这样的三个阶段：反抗封建家庭干涉她的婚姻自由(即逃避她家庭要她嫁给权贵的压迫)，找寻个人出路，这是第一阶段；在种种事实的教训下(同时也受到她偶然接触到的共产党员的影响)，她渐渐意识到个人奋斗还是没有出路，个人的利益要和人民的利益相结合，这是第二阶段；最后，在党的思想教育的启迪下，她认识到个人利益应当服从于工农大众的利益，坚决献身于革命。

林道静入党以后，有时还不免冒出小资产阶级知识分子的思想情绪，然而她究竟和那时一些混进党内的投机分子不同，她从没对党闹情绪、闹独立性，她是赤心为党的。

这就是书中所写的林道静的基本形象。

这个人物的形象是真实的。熟悉那时候的社会现实的人，特别是在那时候领导过和参加过学生运动的人，都会觉得林道静这个人物好像是见过的。因而，这个人物是有典型性的。

青年读者常常要问：林道静有什么可以供青年们学习的？

我以为这不能简单化，要分析地看待。从林道静身上，有可以供我们学习的，也有可供我们鉴戒、引起警惕的。在前者的场合，林道静是正面教员，而在后者的场合，林道静是，比方说，反面教员。什么是可供我们学习的？就是她在入党以前追求真理、坚决地进行自我改造、在敌人淫威之下坚强不屈的精神。什么是可供我们鉴戒而引起警惕的？就是她的时时流露的幻想和温情。但是，林道静的全部经历既然是思想改造，她的小资产阶级意识当然也是在批判之列的，读者理应不会受其传染，而是相反，读者会深深感到这些小资产阶级的思想意识是林道静身内的敌人，必须消灭它，从而引起警惕，检查自己有没有这些非工人阶级的思想意识。另一方面，林道静并不是知而不改，而是当她一知道这些思想情绪乃是革命之敌的时候，就坚决地要改掉它们。林道静这种自觉、自愿，坚决进行自我改造的精神，是首尾一贯的。这难道不值得今天的青年知识分子，青年学生们学习么？而且我们也还应当知道，在林道静的时代，一个要求自我改造的青年不但不会像今天那样得到鼓励，而且要受到反动政府的迫害，剥削阶级的仇视和压迫，乃至小市民的讽刺和嘲笑(甚至还会受到她的同学，同伴们的嘲笑)，因此，林道静的自觉自愿地坚决进行自我改造，实在表示了她的高度觉悟和坚强意志，这是值得钦佩的；如果林道静在改造过程中还有困难，小资产阶级思想意识还时时冒出来，乃是因为她受了环境条件的限制以及历史负担的重压(她的环境条件对她的改造有多少层层阻碍，今天的青年还不容易想象到，而她的历史负担也比今天的青年要重得多，因为这是在二十年以前，旧思想的压力还非常强大)，因而她的改造过程曲折而缓慢，今天的青年看了不大能理解。

以上简略地谈到了林道静为什么值得我们学习，现在打算再谈谈作者对林道静的态度。

作者当然不是对林道静采取无憎无爱的冷漠态度的。公平地说，作者对她自己所创造的这个人物是抱着同情乃至爱护的态度的。应不应该抱同情乃至爱护的态度呢？我以为是应该的。因为林道静是一个富于反抗精神，追求真理的女性，是一个自觉、自愿坚决进行自我改造，终于献身革命的女性。如果不看到这些主要的方面，而只就林道静是地主家庭的女儿、受的资产阶级教育、曾经有浓厚的小资产阶级思想意识等等，武断地判定作者对林道静的同情和爱护便是作者自己的小资产阶级立场的流露，那是十分不公平的！这种主观、片面的思想方法也成为正确理解一部作品的最大的阻碍。

还有这样的意见：在塑造林道静的形象时，作者对林道静的小资产阶级思想意识批判得不够有力，有时还表示了原谅，这是会迷糊读者的认识的；而且作者笔下的林道静“从未进行过深刻的思想斗争”，因此，实际上并没有写出青年知识分子的思想改造的艰巨性和深刻的过程。

对于这样的意见，也要加以分析，不可以囫囵吞枣地完全肯定或完全否定。我也认为这本书对于林道静的小资产阶级思想意识在有些地方批判得不够有力，但只是有些地方而已，并不是全部。至于作者笔下的林道静“从未进行过深刻的思想斗争”云云，我看“从未”二字显然不符合事实。林道静之终于和余永泽分手，就是经过深刻的思想斗争的；这件事，表面上看来是男女关系，但具有深刻的思想上划清界限的意义。

应当承认：作者在描写林道静身上的小资产阶级意识并且描写这种小资产阶级意识的瓜蔓纠缠、藕断丝连的时候，是有意为之而不是作者本人的小资产阶级意识在无意中暴露了出来。为什么说作者“有意为之”？因为作者既然要描写一个小资产阶级知识分子的思想改造就不能不着力地描写小资产阶级思想意识在人的行动中的表现及其顽强性；着力描写这些，正是为了要着力批判这些。如果有些地方批判得不够，这和作者的思想水平有关(就是说，作者的观察、分析不够深刻，所以批判也不深刻)，也和作者的艺术表现能力有关(就是说，作者看到了，可是写不出来，或写得不好)。作家的主观意图和他的作品的客观效果不能一致，是常有的事；这便是日常生活中所谓“好事办坏”。把好事办坏的人，本身不是坏人；把作品中应该批判的东西，批判得不够有力，并不能就此断定作者是保护这些被批判的东西，或者甚至说作者本人就是这些被批判的东西。要判定作者是否是“站在小资产阶级立场上，把自己的作品当作小资产阶级的自我表现来进行创作”(郭开的话)，就要以历史唯物主义观点，全面看问题，要看作品的主要倾向和主要效果。从整个看来，我以为指责《青春之歌》坏处多于好处，或者指责作者动机不好的论调，都是没有事实根据的，因而也正是引起思想混乱的。

第三，《青春之歌》有没有缺点？

不能说这本书没有缺点。可是，不能把“没有很好地描写工农群众、没有描写知识分子和工农的结合、书中所写的知识分子特别林道静自始至终没有认真地实行与工农大众相结合”(郭开的话)，当作这本书的主要缺点。为什么？因为作者的意图(书的主题)并不是反映当时整个革命斗争而只打算反映当时革命斗争在城市(白区的城市)中的一条战线(即不是城市中革命斗争的全部)。这条战线就是学生运动。如果我们承认这个主题的重要意义，而且认为应当按照当时的实际情况来表现这个主题，那就不能责备作者“没有很好地描写工农群众”。有人说，学生运动既是当时革命斗争的一翼，如果在书中也写到当时的和工农群众的革命斗争，那就“更站得高些”了。这话有理，可是如果这样提出要求，问题的性质就变了：从作者是否完成她自定的任务(即表现她自定的主题)变成作者应不应当限于她自定的任务。我想我们应当实事求是，从作者自定的任务来看作品的实际效果，而不应当提出更大的任务来否定作品的实际效果。所以，“没有很好地描写工农群众”，不是这本书的主要缺点。

基于同样的理由，我们可以说，如果作者布置一些合情合理、不违反当时实际的需要与可能的情节，让林道静实行了和工农的结合，那自然更好，这在当时，实际上确是有不少革命知识分子深入了工厂、农村，实行了和工农的结合的；然而我们不能说，由于作者没有这样做，林道静的思想改造就没有实现。为什么？因为林道静的从个人主义的反抗封建家庭走到献身于党，这样的思想改造的过程在书中是通过了同工农结合以外的各种各样的考验而完成的。这各种各样的考验中间果然没有现在我们所实行的知识分子和工农结合的措施，但是在当时的历史条件下，成千上万的像林道静那样的知识分子确是通过了同林道静大体相同的考验而走上革命道路的。由于历史条件的不同，我们不能硬说二十多年前在暗无天日的白区城市的青年知识分子如果没有经过像我们今天所做的和工农结合便一定不能改造思想；也正因为历史条件的不同，今天的青年不能以二十年前的林道静为例而想逃避我们今天所实施的和工农的结合。我们的责任是：向今天的青年指出这个历史条件的不同以期消除或许会有的错误想法，而不是执此一端就否定了《青春之歌》的积极意义和教育作用。

我以为《青春之歌》的主要缺点表现在下列三个方面：一、人物描写；二、结构；三、文学语言。但是这些缺点并不严重到掩盖了这本书的优点。

在人物描写方面，林道静这个主要人物写得比较细致，虽然有些地方还可以写得简洁些。但是，除了林道静，书中其他人物虽多(指小资产阶级知识分子)，然而他们大都作为“道具”而存在。甚至于那个王晓燕，虽然写她的笔墨不少，而且把她的思想转变写得还细致，可是也不免作为“道具”而存在。三个共产党员是写得好的，他们是林道静思想上的引路人，政治上的引路人；可是，好像他们也只为完成引路人的任务而在书中占了一定的位置。书中有一大群的青年学生，作者曾给予相当多的描写的，就有五六个，可是他们的性格没有好多的差别。这一切，会给粗心的读者一个印象：作者把林道静作为英雄人物来描写。我却以为作者只把林道静作为万千青年走上革命道路的一个典型来写，并不把她作为一个理想的英雄人物来写的。但是因为其他人物没有写好(一方面这也和本书的结构有关)，所以林道静就特别突出，尤其在知识青年中间，她好像是唯一的先知先觉者和冲锋陷阵者。

关于结构，作者的手法有点凌乱。全书的主要结构是沿着林道静的遭遇一线发展的。然而中间又插进了一些没有林道静在场的在全书是主要的情节，例如本书第七章。这一章写得有声有色，应当是全书的重要组成部分(因为这本书是写学生运动的)，可是，由于全书的主要结构是沿着林道静的遭遇一线发展，这一章就好像是一个插曲了。如果作者的确企图通过学生运动来写林道静的思想改造，而且以写学生运动为本书的目的，那么，作者把林道静布置在定县农村的一段故事是否必要就值得研究了。因为这一段使得全书结构松散。如果作者主要是企图写一个小资产阶级青年的思想改造，并不以写学生运动为目的，那么，作者倒实在应当考虑把林道静和工农结合一番。结构的凌乱也反映了作者在构思时只着眼于一枝一节而未能统观全局、大处落墨。有人批评这书的缺点是作者未能站得高些，如果“站得高些”作这样的结构上(还有人物描写上)的解释，我以为还妥当，但如果是指作者未能写出当时革命的总形势，那就是要求作者变换主题了，这未免离开了文学批评的常规了。又或者，所谓“站得高些”是指应当写出全国的工人运动和苏区的革命主力粉碎白军的进攻等等对于学生运动的影响而言，那么，作者并不是没有想到这一点，换言之，不是没有企图这样做，只是没有做好而已。这和作者的艺术概括能力有关。作者在这方面的限制，在本书的结构上也表现了出来了。但是，必须指出，本书的结构上的缺点不是什么严重的缺点。

谈到《青春之歌》的文学语言，我们会有这样的感觉：作者能够表现不同场合中的不同气氛，然而她的词汇不够多，句法也缺少变化。这就使得某些紧张的场面缺乏应有的热烈和鲜艳，某些抒情的场合调子不够柔和。尤其在描写环境(自然环境和社会环境)方面，作者的办法不多，她通常是从一个角度写，而不是从几个角度写；还只是循序渐进地写，而不是错综交叉地写；还只能作平视而不能作鸟瞰。人物的对话缺乏个性。我们不大能够从不同人物的对话中分辨出他们的不同的身份，不同的教养和不同的性格。

总而言之，《青春之歌》的文学语言不能说它不鲜明，但色彩单调；不能说它不流利，但很少锋利、泼辣的味儿，也缺少节奏感；不能说它不能应付不同场合的情调，但有时是气魄不够，有时是文采不足。全书的文学语言缺乏个性，也就是说，作者还没有形成她个人的风格。

由于时间关系，这篇粗糙的小文章只好在这里结束了。也由于时间关系，不能把《青春之歌》重读一遍然后执笔，故而只能泛泛而谈，不能引证原文作具体的分析。这篇小文章的目的只是企图说明：《青春之歌》是有一定教育意义的优秀作品，思想内容上没有原则性的错误，艺术表现方面却还有须要提高之处；因而，像郭开同志那样全盘否定它，而且从思想上否定它，是不对的！

1959 年 2 月 5 日，北京

（原载《中国青年》1959 年第 4 期）

【评析】

杨沫的《青春之歌》(1958 年出版，1960 年又出版修改本)是建国以来较早出现的一部优秀长篇小说。茅盾这篇评论，是在 1959 年报刊发表对《青春之歌》的不同意见的评论文章，特别在青年读者中间引起反响展开讨论以后写的。是对小说《青春之歌》的全面分析与评价，实际上也是这次讨论的一个总结。肯定了《青春之歌》是一部优秀小说。对怎样理解小说反映的时代背景、正确评价小说人物(即林道静的基本形象)、作者对林道静的态度和本书的若干不足，作了认真细致的分析和有说服力的论证。这篇文章启示我们：一篇好的图书评论(小说评论)，同时就是一篇好的学术论文(文艺论文)。

巴金：谈《春天里的秋天》

上星期我会见了两位瑞典文化界的朋友。他们送给我一本瑞典文小书，原来是我的旧作《春天里的秋天》的译本。这是出乎我意外的。这本书出版于 1972 年，那个时候我还在“靠边”，给剥夺了公民的权利，主要原因就是我写了“流毒很广”的十四卷“邪书”，其中也包括这本中篇小说《春天里的秋天》。

我带着这份礼物回家。我找出我的原作翻看到深夜。屋子里气温是摄氏三十三度。我听见远方火车驶过的声音。这是一个多噪音的炎热的夜。我不想睡。我翻开书，一页一页地翻着，看着……我想起了四十六年前的事情。

那是在 1932 年的春天。我在“一·二八”日军侵犯上海闸北地区以后，迁出了宝山路宝光里。不久，我到福建晋江去看朋友，在那里住了不到两个星期。在那个南方古城里，我有好些朋友，有的是本地人，有的是从上海去的，他们在两所学校里当教师。一所叫黎明高中，校址是过去的武庙(关帝庙)；另一所是平民中学，设在文庙(孔子庙)的旧址。还有一家晋江书店，书店的主人姓沈，也是我的朋友。他常常跟我谈文化界的情况。他几次提到一个生病的少女的名字，简单地讲了她的故事。他希望我去看看这个年轻的读者。我同意了。

在一个雨后的晴天，沈和另一个教书的朋友陪我走过泥泞的田畔小路，去访问这个陌生的姑娘。在本地有钱人家的庄院里，在一间阴暗的屋子里，我看见了那个相貌端正的少女。她躺在宽大的架子床上，身上盖了一幅薄被，看见我们进去，便坐了起来，我们三个人坐在一条长板

2004 年 10 月 23 日，《出版史料》上海座谈会会后与宋原放(左二)、柳和城(右一)、俞子林(左一)合影

凳上。沈说明了来意。

姑娘只是微笑。我讲了两句鼓励的话，沈又重复解释一遍。她看看我，好像要说什么，却只说了两声“谢谢”！再也没有讲别的话。我们在她这里停留了半个小时，谈话不到十句以上。我们告辞的时候，她仍然默默地笑。但是我看见从她的眼里流下了泪珠。……

她的名字我早已忘记。她当时不过二十左右，听说一两年后她就逝世了。她的病一直没有治好。使她疯狂的原因是：父亲逼她同她所不爱的男人结婚，不许她继续上学念书。

这位疯狂的少女的故事折磨着我的心。我太熟习了！不自由的婚姻，传统观念的束缚，家庭的专制，一句话，不合理的社会制度，摧残了千千万万年轻的心灵。我说，我要替他们鸣冤。

我回到上海，一口气写成一部中篇小说。放下笔，吐了一口气，我才感到轻松。我觉得我替疯姑娘讲了话了。

其实，我在小说里写的并不是疯姑娘的事情。我不熟悉她的家庭环境和故事的细节，也没有进行过调查或者采访。我想，我也不需要知道那些细节，我的脑子里已经有了人物和情节了。我把小说的背景放在厦门鼓浪屿，因为我从上海到晋江，来回都在鼓浪屿小住。我喜欢那个风景如画的小岛。我常常坐划子来去厦门，晚上也在海上看到星星。鼓浪屿的春天给我留下很深的印象。在这里我想起了另一个南国的姑娘，她没有发疯，却默默地憔悴死去。我把她的悲剧写在小说里面了。郑佩瑢就是她。不同的是小说里的郑佩瑢向父亲屈服，免得父亲用手枪打死她的恋人，而生活中的那个姑娘却不顾一切要求跟着恋人一起远走高飞。

她姓吴，是归国华侨，我见过她，却并不认识她。可是我知道她的不幸的遭遇，而且在四十七八年后我写这篇《回忆》时，我还满怀同情地想到她。我看见她是在1930年我第一次到晋江的时候，那一次我在黎明高中做客，就住在武庙里面。我是到晋江过暑假的。学校的校长是我的朋友，还有两三个熟人在那里教书。学校附近公园里有好几株龙眼树，正是龙眼熟了的时候。我有时到大街小巷闲走，有时同两三朋友逛逛公园；更多的时间则用来写短篇小说，或者做翻译工作，或者向一位姓陈的朋友学习：白天我观察显微镜下草履虫、阿米巴之类的生活，晚上坐在高高的露台上看秋夜的星星。偶尔我也坐坐办公室，帮忙办一点杂事，因为开学的日期近了，校长又患了伤寒症。吴来报到的时候，我正在办公室。以后我还见过她一两面。她是一个活泼、秀丽的姑娘。

不久，校长住进医院，我也回上海了。学期结束，一位在那里教书的朋友来到上海，在我们闲谈中他讲起了吴。吴爱上了学校的英语教师，事情被家里知道了，进行干涉。家里早替她作了安排，挑选的未婚夫就是这个学校的校董，本省一位有钱的绅士。英语教师也是我的朋友。他姓郭，爱好文学，喜欢写散文，年纪不过二十三四。他唤起一个少女的爱、接受这个热情少女的爱，也是寻常的事。他们之间就只有这样一种感情的交流。然而压力来了。女的不肯屈服；男的先是受到批评，后来给赶出学校，逃到鼓浪屿，住在友人家中。校董胜利了。婚礼提前举行。姑娘还不甘心投降。但是她有什么办法冲出樊笼呢？在结婚的前夕她还冒着大雨偷偷跑到鼓浪屿去找我那个朋友，表示要跟随他流浪到天涯地角，永不分离。我那个朋友一则没有胆量，二则不愿意让她跟他一起吃苦，他婉辞谢绝了她的爱。她绝望地回到家去，不再作任何冲出去的尝试了。寂寞的死亡在等待她。

我写的就是这样的爱情故事。我把两个少女不幸的遭遇合在一起了。其实，我奋笔写作的时候，在我脑子里活动的人物形象并不止这两个，我可以举出许多名字。我有一种习惯：小说写成了，常常没有题目。这部中篇写完，我也想不出题目来。当时我翻译的中篇小说《秋天里的春天》刚刚在《中学生》月刊上连载完毕，我准备交给开明书店印单行本。我把全书重读一遍，忽然“灵机一动”，给我的中篇想好了一个题目：《春天里的秋天》。我根据这个题目和小说的内容写了一篇序。这年10月，两本小说同时在开明书店出版发行。《秋天里的春天》是匈牙利作家尤利·巴基用世界语写的小说。中译本借用了原书的封面，突出一个人物的画像。我的小说的封面则是钱君匋同志参照这个格式设计的。译本中有一幅插图，表现中学生雇吉卜赛人在“小太阳姑娘”的帐篷外奏小夜曲，这是照原书的插图翻印的。钱君匋同志也为我的小说绘了一幅《海上看星》的插图。到1940年，开明书店把两本小说同时重排，封面一律简单化，插图也就取消了。

关于《春天里的秋天》，我就写到这里。但是我的故事并没有完结。那位姓郭的朋友离开福建以后，又到别处教书。在那些日子里，人要找一个铁饭碗，很不容易。一个普通的知识分子找工作更困难。没有靠山，没有“来头”，纵然精通英语，会写散文，也不得不东奔西跑，求人帮忙，找一碗饭吃。我写完《春天里的秋天》的时候，听说郭在武汉美专教书，又遇到了麻烦。他爱上了一个女学生，也可以说是他们彼此相爱。女学生姓许，她的未婚夫在国外留学，他是校长的兄弟。事情明朗化以后，校长出来干涉。女的不屈服，她父亲就把她关起来，交给她一盘粗绳和一把利刀，要她自杀，不然就得断绝同郭的往来。女儿不肯听话，父亲也是十分顽固。在这紧要的关头，靠了母亲和哥哥的帮忙，许逃出了家，拿了一张船票，上了长江轮船到南京去投靠亲戚。许动身的时候，郭到船上送行，两个人都很激动，谈着谈着，郭就不下去了。他把许一直送到南京。他们就在南京结了婚。当时住在南京的一个姓陈的朋友家里(就是我在晋江黎明高中认识的那位)。他后来告诉我：郭和许到了南京，一起去找他，打算托他照料许。朋友听了他们的故事，非常感动，主动地让出屋子，把郭留下来，安排他们结了婚。陈后来又到福建工作。他患肺结核，后来病情恶化，1941年初死在武夷山。他几次对我谈起郭和许的事情，总是用赞叹的口气，而且很满意自己让出屋子成全了他们。

故事到这里还不曾结束。这一对夫妇有了两个女儿，生活虽不算宽裕，家庭中却没有纠纷。他们到过好些地方，后来在上海住了下来。郭写了不少篇散文，翻译了几部西方文学名著，生活比较安定了。但是1937年“八一三”日本侵略军的炮火打散了他们那个小小的家庭，他们又开始到处转移。全国解放后几年，他们到北京，在西单区定居下来。50年代中我也曾到那里看望过他们。他老了，话也少了，但笑容却多了些。我想他们可以“白头偕老”了。

但是林彪、“四人帮”的魔爪也伸到了他们的头上。他们在北京西单区有五间小屋，是一个院子里的一排上房，这是郭用他的稿费买下来的，他翻译的《贵族之家》和《前夜》在全国有不少的读者。打击来的时候，许一个人在家，郭在广州暨南大学教书，女儿在别处工作。于是房屋没收，扫地出门，许给送到了广州。她的丈夫已经给关进了“牛棚”，连见一面也不可能。广州没有地方收留她。他们又把她送回湖北老家。她后来才到了女儿那里。我去年年底意外地收到她一封信，告诉我她在1968年夏天得到学校通知，说她丈夫“因天气炎热劳动时晕倒而死”。那么郭死在1968年夏天了。这才是我的故事的结束。但是我在1932年春天写那个“温和地哭泣的故事”的时候会想到这样的结局吗？不仅是我，便是那个一盘粗绳和一把利刀没有能使她低头的姑娘，她想得到四十五年以后会给我写这样一封信吗？

过去终于过去了。今天我重读这部旧作，四十几年前的往事还历历在目。我用什么来安慰亡友的家属呢？听说郭的问题至今尚未彻底解决[①]，可能人们已经忘记了他。但是现代中国文学史的研究者不会忘记他在现代散文的发展上所做的贡献。他在30年代写的三本散文集《黄昏之献》、《鹰之歌》和《白夜》都还在我的手边，他翻译的小说《贵族之家》、《前夜》和他校改过的小说《罗亭》也都在我的手边。我会常常翻看它们。

---

① 1979年9月14日暨南大学在广州举行了追悼会，为郭和其他七位同志平反、昭雪，恢复名誉。

它们有权利存在。那么这个善良的人的纪念也会跟着它们存在下去吧。

1978 年 7 月

（选自《怀念集》，宁夏人民出版社 1989 年版）

【评析】

批评家(或书评家)与作家之间需要互相了解和沟通。书评家决不是起着“沙子在机器中”作用的人(高尔基语)。因而，对于作家谈自己创作或作品的文字，应该重视。

本篇是巴金对自己的中篇小说《春天里的秋天》的回忆和追述，是这位大作家的创作记。述说着促使他写作这部小说的“温和地哭泣的故事”，提供了珍贵的材料。然而这个时候离开小说的创作时间已经有四十六年之久了，读来仍会激动不已的。末段是在叙述小说创作之外，引出对善良友人的深情怀念。

黄裳：读《一氓题跋》

这是一本非常美丽的小书，拿到手上引起由衷的欢喜。无论版式、装帧、印刷都是出色的。翻开目录，果然发现了许多极有兴味的旧本书题跋，而且立即读完了。说读完，其实也并不是很仔细的，不过是泛览一过而已。吴翌凤有一块藏书印刻着“枚庵流览所及”六个字，我一直很喜欢，觉得他确实说出了一种读书的方式。当然这不是普遍的方式，更不是最好的方式，但却是我自己一贯采用的方式。得到一部文集，总是先挑选“书后”、“跋尾”这一部分看，至于放在卷首的那些大文章，十之八九倒没有通读。这是我的一种坏习惯，多年来一直如此，很难改变。

《一氓题跋》也收入了一些序文，有些过去也曾读过。序比跋一般要长些，内容也不同，因此要放慢一点来读。后来在读这些序文时，心情逐步沉静下来了，最后是肃然地掩卷，读旧书题跋时那种轻松的情绪消失了。这时，我觉得自己最初的印象改变了，这并不是一本“小书”，其实应该如实地说是一本“大书”。

这些写于不同时期，为不同对象所作的序跋，当然并非有意组织的系统论文。不过作者所接触的方面是广阔的，同时对每一方面都认真地说出了自己的意见。意见大致可以分作两个部分。一种是实在的、扎实的探讨与评论，看似平易，其实是积多少年探索玩味所得，因而符合实际，有说服力；另一类则是一些新鲜、独特的意见，与对时弊和某些不良倾向的针砭。而无论是哪一类，都毫无例外地饱含了对人民、国家的挚爱与激情。有些则是美丽的诗，如为《江山如此多娇摄影集》所写的序，就是一篇壮美的诗。

作者讨论的对象，包括了治印、书法、绘画、素描、插图、木刻、摄影、造园、版本、女工、交子等许多方面。不只反映了兴趣之广，也说明了爱恋之深。大革命失败之后，作者曾一度从事左翼文学、社会科学活动，是这方面最早的领导人之一。后来转徙于不同的战斗岗位，但始终没有忘情于此。在国外工作时，曾搜集革命文献；在初解放的东北，还留意收集旧书；对成都的杜甫草堂，也时时关心并为之罗致了许多文献藏品。……这一切都是业余的工作，照老话就是“好事者”的行径了。可是我们今天多么希望有更多这样的“好事者”，社会主义新文化的建立，也决不仅仅是文化领导部门的事情。

作者在《后记》中说，他 1979 年后写的几篇序文，“实在没有多大意思。借此发点议论是有的，自以为好处还不至有‘应酬气’”。这是一个发誓不搞唯心论、“违心论”，严格遵守存在是第一性的作者所达到的境界，这其实倒也是很有意思的。写于《江山如此多娇摄影集序》后十四年的《阿英文集序》依然是一篇壮美的诗。不同的是从壮丽的河山转向了风流的人物，文字也更为深厚、激越，这是增添了十多年新的实践经验的结果。在回顾故友的生平经历时，没有回避什么，但也绝不忽视历经奋斗、牺牲所取得的胜利。“未来不再是作者经历的苦难和忧郁的时代，将只能是绚烂多姿，光华夺目的时代。”这是真实的、科学的因而也是极有说服力的结论与展望，是我们必需十分珍惜并力争得到的。这是一个很突出的特色，出现于作者的许多篇章之中，形成了一种基调。《重读总司令的诗》，实在是一篇重要的新诗话，精确地表述了诗和诗人的关系。既说明了有怎样的作者才能有怎样的诗篇；也说明了读者在读诗的时候往往也正是在读人。同样的主题在过去的诗话中也不是没有人触及，但有谁曾用存在第一的原则把问题讲得这么使人信服、这么好呢？

过去在《花间集校》卷前读过作者对《花间集》版本源流的研究，知道他在这方面下过怎样的功夫，得到了怎样的成果，同时也领略了一种崭新的研究作风。第一，在没有看到实物之前，不下任何疑似的论断；第二，在作者眼中，宋本与明本，甚至是晚期的坊本都是研究的对象，毫不存在重古轻今的势利观点。这是与旧时的版本学者截然不同的，显示的也正是老老实实的实事求是的作风。《邓拓书法选序》中关于中国书法的流变、特点、与它的成为一种艺术的美学分析，几乎全是作者自己的见解。路是自己走出来的，极少借助于大量的旧有的书法艺术理论，那中间有许多简直是邻于玄妙而不可知的东西。创见并不一定就成为定论，但远远胜过重复神秘的套话则是无疑的。

作者很喜欢在文字中随时发一点议论，也许这些正是最能引人入胜的所在。例如在论工笔画时提出的“提倡工笔，反对繁琐”的意见就是极对的。明朝的家具浑朴而清新，到了清朝，雕了又雕，刻了又刻，就成为讨厌的事物。这情形在晚明版画向清初宫廷版画转化的过程中也是存在的。据说翁方纲到了七八十岁，春节中还能在一粒米上写下工整的“天下太平”四个小字，算做一件“美谈”。可是碰到能刻出整篇《赤壁赋》的名手，也只能一败涂地了。不过实在也不能理解这种东西的艺术性到底在哪里？

作者慨叹“可惜的是这些年(在美术上)都不讲基本功了”，这意见曾在几处反复提到，又说“这些年学风不好，要么懒散，要么乱窜，踏实下苦功的学风还没有普遍起来”。这都不是仅只存在于美术上的问题。我们仿佛可以清晰地听到老人焦虑希冀的声音。

从明代前后七子、公安竟陵派在诗坛上的消长变化看出了“事充于极，则适成其反”的迹象；由《瑶华集》而论及清初词风的特色与重要性，以及清中叶、晚季词风的变化脉络，都是很有特色的议论。扩充、深入下去，都将是很好的研究课题。说陈毅同志“写了不少风景诗，但决不是田园诗”；从齐燕铭同志的遭遇总结出“气数就是脱离轨道的历史”。这些深刻、富于哲理的话都不是随便说出来的。作者在《避暑山庄图序》里更痛切地指出了几乎已成为普遍事物了的风景、文物破坏现象，“我们一方面一口一个劳动人民，但对于劳动人民在建筑上的勤劳和智慧所创造的东西，却不给以应有的尊重。……不能把眼面前的事也完全推到历史上的社会动乱了事。爱护我国过去劳动人民所创造的民族历史的艺术财产，正是社会主义之所以为社会主义。什么封、资、修，说不上”。这些充满激情掷地作金石声的语言，是非常动人的。当然，作者也在一些地方表现了他的幽默、调侃与欢欣。在跋《玉簪记》时他说：

川剧《秋江》一出，驰誉京华，京剧仿之，列入海外演出节目，遂大为欧陆观众所欢迎。《玉簪记》以此翻身，岂不怪哉！

1976年下半年，他在用明活字本校嘉靖本的《陈思王集》，大概也和鲁迅当年在绍兴会馆里抄古碑差不多吧。可是在寂寞校书中间，天大的喜事发生了。于是在跋文中写道，“校读中北军已收产、禄，欣喜无量”。我想无论是谁，读到这里都会为之开颜一笑吧。

中国古版画的逐渐变成“宝贝”，大约始于30年代前后。这以前，当然是公认为不登大雅之堂的东西，不为文人学士所看重。不过，真正的杰作自有其不可掩没的光芒。纯正的版本学者如缪荃孙，也破例在藏书记中著录了一二种明刻的小说，而且特别指出那图绘的精工。可见学者们嘴里不说心里却实在喜欢的情景，已经存在了许久。版画身价的逐渐抬高终于成为旧书市场中头等的热门货，是由于郑振铎、马隅卿、王孝慈、傅惜华诸位的大力提倡与搜求。价钱飞涨了，仅存的遗物也借此多少逃脱了毁灭的命运，这也是有一弊也有一利的一例吧。归根结底，还应该算是利多弊少的。掌握了实物就要开始研究，在这方面，鲁迅和郑振铎实在是开山与奠基的重要先行者。他们合作编印了《北平笺谱》，翻刻了《十竹斋笺谱》，鲁迅逝世后西谛主编的《中国版画史图录》，从立意、设计起，鲁迅都有过重要的贡献。《鲁迅书简》中寄给郑振铎的许多通信，就颇为完备地说明了先生关于中国古版画的许多重要意见。这些意见在《一氓题跋》中《陈老莲水浒叶子跋》中作了归纳。三十年来关于古版画的资料流布和研究工作，也断断续续地作了一些，但论规模、论深度都还没有更多超过西谛先生四十年前达到的水平，这是应该使后继者感到惭愧的。结合实际需要，选择重印一些有代表性的版画名作，认真撰写序文，就原作的版本源流、艺术成就进行探索、分析，这样的工作，是重要的，是填补中国美术史空白的必不可少的工作。

收集资料的工作是辛勤而艰难的，研究、勘对起来也决不轻松。特别是版画艺术风格的分析，画家刻工分工合作关系的探讨，不同流派的形成与发展的追寻，从社会发展的背景中对一系列问题的解释。……这许多，在《一氓题跋》的有关篇章中都已涉及并提示了相应的方法、途径。这一切都将是新的研究的可靠基础。工作必须是踏踏实实的工作，来不得半点空疏。最近看到一篇论文，引用鲁迅、西谛通信，介绍鲁迅有关复印《十竹斋笺谱》的意见，把先生有关《雕版画集》的话也一并抄入，仿佛《笺谱》中曾出现过《浣纱》、《焚香》、《柳枝》等图像似的了。这样的疏失却是应该力求避免的。

《题跋》中说到的书，以杜诗、词集、版画为多。作者在书前书后随手写下的小跋，读来特有兴味。正如《后记》中所说，这些小跋对作者说是成果，对读者说是参考资料，也不一定每条都要细读。但偶遇自己曾经接触过的品种，就更觉得有趣，也随手在书眉记下一点读后感。现在就按原书次序写下，作为一点余兴。

明刻有关西湖的插图书，还有一种《西湖志摘粹补遗奚囊便览》，万历刻本。原书十二卷，我只得残本一册，存卷七之十二，图已不存。但日本的薄井恭一曾藏有全书，在《明清插图本图录》中选印过二叶。《昭庆大佛图》与《岳王坟庙图》，都是风格别具的版画，不知其余诸幅有无十景在内。据说在《湖山一览图》左下方有"武林吴熹写，新安黄尚中镌"字样。因知此亦新安诸黄所刻，尚是早期作品，没有后来的那么繁缛工丽。

《杜诗通》条谈到张綖，其所著《诗余图谱》三卷，我曾有正德嘉靖间刻一本，刻极古朴。署名作"高邮张綖世文"。又有万历刻一本，赠郑西谛。

丽江木氏所著家集，我在昆明图书馆曾见原刻多种，已在另文中加以记录。据原本，《芝山云薖集》不作《云迈》。

聂先、曾王孙辑，康熙金阊绿荫堂刻的《百名家词钞》，我曾先后买得残本三种，最后始得叶玉虎旧藏全书，共一百家。残本亦存总目，溢出全书外者尚有米汉雯等若干家，估计当日所刻当超出百二十家以上。尤可异者，有一人词而集名内容完全不同者。如吴秉元词，一本题《摄闲词》，一本则作《慎庵词》，内容全异。

武塘柯氏刻《绝妙好词》，箧中有两本。一康熙乙丑柯氏原刻；一吴枚庵校清吟堂刻。对比之下，二书同是一版。高江村得柯氏旧版，铲去"小幔亭重订"一行改题"清吟堂"，抽去柯崇朴大字序，自增一序，吞吞吐吐，书就算是他刻的了。

《弹指词》有乾隆家刻二卷本。初印，扉叶尚存，题"曾孙顾图河、宗海、安淮、倬汉重镌"，钤"积书岩藏板"朱记。又有雍正姚平山刻三卷本，狭行细字，十行，二十一字。遗经堂藏版，有雍正甲辰杜诏、姚廷谦两序。其先当尚有杜氏所刻一本，未见。乾隆本可能是据贞观定稿上板，曾取校清初词选总集诸本，发现改动极多，有全阕只存一句者。

《栖香阁词》二卷，梁谿顾氏文婉著，道光四年山阳李氏闻妙香室校刊。文婉是梁汾的姊姊，嫁侯晋。卷末有无锡孙燮跋。文婉诗已先刊入《梁谿诗钞》，词为家藏抄本，由李宗昉刻成于江西。前有宗昉妹文媛序。此与顾贞立《栖香词》不知是否一书。

《帝京景物略》，崇祯七年刘侗大字序刻本，卷中缺失所见诸本并同。于奕正尚有《天下金石志》，崇祯壬申刻，早于《景物略》两年，亦八行十九字，版式全同，当是一时所刻。前有金弦、于奕正二序，又刘侗“略述”。这是他们合作撰述的第一种，至于继“帝京”之后的金陵一略则因于氏病逝终于未能完成。三十年前曾于嘉业堂得《天下金石志》一本，孙国敉藏书，朱笔校补几满。孙氏于扉页题“同社于司直送，伯观”一行。卷后有葛正笏二跋，翁方纲亦有跋并以绿笔批记数条，甚精。

1981 年 9 月 16 日

（选自《银鱼集》，三联书店 1985 年版）

【评析】

本篇通过对李一氓序跋文字的鉴赏评析，也介绍书评作者对某些诗词集、版画等的看法。由于黄裳是藏书家，有丰富的古籍版本知识，曾著有多种书话集。因此读着本篇犹如友人对坐，促膝谈书，得到愉悦和享受。值得指出的是，全篇包含了关于图书序跋文字的写作方法、文字要求、论人叙事、鉴赏评析等丰富内容。写作一篇书评，涉及这么多的方面，实在难得。

陈原：写在《汉译世界学术名著丛书》刊行之际

放在我面前的是六十九册《汉译世界学术名著丛书》。这套书的封面装帧庄严简洁，朴实无华，而内容精湛，耐人寻味。通过这些著作，人们有可能接触到迄今为止人类已经达到过的精神世界。这许多书的作者都是一个时代、一个民族、一个阶级、一种思潮的先驱者、代表者，他们踏着前人的脚印，开拓着新的道路；他们积累了时代文明的精华(当然有时亦不免带有偏见和渣滓)，留给后人去涉猎，去检验，去审查，去汲取营养。去年刊行的这套丛书第一辑，包括了西方(也有东方)哲学、政治、经济、社会、历史、地理以及其他部门的代表著作。应当说，现在的译本是我们当前所能得到的优秀的译本，虽则不能说是最理想的译本。这套丛书的出版，是时代的需要。能在短短不到一年的时间内汇编印出这样几十册书，凡两千万言，首先应当感谢许多译者的辛劳。翻译家在我们的民族传统中，从来受到人们的爱戴。古代的玄奘，近代的严复、林纾，对我们民族文化的发展，有过不可磨灭的贡献，这是人所共知的。当代的翻译家，著名的、有名的、无名的，都应该受到人民的称赞。这套书之所以能在短期内面世，还得感谢编辑、校对、印制、发行各方面许许多多无名英雄，是他们的汗水浇灌了这些学术之花。这些无名英雄理应得到社会的重视。当这套丛书刊行之际，我首先想到的就是这一点。

第二点感想。八十五年前(1897 年)商务印书馆作为近代中国第一家新式出版印刷发行综合企业出现在中国。整理旧籍，介绍新学，传播知识，奋发图强，是当时创办者们的朦胧信念。在 19 世纪末 20 世纪初，我们民族中有远见卓识的人，奋力打开原来封闭的窗户，向外间世界寻求自救的富强之道。因此，严复译《天演论》(初版于1898年)，林琴南译《巴黎茶花女遗事》(初版于1899年)，引起了全民族的激情。“优胜劣败，适者生存”，原来不奋发无以图存。进化论的思想在那时激励了这个在内忧外患压抑下的民族的爱国心。就连《巴黎茶花女遗事》也一时洛阳纸贵，风行海内。因为它揭出了那样一个社会悲剧，为冲破封建意识几千年的重压提供了感情的撞击力。严译、林译头一本初版都是自印的，但后来都由商务印书馆相继印行，前者续出八册，后者汇印至一百五十六种，这些译本连同解放前半个世纪内刊行的世界汉译名著多种，在近代中国启蒙运动史上是起过重要作用的。今年，商务印书馆为纪念它八十五年走过的道路，除了汇印《汉译世界学术名著丛书》外，还重印了严译八种、林译十种。我以为这是值得思想界、学术界、文化界和出版界欢迎的。

感想之三。任何一个充满自信力的民族，即使有困难有苦楚，却绝不会害怕同外来的思想文化接触。不，正相反。苦难中的民族为了寻求解放的道路，满怀希望的民族为了建立自己的理想的王国，他们都要认真地向古代和向外国学习，汲取有用的养料。这是历史所证实的，也是我们民族的实践证明了的。固步自封的民族只能一步一步走向僵化和萎缩。过去的大半个世纪中，我们寻找西方东方种种思想，终于找到了马克思主义，然后通过艰苦的实践，我们的人民从1949年起真正的站立起来了。然而谁都知道，光背诵科学社会主义的结论是不够的。马克思主义的创始人对人类思想所建树的一切，都重新加以探讨和批判，在实践中加以检验，才得出了科学的结论。“只有确切地了解人类全部发展过程所创造的文化，只有对这种文化加以改造”(列宁语)，才能建设社会主义的精神文明，这是马克思主义的常识。要用这许多知识来发展和增进每个社会主义建设者的思维能力，要把这些知识融会贯通，然后我们才能够建设新时代的精神文明，否则，如列宁所说，“共产主义就会变成空中楼阁”。这套书对开阔视野、启发思考来说，难道会不起作用吗？

感想之四。现在刊行的这五十种，自然是世界进步文化沧海中之一粟。它收录的主要有马克思主义三个来源的代表作，还有一些远古的甚至当代的代表作。以言哲学(十九种)，从古希腊罗马到18世纪法国辉煌的无神论著作，经黑格尔以迄实用主义；以言政法(八种)，从亚里士多德到洛克、卢梭、空想社会主义者，还有当今资产阶级法典始祖《拿破仑法典》；以言史地(六种)，摩尔根的《古代社会》以及布克哈特的文艺复兴史论，都是传世之作；以言经济(十七种)，几乎可以说，现在所收的各册，反映了资产阶级经济学的基本轮廓和发展趋势。这五十种书自然不可能成为完整的系统，但是如果出版家能够坚持年复一年地出下去，到一定时候就可以看出系统性了。无论如何，这套书的选录是严谨的，原著是有代表性的，译文是认真的(其中有迄今为止最好的译本，例如郭大力、王亚南之译亚当·斯密，杨东莼之译摩尔根，以及朱光潜、贺麟之译黑格尔，周建人之译达尔文，还有其他知名或不知名的翻译家，都是代表了我们这个时代的翻译水平的)。虽则有些译文还需要修订，特别使编辑部门感到不安的是序跋、索引、注释等等还不尽善，这只好期待着以后不断改进。

汉译世界学术名著的陆续刊行，将是建设精神文明的基础工程的一个部分。所有马克思主义的学习者和研究者，所有社会主义文明的建设者，都可以在这些代表作中汲取一些有用的养料。我是这样确信的，我相信思想界、翻译界、出版界的同道们也一定会这样认为的。不无遗憾的是，由于种种条件的限制，这套丛书目前只能配到三千一百套，也许是少了些，但这不要紧，“万事起头难”，有了三千一百套，就可能有三万一千套，乃至三十一万套。只要有读书界支持，出版的难题是会逐步得到解决的。这是丛书刊行之际我的最后一个(却不是最不重要的)感想。

1982 年 2 月 5 日

附：

读《文学小丛书》有感

《文学小丛书》是为了响应党的号召“大家要学点文学”而出版的，值得欢迎。我们现在已经看到了第一辑四十本的书目，和已经出版的二十多本书。这几十本书，有很大一部分是已经印行过，其中有许多是传诵一时，成为文学史上的纪念碑的，例如鲁迅的《呐喊》，郭沫若的《女神》，赵树理的《李有才板话》，李季的《王贵与李香香》，魏巍的《谁是最可爱的人》。这些诗篇自然应该受到更广大的读者的阅读，这是完全符合文化大普及的方针的。有些较新的作品，也选得很好，例如乔林的长诗《白兰花》，刘澍德的小说《桥》，高玉宝、崔八娃的著名短篇(可惜署名只剩下高玉宝“等”了)，和茹志鹃几个人的三个短篇合集《百合花》——《百合花》、《七根火柴》、《进山》等三篇，这回重读了还是很使人感动。这本小书附了茅盾的一篇评论，对这几篇小说有分析，读者可以从这里得到不少启发。

对于具有相当文化水平(比如说：初中文化程度)的青年干部、青年学生、青年工农来说(当然对于同等程度的一般读者也如此)，这样的一套选本显然是十分需要的。要在出版物的汪洋大海中找寻迫切需要的这一方面的食粮，那就必须借助于选本。前些时候，几个出版社把十几部现代长篇小说大量印成普及本，既指导了读者读书，又节约了社会购买力，普及了应当普及的作品，意义是很重大的。这套丛书以短小作品为对象，加以选编，让它广泛流传，这同样是极有意义的。问题有二，一是选什么？二是在普及的意义上做到了家没有？

选什么这个问题，就书前的说明和第一辑的目录来看，大约有几个标准。第一，是“字数不多、篇幅不大”；第二，“选的都是古今中外好作品”；第三，“选可增强认识生活的能力，鼓舞大家建设社会主义新生活的热情”的作品。把长篇除外，是一种办法，长篇作品的选拔普及，也应当有一套丛书吧，否则就选在这里也无不可。古今中外，这里有点问题。看第一辑目标似乎是呆板地理解这“古今中外”的原则，二十本中国，二十本外国，我看大可不必。这样一来，欧·亨利也收了，维尔加也收了，冰岛古代传说也收了。我不是说这些作品不好，不值一读，而是说古今中外有个先后缓急问题，不能孤立地去处理。“大家搞社会主义生产大跃进，时间有限”——这是书前出版者的交代，那么，时间有限的广大群众，是否能耐心地读完描写 11 世纪以前冰岛生活的《贡劳格英雄传说》呢？(中国部分的《杜十娘》，是否适宜于放在第一辑里，也值得研究。)上面提到的第三条，即选取什么倾向的作品，很不明确。因此像布莱德尔《沉默的村庄》这样的作品，是否选入很可讨论。不必说这部中篇不是作者的代表作，仅就作品本身看来，把群众写得那么灰暗，是否要让人广泛阅读。选什么——这个问题还要编辑部好好解决，不要急图品种多，首先是内容要精，的确使人读了能起鼓舞作用，这才符合小丛书出版的目的。

既然是普及性的读物，我看一般说就已出版的著译中选较好，翻译尤其不必另起炉灶。定价要更便宜些，这就要求进一步研究节约，当然还得美观。比如，将封面封底各折进去的半页节约了岂不省下一笔？长篇作品的普及本能减价一半而不降低印制质量，……可见这套丛书还可以多方设法降低售价。既然目的在普及，序文就要求写得更能帮助读者些，注释在必要的时候也要加一些，或者加注时在印制形式上讲究一些(像《杜十娘》那样，每篇一百几十个注，放在篇后，只有正襟危坐才能检查，那就不是大众化的途径吧)。总之出版的目的在普及，选材、序言、注释、装帧、定价……所有方面都要围绕着这个总目的来考虑，否则怎能更好地达到预期的目的呢？

1958 年

（均选自《书林漫步·续编》，三联书店 1984 年版）

【评析】

这里选了同一作者在不同时期对两套丛书——《文学小丛书》和《汉译世界学术名著丛书》的评介。读者可以看出，由于这两套丛书的性质不同、编辑目的与读者对象有别，结合书评作者的写作动机与目的，就使这两篇文章在评论角度和行文语气上是有区别的。对《文学小丛书》的评论，是从编辑、出版工作着眼加以展开，提出不少具体的建议。而对《汉译世界学术名著丛书》则从大处落笔、视野开阔，更多是站在出版史家的角度加以阐述的。两篇的文字都是清新可读的。

冯亦代：沃克的《战争风云》

美国赫尔曼·沃克所写的战争小说《战争风云》，是一部描写自德国纳粹希特勒发动第二次世界大战起，到日本帝国主义偷袭珍珠港为止几年中，一位美国海军舰长亨利一家人的故事。书中主角亨利以驻外武官身份参加斯大林、罗斯福、丘吉尔三巨头的会议的描述尤为引人兴趣，加以亨利一家人的悲欢离合，故事曲折，因此人民文学出版社的译本出版以后，人人以得一读为快，辗转阅读的人却远比发行数字为多。如果说得夸张一些，则至少在年青读者中，可谓风靡一时。有不少人念念不忘于这书续集《战争与回忆》译本的何时问世，足见其魅力之大。

《战争风云》在美国也是一本走运的书，在1973年美国《纽约时报书评周刊》所载的前十本畅销书中名列第七。《纽约时报书评周刊》推荐书籍一向以“严格”著名，素来不受广告收入的影响。所以即使是一本写得很糟的小说，只要《纽约时报》一加吹捧，也能点铁成金，而顿时身价百倍。《战争风云》的作者在小说中既谈政治，又谈战争，也谈生活，显得煞费苦心，又经《时报》吹捧，销路甚广。但从文学艺术而言，实在不能算是本“上乘”的书。充其量也不过是一本动人的美国生活方式的“新闻文学”而已，美学价值不高。

最近偶然读到美国小说家、批评家高尔·维达尔所著的《实事与虚事》一书，这是他从1973年到1976年所写文艺批评和政论的汇集。其中第一篇文章就是《论1973年1月7日〈纽约时报〉星期版所刊的前十本畅销书》。此文原刊于《纽约书评》1973年5月17日和5月31日两期上，其中有论到《战争风云》的章节。

维达尔说："我一向没有有意识地看过赫尔曼·沃克的书，我想他的书不外乎呆呆板板，毫不动人，而且充满犹太法学博士[1]风格的博学多闻。总之，人们知道的只是他深湛而又永不动摇的宗教感，憎恨夫妻之外的爱情，和对于美国统治阶级的热爱。

"《战争风云》是一本厚达八百八十五页用小体字排印的书，叙述在美国参加第二次世界大战前一位海军舰长一家的遭遇。当我拿起这本厚书时，我感到害怕，因为我是书评撰稿人中很少几个真正一字一句去读原作的人，而且读得很慢。我一看这书的第一页，就心里嘀咕，小说主角的姓名维克多·亨利，就使我怔了一下。听起来，这姓名好像是由一个较长的，更为外国腔，或者我们能说只是更为东方味的名字简缩下来的。再一想，'亨利'原来是《永别了武器》[2]中所用的家族姓名。也许沃克先生和我们开了一个小小的玩笑吧。亨利夫人名叫罗达，这个名字会使纽约人想到这是哈德森河西岸那些女人[3]中的一个。'到了四十五岁，罗达·亨利长得还是少有的迷人样儿，但是她是个软骨头。'这话的意思是指她在夫妻关系以外乱搞而出名。"

亨利出身平庸，靠了家乡某一位参议员的支持，得进海军学校肄业，他曾经跟白俄移民学会俄语，这就为他以后飞黄腾达打下基础。他出任驻德武官时，密切研究纳粹的作战计划，有幸获得罗斯福总统的青睐，终于委以特殊使命，使他参加了三巨头会议，而成为美国海军中的一个佼佼者。他平生志愿当一名军舰舰长，自然也就如愿以偿了。

沃克把亨利写成一个虔诚的宗教徒，每天必读《圣经》，但是维达尔却提出了异议，他认为沃克之所以如此写，是要读者相信，亨利是个标准的有骑士风度的战前非犹太籍的美国海军军官。"我觉得沃克先生所写的海军军官是难以置信的"。事实上"也许会有几个狂热的信徒在这条或那条军舰上，但是一个要派到驻德国大使馆去当武官的人，决不会是个狂热的信徒。在那些日子里，安那波利斯[4]的人以势利出名，不论毕业

① 沃克是美国犹太人。

② 海明威的小说。

③ 指交际花一类的女人。

④ 美国海军学校所在地。

生的背景如何简单或是个基督教原教旨主义者，他们都会变得世故圆滑，利欲熏心……沃克先生之无法与美国非犹太人相处无间是并不例外的。很少几个美国犹太作家能够换上非犹太人的皮”。维达尔说沃克之意在于犹太人无法去德国当武官，因此把亨利写成一个基督教徒，但是在他儿子和犹太人后裔的女儿结婚时，又不得不使他的儿子去施行“割礼”，总之在种族和宗教问题上，沃克无法自圆其说。

在《出版史料》上海座谈会开始前与欧阳文彬谈话(2004 年 10 月 22 日)

“由于这个显然是虚伪的主角，沃克先生现在必须依靠他狡猾的叙述才能，方能推动他那些人物经历伟大的事件。希特勒统治下的柏林，纳粹侵略下的波兰，闪电战中的伦敦，1941 年 12 月 7 日的珍珠港，他不但需要描写军事与政治行动的狂飙，而且还要给我们罗斯福、丘吉尔、斯大林、希特勒、墨索里尼的特写镜头。这是重复了阿普顿·辛克莱[1]的那一套。但是令我惊奇的是他居然写得很出色。那些细节是经过苦心

① 20 年代美国名作家。

推敲，而且一般说来是确凿的。伟大人物的素朴形象令人信服，比遇事渲染来得好。”

亨利由于在德国写了一份关于希特勒进行大战野心的报告，而得到罗斯福总统的赏识，从此青云直上。维达尔嘲弄说沃克写罗斯福曲尽吹捧之能事，如果沃克先生得知最近发表的罗斯福的风流韵事，清教徒沃克必然会对他心目中视为上帝的人物改变估价。

“沃克用突出的平易笔调，从丈夫写到妻子，然后写到儿子们，再写到女儿，叙述流畅。他对于重写历史毫无困难，而我想，这些历史的叙述对于很想知道二次世界大战梗概的普通读者是最有用的。可是这些叙述里充塞着许多通俗读物中常有的那种愚蠢。”

“沃克先生的散文一般讲是完整的，就是不大吸引人”。“但是沃克先生所有的极端愚蠢和特有风格，他的能力给人以深刻的印象，而他的职业特性，在那些懒汉作家和给电视弄得晕头转向的读者中是使人敬佩的。我一点也不懊悔一字一句地读他的书，虽然我怀疑像他这样作家的作品只需浏览一过，以便综观全部叙述，而可以忽略他风格中的不当之处和他心智的浅薄。我认识到我这样看书缓慢的人，会给这一类书帮了倒忙。不过我希望作者会乐于知道至少还有一个人老老实实地看过这本冗长的畅销书。最近名作家的畅销书，事实上即使出版者或是佳书俱乐部予以推荐，甚至影片公司选中拍片，可是他们谁也没有读过。有些为报刊写作的书评家从来不读长篇著作，即使短一些的小说也只是一翻而过。”

从我看来，高尔·维达尔对《战争风云》不免有吹毛求疵之嫌，但是总的说来，他的批评还是比较中肯的。以我自己来说，对战争进程的叙述和三巨头的会晤场面，远比亨利一家人的故事，更感兴趣。说老实话，对于这本长达一千几百页[①]的巨构，我也只是匆匆涉猎一遍，不过我还没有像维达尔所说的连看也没有看过就拿笔写这篇文章。从译文讲，由于出于多人的手笔，有的译得流畅，有的译得晦涩，其中亦有风格不连贯的感觉，而最后亨利写的那封信，乍看译得有些洋里洋腔，却正表达了亨利写这封信时的无可奈何的心情，读起来颇有传神之妙。

（选自《书人书事》，三联书店 1985 年版）

---

① 指中译本。

【评析】

早在抗战时期，翻译家冯亦代就开始写书评、剧评的专栏文章。几十年来，他写过大量评介、推荐文学翻译作品和英美两国文学新书的文字。善于复述内容大要或故事情节，介绍国外书评界的评论或文坛近况、作家轶闻或读者的反映，站在比较文学的高度，穿插一些必要的议论或对译文和编辑出版工作作出评价。凡此种种，都使书评文字很有可读性。本篇是有一定代表性的。

丁 编

书评写作

收入本书的《书评例话》，内有“编辑与书评”一小题，主要列举了几位编辑名家写作书评的若干例子。这里的“书评写作”则是选编我的几篇书评“练笔”作品，评介对象大体集中在编辑出版学的论著和文史类图书。有的只是出于个人读书爱好和浏览兴趣，随感而发，三言两语，我统名之曰“扉页杂记”。其实只能算作读书偶感罢了。

在我五十多年的编辑生涯中，虽然写出近百篇书评文字，回头一看，总觉肤浅，只能以认真实践了编辑写作书评而自慰了。

出版的理论和历史

——介绍许力以著《人类文明与出版》

80年代以来，我国的社会主义出版事业，有着非常重大的成就与发展，它是我们整个社会主义建设事业的重要组成部分，是在党的十一届三中全会的解放思想、实事求是和改革开放的路线指引下，取得进步和成绩的。"文革"十年，出版工作遭到林彪、江青反革命集团的严重破坏，出版工作的方针、任务被肆意歪曲，出版规章制度破坏殆尽，出版队伍备受摧残，形成严重"书荒"局面。而经过拨乱反正，肃清极"左"思潮的流毒，正确执行党的十一届三中全会以来的方针政策，就在短短十几年里使出版事业的面貌一新、成绩斐然。目前全国出版社有五百多家，去年出版的图书达八万种左右，出版队伍也有了空前的壮大。尽管在取得成绩的同时，也很突出地存在着许多缺点和问题。应该说，对出版工作在80年代以来走过的道路进行认真的思考与总结，从中汲取教益，无疑对于肯定与发扬成绩，避免或少走弯路，进一步正确、全面地贯彻党的出版方针是十分必要的。

最近读到三联书店出版的著名出版家许力以同志的《人类文明与出版》一书，有很大的启发。这本书是力以同志在80年代的讲话、文章汇集，几乎涉及这些年里出版工作的全部重要问题，有助于我们对80年代我国出版工作的历史回顾，并从中获得正确的认识。

作者长期从事出版的领导工作，执行党的出版方针、任务，经历了出版工作的拨乱反正和重大转折，参与和推动许多重大出版工作的决策。因此，书中涉及的出版政策和体制，以及出版工作中的重大问题，如地方出版工作的新格局、开展对外合作出版、通俗政治理论读物、少儿读物、科技和少数民族文字图书、社会效益与经济效益的关系，以及印刷周期等等，都在一定程度上记录了出版工作经历的路程，反映出 80 年代出版工作发展的成绩，从中感受到改革前进的步伐。

令人瞩目的是，作者对于社会主义出版工作的性质、任务的正确阐述："社会主义出版事业，是整个社会主义建设事业的一个组成部分。社会主义的出版事业和资本主义出版事业的性质不同在于，社会主义出版事业是无产阶级政党领导下的事业。"(该书第 10 页)并且说："社会主义出版工作，不以盈利为目的。社会主义的出版物，是党和国家的主要宣传手段，是向人民进行宣传教育的重要工具。……社会主义的出版物是人民的精神食粮，其根本目的，是通过出版物提高人们的共产主义觉悟，提高人们的科学和文化水平。"(该书第 12～13 页)"社会主义的出版机构，必须受党的领导和监督。"(该书第 13 页)根据党中央和国务院 1983 年 6 月《关于加强出版工作的决定》精神，阐明出版工作的根本任务是：宣传马克思列宁主义、毛泽东思想，传播一切有益于社会主义经济和社会发展的科学技术和文化知识，丰富人民的精神文化生活。

历史经验表明，出版工作曾经一度受到资产阶级自由化的影响；而工作中的一些实际失误，总是由于对我国出版工作的性质与任务缺乏正确的认识。因而重温社会主义出版工作性质与任务的正确论述，就会备感亲切。

作者以《人类文明与出版》作为这本文集的书名，是有道理的。收入该书的题为《人类文明和社会主义出版事业》一文，是一篇很充实的史论结合的文章，从文字的起源、出版的历史，贯通古今，论述了图书出版工作对于传播和推动世界文明所起的极其重要的作用。同时由于该书的大多数文章，无论是涉及编辑、作者和读者工作的，或者是涉及图书印刷和传播工作的，也都是围绕着关于出版与人类文明问题而展开的。作者在这里着重探讨的是出版活动与社会进步的关系，出版的规律与发展方向，编辑的作用和地位，等等。在这个意义上说，这是一本出版理论研究的文集。

作者明确认为，"出版"是一门新学科，"出版学是一个综合性的学科。这个学科既研究编辑，又研究发行、印刷；既研究出版业的现状，又研究历史；还要研究版权、图书进出口贸易、行政管理以及生产技术

吴道弘(右)、陈子伶(左)访问王元化先生(中)于上海庆余别墅
(2004 年 10 月 22 日，张巍摄)

等等”。(该书第 241 页)因此提倡与鼓励编辑出版工作者要重视出版理论研究，作者说：“研究出版工作的规律，探讨编辑、出版、发行和印刷工作中的问题，追溯历史的渊源，联系世界各国的实践，从理论上加以总结和提高，这是出版工作者的任务之一。”(该书第 239 页)读者从该书收入的有关序言文字中，完全可以看出，作者关心出版理论研究，并且对出版理论研究的推进，做出了自己的贡献。

收入该书的《提高编辑出版科研水平》一文，表明了作者提倡出版科研，认为有大量的问题需要探索，有许多规律有待总结。并且提出了出版理论研究的设想和期望。其中关于研究图书的作用以及图书与科学进步的相互关系问题，就很值得重视。

编辑工作者除了履行编辑职责以外，很有必要研究图书是怎样对人们产生影响的，又是怎样通过图书去武装人们头脑的。并且还要研究图书怎样才能及时传播人类科学研究的新成果、文化中的新精华。而目前在这方面的研究还是比较薄弱的。

书中关于提高书刊质量，反对降低精神产品的质量问题，加强图书评论的问题，正确理解出版自由问题，团结与组织作家队伍问题，编辑出版干部的培养等等问题，在今天来说，仍然有着现实的理论意义。

值得着重指出的是作者对于编辑工作者的作用与地位的论述。作者说："编辑工作是书刊出版工作的核心。……编辑对于促进全国人民科学文化水平的提高，普及马列主义理论，宣传和贯彻党的路线、方针和政策，为加快社会主义四个现代化的建设，都起着无比重要的作用。"(该书第 223 页)"编辑不仅是人民的宣传鼓动家，即把马克思列宁主义的真理，把党的方针、政策和任务，通过书刊向广大群众进行宣传，而且又是开展理论工作、科学和文化、艺术工作的重要组织者和推动者。"(该书第 11 页)又说："社会需要编辑，需要默默无闻的工作者。"(该书第 227 页)在历史上，编辑为社会传播文明、为人民积累文化做出了突出的贡献，这方面的例子是不胜枚举的。至今还有许多著名的编辑，学识渊博、工作勤奋，坚守在编辑工作岗位上，为社会科学文化的发展，进行着创造性的劳动。对于有才能的编辑，作者说："他们是国家的宝贵财富，是出版部门的重要支柱。应该对他们十分尊重和爱护，从各方面给以照顾，充分发挥他们的才智。"(该书第 24 页)这里强调一下，我们应该十分重视作者阐述的这些深刻的见解。因为它们是正确的科学道理，需要大力传播这样的思想。我以为这些论述正是实践的总结、经验的概括，也就是编辑学理论的重要一部分。然而，大多数读者对于编辑的劳动和贡献是不了解的，或者是不大了解的。何况社会上至今还有轻视编辑和编辑作用的流毒，那种所谓"编辑是重复劳动"的谬论，以及不承认编辑是一种独立的专业的种种偏见，事实上还在散布。可见，着重地引证关于编辑作用与地位的正确阐述，并不是多余的。相信广大的编辑工作者也会从中更加认清自己的责任与使命，从而加倍地学习、工作，为人类文化和社会的精神文明建设继续做出贡献，庶几无愧于编辑这一平凡而光荣的称号。

《人类文明与出版》一书也是一本编辑出版工作者提高思想、道德、业务修养的有益读物，很值得年轻的编辑出版工作者认真阅读。有段时间对于编辑的思想、业务修养确实有所放松，现在编辑出版干部的培养与提高，已经提到重要议事日程。归根到底，提高编辑素质是提高出版物质量的重要条件，成为编辑出版事业健康发展的重要保证。这本书里谈到了编辑工作者应该具备的修养和条件。编辑工作者认真读书、努力求知、奋发上进、自强不息，既是编辑工作的客观要求，也应该成为编辑自身的一种优良品质。

作者在书中讲起一段有趣的往事："1986 年 5 月，我曾访问日本。当时我会见了一位日本朋友，他是东京一家出版社的社长。他主持的这家出版社在日本是很有名的，出书很有影响，他们出版世界各国重要的社会科学学术著作，同时也翻译出版中国作家的著作。我们在出版社客厅里谈了两个多小时，之后他请我们到一家古老的日本料理店用餐。大家坐定，我的这位朋友突然问我：'你还管出版吗？书籍就要消灭了，你还管出版？'……他接着说，'现在日本图书销售下降，出书的生意很难做，而录像、录音则到处都是，这些东西就要代替书籍了！'他说了许多这类话，后来他还加重语气问我：'你想过这个问题吗？这是真的呀！'"(该书第 2 页)"书籍就要消灭了"，也许在遥远的未来，也许书籍永远不会消灭。让我们——编辑出版工作者为提高书籍的质量而不懈努力吧！

最后，《人类文明与出版》各文分辑安排时，也许限于文集的体例，没有集中或突出若干重要的论文、讲话和序言，而在这些文字中往往有着关于出版学、编辑学和书评学方面的真知灼见。我衷心地希望作者写出出版科学的系统著作。

（许力以著《人类文明与出版》，三联书店 1990 年出版）

（原载《编辑之友》1992 年第 3 期）

理论·文献·体系

——评袁亮主编的《出版学概论》

我国是文化古国，也是出版古国。出版的产生和发展有悠久的历史。即使我国近代出版业兴起以来也已经历了一百多年的沧桑岁月。作为近代出版物的主要形态——图书和期刊，曾经在普及科学、文化知识，启发民智，振兴民族精神，培育一代又一代的新人方面，起着无可估量的作用。我国的出版文化成为中华民族博大文化和精神文明的重要组成部分，这已为人们所共识。然而，出版是不是一门科学等理论问题的研究，却十分滞后。大家知道，在历史上有着编辑出版工作的丰富经验和充满智慧和理性的名言警论。然而十分缺少从理论上进行研究与阐释的系统性论著。20 世纪 80 年代开始，出版理论研究才呈现欣欣向荣的新局面。实践是产生理论的前提和基础，又是推动、催化理论的重要条件；如果没有逻辑的思维活动和理论探索的勇气及其研究成果，那么，理论的构建也就只能是空中楼阁了。

我们高兴地看到，袁亮同志主编的《出版学概论》一书已经由辽宁教育出版社出版。恕我寡闻，这应该是同类著作中一本比较详尽的、有理论的、具有文献价值和自成体系的出版学论著。作为国家教委“八五”规划教材和新闻出版署主持的编辑出版专业高等教材之一，在这套系列教材中占有令人瞩目的地位。尽管出版学研究与编辑学研究两者在学科关系和研究内涵方面，有着千丝万缕的有时是难于分割的联系，而且两者的研究往往是互相影响、彼此渗透的。但是也要看到，这些年来编辑学的理论研究成果就比出版学的研究成果更多些。因此，这部出版学教材的出版，便觉难能可贵。可以说，它是标志着出版学研究工作的阶段性成果，是一块重要的里程碑。我在认真研读以后，将自己的一些认识写出来，供编者和读者参考。

——重视构建出版学学科结构，又充分反映我国出版学研究的现状，是这本教材的特点之一。

《出版学概论》是一本高校专业教材，但教材的编写离不开学术研究。我们承认，出版学研究起步较晚，至今还处在建立出版学理论体系的过程中。目前在出版界、教育界和有关研究方面，对出版学的学科性质和学科结构并没有一致的表述，各家的认识并不完全相同。尽管如此，该书《绪论》一章，主要集中研究了出版学的对象、性质、范畴和基本内容，以及出版学的学科结构等。作者明确指出：

出版学是一门新兴的综合性的社会科学。出版学研究的出版物和出版工作，是一种社会文化现象，而不是一种自然界的物质或现象。出版与社会的经济、政治、文化有着千丝万缕的联系，它们之间互相制约、互相依存、互相促进。出版是经济、政治和文化的反映，又反作用于经济、政治和文化。出版的主体部分是属于意识形态范围，具有鲜明的阶级性、政治性和思想性。在阶级存在的条件下，这种情况是不会改变的。因此，出版学是一门社会科学。(该书第 15 页)

出版学的研究对象可以表述为：出版学是研究出版物、出版工作的性质、功能和发展规律的学科。书中对于出版学的范畴和基本内容作了详细的阐述。并有一节专门阐述出版学的学科结构和相关学科的。在相关学科，比如出版学与文化学的关系，出版学与图书学的关系等等方面，作者认为：

出版是一种特定的具体的文化，而文化学并不研究各种具体形态的文化，出版的研究任务不可能由文化学来承担。出版学与文化学是一种相关的学科，而不是相隶属的学科。(该书第 25 页)又如作者从出版学和图书学各自的研究对象、研究内容的异同出发，明确指出：不能把出版学纳入图书学的范畴。出版学是研究各类出版物，而图书学只研究图书这一种出版物，所以出版学涵盖面大于图书学，图书学可以成为出版学的一个分支。(该书第 23 页)诸如此类的正确见解，无疑有助于全面地理解作为一门独立学科——出版学的性质、对象和学科特点。

至于出版学的学科结构，该书作者指出：“出版学的学科结构，应是多门类、多层次的。从门类来说，应包括基础出版学或理论出版学、应用出版学、专门出版学或边缘出版学、历史出版学等。从层次来说，在以上几个门类出版学之下还有第二层、第三层的分支学科。”即使这种设想，稍嫌分类过细、结构未免庞大，还不十分完善。比如，出版学是应该重视和研究印刷这种出版手段的，但该书把印刷学列为出版学的分支学科，就可以商榷了。但作者自觉构建学科体系的思考，已经作出了创造性的努力，是值得肯定的。

我以为该书关于出版与科学技术关系的论述，值得重视。

“出版与科学技术也有着千丝万缕的联系。从古代的造纸术、印刷术到今天的电子技术的发明以及这些技术在出版领域的广泛运用，从而使出版事业一次又一次地提高到新的水平。可以说，科学技术是出版的重要组成部分。”(该书第 15 页)这里强调“科学技术是出版的重要组成部分”的论点，既历史地反映出科学技术对出版发展的作用与影响，也说明未来科技在出版领域广泛运用的现实必然性。还告诉我们，出版学研究者要重视研究科学技术发展对出版的影响及其关系。这一点恐怕正是目前出版学研究中的薄弱之处。

——从实际出发，立足本国，既有历史经验和新鲜经验的肯定，又注意吸收国外的出版研究情况，有所比较，有所借鉴，是这本教材的又一个特点。

关于出版物两重性的研究，是一个值得继续探讨又是常话常新的课题。目前这方面的有关论文，在认识和表述上并不是完全一致的。该书对出版物两重性的论述如下：

出版物的一般特性表现为两重性。这在两个层次上反映出来，出版物是知识信息的一种物质载体，是由精神内容和物质形态两部分组成的，它既是精神产品，又是物质产品。因此，它具有精神产品和物质产品的两重性。同时，出版物的大多数或绝大多数要作为商品出售，它既是精神产品，又是商品，因此它具有精神产品和商品的两重性。（该书第 58 页）

对于出版物的上述两个层次的两重性，该书认为：

在不同的条件下，其作用和影响并不是相同的。在计划经济条件下，出版物的精神产品属性与物质产品属性的矛盾是不明显的，它的精神产品属性与商品属性的矛盾则是潜在的，但在市场经济条件下，出版物的精神产品属性与商品属性的矛盾就尖锐地呈现出来，并促使它的精神产品属性和物质产品属性矛盾也随之尖锐化。在计划经济条件下，出版物的物质属性和商品属性是有区别的，而在市场经济条件下，出版物的物质产品属性必然要融合到商品属性之中，因为此时就多数情况来说，不存在独立于商业活动之外的物质生产活动了。(该书第 59 页)

从这一论证出发，作者进而论证了出版工作的文化性质和商业性质。指出："在市场经济条件下，出版工作的两种两重性已融合为一种两重性，文化性质与经济性质的两重性，已融合到文化性质与商业性质的两重性之中了。"(该书第 120 页)值得强调的是，出版工作是始终离不开精神生产和文化属性的。因此该书明确认为，出版工作的"文化性质是主要的，是处于支配地位的，是出版工作的本质属性"。与此同时，该书也注意引用外国和国际社会的一些文献和著作。日本学者和出版界早在 20 世纪 60 年代研究出版学理论时，曾任日本出版学会会长的清水英夫在其《现代出版学》一书中提到，"出版业是具有鲜明个性的事业，它属于上层建筑，因为它向人们推出的商品不是思想、文艺，就是科学之类。"这在实际上就是肯定了出版的文化性质。

从出版物的两重性谈到出版工作的两重性，明确出版工作的本质属性，正确处理好两者(本质与非本质)的关系。这不仅是理论问题，更是直接指导实践的重要现实问题。由此可见，该书在谈到出版系统、出版过程等章节时，强调精神生产(即编辑工作)在出版过程中的重要性，肯定编辑工作是中心环节，以及出版社在出版系统中的中心地位。批驳了脱离编辑工作而奢谈出版工作的一些错误议论，就完全顺理成章了。而书中阐述审读稿件的选择、过滤作用；作为审稿工作的延续和深化的整理加工，又是保证和提高书稿质量的重要措施。要求正确处理双效的关系，提高出版物的质量，多出真正适合社会主义现代化建设和改革开放需要、受读者欢迎的优秀出版物等等。无疑也都有现实意义。

——对于出版学的若干重要名词术语，有历史发展的纵向叙述，通过出版史上的实例，达到理论与历史的统一，又是这本教材的一个特点。

人类科学技术的进步与发展，对于出版事业的影响极大；而出版技术的发展又直接关系着出版概念的发展。这一点从出版史研究中已经看得十分清楚。目前出版的范围已经扩大到电子媒体。

出版学作为一门新兴的学科，正如本文上面已经提到的，现实的研究表明，对于出版学的若干重要的名词术语至今并没有统一的表述。该书在阐述“出版”、“出版物”概念时，作了纵向的历史演变的介绍，以期读者有个历史的完整的了解。

什么是“出版”，怎样阐述这一最基本的术语。该书从介绍中国历史上的“出版”概念入手，同时也涉及外国和国际社会对“出版”的解释，又着重介绍近年国内的有关研究成果。最后作者简要提出：

“出版”必须包含以下基本内容：(1)有反映人类精神文明成果的作品；(2)进行编辑工作的创造性劳动；(3)运用复制技术，将作品物化在一定的载体上；(4)通过出售或其他办法进行广泛传播。以上内容，缺一不可。(该书第 102 页)同样，该书在阐释“出版物”一词时，从我国古代关于书和图书的概念讲起，详细介绍了能够反映目前国内外研究现状的各种不同的“出版物”定义，然后集中说明“出版物”构成应有的三个基本要素。最后该书说：

据此，我们可以给出版物下一个定义。出版物是用文字、图画、声音或其他符号表述精神内容，通过印刷或非印刷的方式复制在可供携带的载体上，以向公众传播的作品。简言之，出版物是将精神内容复制在物质载体上向公众传播的作品。(该书第 38 页)

我以为，《出版学概论》作为一部专业教材，采取这样的写作方式是慎重和必要的，有利于积累有价值的学术资料和提供必要的研究基础，对于出版学的进一步深化和成熟也会起到积极的作用。

这里有必要再次提到该书关于“出版物”的论述，提供了不少出版史的知识和实例，古今中外，有史有论，可以开阔视野，启发思考。任何一种学科的研究，一定要善于吸收相关学科或邻近学科的有益成果。出版学研究也不例外。首先出版学与出版史的关系密切，出版学的研究成就无疑会给出版史研究以思想支持和必要的营养；而成熟的出版史研究也必然有利于出版学理论体系的完善和提高，两者是互为补充、相辅相成的。遗憾的是，关于出版学与出版史的这种密切关系，并未引起有关研究者的足够重视。目前在一定程度上还存在某种脱节现象，缺乏相互交流和沟通的共同课题。为了出版学和出版史研究的共同发展，也许这一点呼吁不是无益的。

顺便指出，该书中若干名词的使用，有时还有前后不一致的地方。如“杂志”与“期刊”混用，“中文出版物”与“译文出版物”的不同提法，应该用“原稿”的地方用了“著作稿”等，建议在再版时统一。

出版实践的不断发展，总是出版理论研究发展的推动力。而这本《出版学概论》的出版，肯定也为出版学的研究提供了扎实的基础。完全有理由相信，即将到来的21世纪，将会出现出版学研究进一步深入和提高的新局面。

（袁亮主编《出版学概论》，辽宁教育出版社1997年出版）

（原载《出版发行研究》1998年第5期，《新华文摘》1999年第2期转载）

评徐柏容著《期刊编辑学概论》

20世纪80年代以来，我国兴起的出版学、编辑学研究，对编辑出版事业的发展具有深远的影响，是我国编辑出版史上的一件大事。随着对出版教育的日益重视，特别是我国高等学校编辑出版专业的设立与发展，对于出版学、编辑学的理论研究，也起着很大的推动作用。由新闻出版署编辑出版教材领导小组主持规划的编辑出版专业高等学校教材的陆续出版，足以显示我国出版学、编辑学研究的可喜成绩；同时表明，编辑出版专业教材的出版，对于促进出版学、编辑学理论的发展具有积极的作用。

我们很高兴首先读到徐柏容先生《期刊编辑学概论》一书，作为“普通高等教育编辑出版类规划教材”中的一种。该书是有开拓性的研究成果，在一定程度上也可以视作编写教材工作中老中青出版、教育工作者群策群力的良好范例。评论这部教材，不可避免地要从编辑学理论研究的角度来审视，这就会涉及若干尚待深入研究的理论问题。同时也要从编写大学本科编辑专业教材的角度来探讨。正如该书“出版前言”所说：“编辑出版学科还比较年轻，教材的建设也刚刚起步。”因此，本文的评论意见，只能是带有探讨和研究性质的。

徐著《期刊编辑学概论》一书，无疑是我国编辑学理论研究(首先是期刊编辑学研究)中的硕果，以个人丰富实践经验和大量理论概括为基础，作了全面、详尽的阐述。并且不回避可能引起的不同意见(如期刊编辑学性质等)，提出明确的观点。在理论与材料结合的深度和广度方面，在总结期刊编辑史的优良传统和成功经验方面，也作出了新的努力。全书具有鲜明的我国社会主义特色，可以说在很大程度上反映了目前期刊编辑学的研究水平，标志着期刊编辑工作从无学到有学的一个新阶段。

全书共有二十一章，大体上包括两大部分，即前十章属于综论性质的理论部分，后十一章属于实践性质的业务部分。前一部分突出理论、原则的阐述，后一部分以业务程序为主，全书贯彻理论与实践相统一。这样的体例安排，从逻辑上讲是有道理的。其中以第一章“期刊与期刊编辑学”、第三章“期刊的社会功能与种类”、第四章“期刊编辑”、第五章“期刊编辑的素养”、第六章“编者·作者·读者”、第七章“期刊编辑工作”、第八章“期刊的方针任务”、第九章“期刊的总体编辑构思”和第十七章“期刊的结构工作”等为全书的重要章节。以下试作具体的评述。

该书第一章开宗明义对期刊编辑学的性质、研究对象作了说明：“期刊编辑学既是理论科学，又是应用科学。”(该书第 15 页)“期刊编辑学通过研究期刊编辑的实践，从而探索、发现期刊编辑工作的规律，建立科学的理论体系；期刊编辑学通过研究期刊编辑的理论、规律，从而提高、规范期刊编辑工作的方式、方法。期刊编辑学的研究过程，是实践——理论——实践这样一个螺旋式上升的发展过程。”(该书第 16 页)并说：“期刊编辑学是一门具有相对独立性的专业学科。”(该书第 18 页)这样的表述是正确、简明的。

关于期刊编辑及其素养问题的研究，在期刊编辑学理论体系中应占重要的地位。该书以第四、五两章加以叙述，可以看出作者对这一问题重要性的认识。作者从揭示现代编辑的本质出发，联系编辑工作发展的需要，要求编辑、期刊编辑不只是杂家而首先应努力成为编辑家、期刊编辑家。明确提出这一要求，是很有意义的。正如书中所说：“如果我们仍然认为编辑、期刊编辑只是一个杂家，那么，不仅会降低对一个编辑的要求，而且也不利于编辑工作的提高、编辑学的提高。”(该书第 74 页)至于期刊编辑的素养，首先提倡热爱编辑工作，强调抵制、反对不正之风，坚持质量第一等职业道德，着重提出编辑的心理素养，理由是：

期刊编辑的工作，一方面是筛选、判断、提高文稿的工作，一方面还是有序化系统的组织结构工作。无论是工作的哪个侧面，都是一种理性的、科学的工作。要做好这种理性的、科学的工作，期刊编辑就必须具备健全的心理素养。(该书第 93 页)

对此还作了具体阐述。总之，这两章的论述，是对期刊编辑学学科建设的一大贡献。

特别是该书的第十七章“期刊的结构工作”很有新意。作者运用系统论的理论，提出期刊的系统结构问题，正确地说明，做好最具操作性的每期期刊的具体结构工作是期刊系统结构的关键。还详细阐述期刊结构的原则与方法。无疑这些都是期刊编辑学研究中有价值的成果。不过这一章应该提前，如果紧接在“期刊的总体编辑构思”一章之后，可能比较合适些。

同样的，第十章“期刊的风格”写得十分精彩，论述了期刊个性和特色与风格的关系，以及期刊风格产生的基础，特别是期刊编辑在期刊风格的创造及其形成过程中的作用与影响。由此不难看出，期刊的风格，既与期刊编辑工作有关，也与期刊编辑及其素养有关，还与期刊的方针任务有关(该书第八章中有“‘百花齐放、百家争鸣’与期刊个性”一节)。作为一本概论性的教材，讲期刊的风格问题，应该怎样安排章节、占多大篇幅，还是值得研究的。现在独立成章，可能作者难于割爱，不免有失协调。

第六章“编者·作者·读者”中，说明编者、作者、读者对期刊来说，是密不可分的，形成一个三维结构。这种说法很有理论价值。在这一章里，我们觉得还有一些重要的认识，如讲调查研究时说：“对读者的调查研究材料的分析，是预见性的一个弥足珍贵的源泉。”(该书第 114 页)“读者是以发现者与接受者的地位来参与期刊创造之完成的。”(该书第 118 页)类似的真知灼见，也散见在其他各章中，如讲市场与读者关系时说：“市场调查、分析、预测也要与读者调查、分析、预测联系起来进行。”(该书第 133 页)在讲期刊结构工作时，提出“文章之间的互补共济”原则，并说明不同情况下的具体应用。还说：“文章之间的互补共济，在筛选文稿时就应该注意。筛选时不注意这点，到系统结构时想要互补共济也不可得，这就是所谓之‘巧妇难为无米之炊’。”(该书第 351 页)这些平易的道理，实际是饱含着作者编刊的经验心得。

在构建期刊编辑学的学科体系时，如何正确处理期刊编辑史的问题，至今有待进一步深入的研究。该书的第二章就面临这样的问题，问题还涉及教学计划和教学大纲。目前的写法，似乎还需要研究。

期刊编辑学作为编辑学的一个分支，它与图书编辑学是平行的。它们之间在性质、工作规律等方面有许多共性，也有各自的不同特点。有时将期刊编辑学与图书编辑学、期刊编辑与图书编辑之间进行比较论述，是必要的，也是有益的。该书在讲编辑工作(该书第125页、第136页)、选题的预见性(该书第209页)、选题计划(该书第221页)时也都作了两种编辑工作和两种编辑之间的对比论述。但是这种比较论述，旨在通过对比，达到提高认识的目的，而不宜作出难易高下的判定。

该书后半部分讲业务程序的几章，结合论点举出的例证较多。教材写作不仅要论点鲜明、阐述清晰(如该书第222页)，而且要有充分、恰当的例证(如该书第173页)，这应该是教材写作的成功之处。“审稿”一章，如果增加一些例证就更好了。自然，这一章在写法上也可考虑从三审制程序和要求的角度，分别进行叙述，也许会有助于理解和掌握。书中联系当前期刊编辑工作中普遍存在的问题(如对审稿、修改加工中的几种不同认识，对封面、目录页设计的不同认识等)，有针对性地进行讨论，大大地增强了教材的现实性和针对性。

在即将结束本文的时候，不禁想到现代期刊在反映和传播科学、技术、文化成就方面起着日益重要的作用。随着文化教育的普及、人民生活水平的提高，我国将会拥有不断增加的期刊读者，人们对期刊的阅读范围也在不断扩大。提高期刊质量，无疑是我国期刊发展的重要课题。就这一点来说，学习、研究和应用期刊编辑学的理论，更自觉地做好期刊编辑工作，应该是全体期刊编辑工作者义不容辞的责任。

(徐柏容著《期刊编辑学概论》，辽宁教育出版社1995年出版)

(原载《出版科学》1996年第4期，同时收入
《中国编辑研究》(1996)人民教育出版社1997年7月版)

丁景唐六十年耕耘的文化硕果

1950年初我在上海三联书店工作时，就知道丁景唐先生地下工作的革命经历和热情坦荡的人品气质。不久，我就奉调到北京工作，一晃半个多世纪的岁月流逝了。这位上世纪三四十年代很有影响的文坛活跃健将，既是中国现代文学史研究专家，又是编辑出版界的前辈。虽然不曾谋面，但一直心向往之。这期间，我断断续续读过他关于鲁迅、瞿秋白的研究文章，和现代出版史的文章，以及思念文坛故人旧友的回忆文字。记得80年代景唐先生为了编辑一本编辑家的传记文集，曾和我有过通信，使我体会到他对编辑工作的认真严谨态度。后来这本书以《中国现代著名编辑家编辑生涯》的书名由中国展望出版社出版。世纪之交，《出版史料》杂志筹备在北京出版，景唐先生关心这个刊物在长期停顿以后的复苏，几次打电话或来信给予关注，并且亲自写稿，主动为刊物联系作者。

对于人生来说，六十年是一段漫长的历史。呈现在读者面前的这本文集，就是景唐先生六十年耕耘的文化硕果。手捧一千多页的皇皇巨著，摩挲良久，全书的特点是创作与评论共举，史料与研究并重。书名用了著名左翼女诗人关露的诗句《犹恋风流纸墨香》，恰好表达了此时读书的心情与感受。现代文学研究家王观泉感动地说，“茫茫六十年，从壮年写到暮年，从地下工作者写到出版官员的业余劳作，从一百万字中选出七十五万！六十年历史风云，六十年生活经历，先生翻书山查资料，结合斗争需要，学界迷津，辛勤垦耕，实在应当受我一拜！”景唐先生来信(常以“老丁”自署，我们则以“丁老”相尊)则是淡淡地说：“六十年风云，老丁逃过三次性命交关。……我出于出版本业，见诸文字甚少。朋友称我业余作者，极合乎事实。”

这部文集分上下两编。上编收入上世纪三四十年代作者投身抗日救亡学生运动所创作的诗歌、散文和鲁迅作品的研究文字。1945 年 4 月，他的第一本诗集《星底梦》出版，关露赞扬“《星底梦》好像在一片黑寂的大海里看见一只有灯的渔船一样……渔船虽小，仍旧是一只船，星星的光虽然不强，仍然能够把宇宙照亮。”(参见该书第 25 页)但这部分篇幅只有一百四十页光景，不到全书的六分之一。下编主要反映作者转入研究编纂文学史料以后的成果。十分重视搜集资料，勤于考证，又常常调查考察，进行深入研究。同时也反映作者在编辑出版工作上的贡献。曾参加策划《申报》影印工程和《辞海》修订工作。特别主持编辑《中国新文学大系》使之形成系列性的巨大工程，出力尤多，为中国现代文学研究提供了经典性的基础资料。

丁老长期从事鲁迅、瞿秋白和“左联”五烈士等研究，做了许多奠基性的工作。茅盾晚年在病中曾赋诗赞扬他的工作：“左翼文台两领导，瞿霜鲁迅各千秋，文章烟海待研证，捷足何人踞上游。”可惜《文集》收入这方面的研究和考证文章，还有遗珠之憾。如《“左联”和“左联”五烈士》(王观泉编)和《“左联”五烈士简传》(丁言模写)并未收入。丁老说：“等将来有时间和精力，再整理补充修改，争取出版吧。”(该书《后记》第 1004 页)

这里应该提到丁老捐献书刊的盛事。新世纪初，已届耄耋之年的丁老为了实践他“把鲁迅的还给鲁迅”的夙愿，把他历年的藏书、图册、版画、文献资料和书信、照片等四千多件捐献给上海鲁迅纪念馆。事实上，多年来丁老早已向上海、北京、绍兴的鲁迅纪念馆和常州瞿秋白纪念馆赠送书刊资料。2001 年 1 月 7 日，正值上海鲁迅纪念馆五十周年之际，该馆为新建的“朝华文库”(收藏有文化界前辈陈望道、曹靖华、许广平、王任叔、李霁野等专库)内新辟“丁景唐专库”。丁老亲自为专库题名。

原瞿秋白纪念馆馆长赵庚林在读了这部文集后，认为“六十年笔耕，六十年历程，六十年硕果，六十年文稿精选汇编出版，是件大喜事”。评价丁老“在中国近代文学史、‘左联’研究史、鲁迅研究史和瞿秋白研究史，以及中国出版史所作的贡献，将永远传之于世”。不久以前，丁老还不辞辛苦，同“左联”纪念馆的几位同志一起实地勘察萧红、萧军在上海福显坊 22 号旧居，引起他无尽的回忆。

2004年10月23日，在丁景唐先生（坐者）家中，后排右起：韦泱、陈子伶、吴道弘（张巍摄）

编辑家戴文葆十分钦佩丁老六十年在出版编辑工作中的贡献，着重提到书中的“《一九三八年，上海出版史上光辉的一页》，和《六十年文集》中许多关于进步的革命的出版文化事业在国内外暴力破坏下奋斗的艰难历史”。书中有大量出版史的第一手材料和富有价值的文坛往事、轶闻掌故，如记述丁玲、许广平、巴金、冯雪峰、赵家璧、吴朗西、戈宝权等。

我还以为应该重视该书的序言和附录。附录中收有陈思和教授、丁言昭写的《希望之孕——记丁景唐编辑生涯五十年(1938～1988)》一文，史实丰赡。而两篇序言分别出于文学评论家许觉民和作家袁鹰手笔，他们两位又都是编辑出版家，情感内蕴，文字雅洁，前后辉映，值得一读。

祝贺景唐先生青春永歌不老生！

2004年五一劳动节

（丁景唐著《犹恋风流纸墨香》，上海文艺出版社2004年出版）

（原载《出版史料》2004年第2期）

永远光彩的出版文化

——读《贵阳文通书局》

何长凤教授编著的《贵阳文通书局》一书在我案头已有大半年时间了。封面古朴、版式疏朗、印制精良，我是十分喜欢的。这是由贵州教育出版社梁茂林先生也是该书的责编寄赠的。梁先生附了一纸短信，他说："贵阳文通书局在中国出版史上存在过四十多年，也曾创造了辉煌的业绩，为传承文明做出过重要贡献，但它被尘封了，被忽略了。"因此他希望"能为此书发表一点言论，为实事求是地评价贵阳文通书局提供一些帮助"。在此期间，中国编辑学会刘杲会长也很重视这本书的出版，特地要我看看。

我首先想到的是，在目前的出版潮流中，特别是出版史著作出版难的情况下，《贵阳文通书局》的出版是值得高兴的。相信它会起到一点影响和推动作用，也相信这部研究性的出版史著作对于出版史的个案研究会发生积极作用。因为出版个案研究是出版史研究的重要内容。

贵州的茅台酒，家喻户晓，名播海外。可是人们很少知道创办过成义茅台酒厂并使之在万国博览会上名震世界的华氏家族，在创办文化企业(贵阳文通书局)时，也是经营有方的。贵阳文通书局作为华氏家族的一个大型文化出版企业集团，它有近半个世纪(1909～1952)的发展历程，取得过重大的文化出版成就。特别在抗日战争时期，由于贵阳人才、资金、技术和信息等有利条件，使文通书局得到空前的发展时机，在大后方的出版事业中，占有显著的一席之地。

关于贵阳文通书局的史料，我所知道的极少。20 世纪 80 年代以后，文通书局继承人华问渠写的《贵阳文通书局的创办和经营》一文是比较简明的概述，最早刊载在《贵州文史资料选辑》第 12 辑上，曾被《出版史料》

与叶至善先生合影，时正蓄胡须，但一个月以后重访叶老时已剃须矣！为无锡赵沅所摄，赵先生是特地从南方来京，为叶老照相的。时在 2002 年 11 月。

1991 年第 4 期转载过，又收入由宋原放主编的十卷本《中国出版史料·现代部分》的第二卷(山东教育出版社 2001 年版)。上海辞书出版社 1992 年出版的《出版词典》中收有“文通书局”条目，其中提到文通书局成立总管理处，先后在重庆、成都、长沙、上海、广州、昆明等地设分局。1952 年，总管理处、印刷厂、贵阳分局并入贵州人民印刷公司，编辑所自行停止，各地分局先后就地与其他机构合并或停业(该书第 529 页)。

由陈江、孙庚初编辑的《谢六逸文集》(商务印书馆 1995 年版)一书的附录有《谢六逸年谱(简编)》及茅盾、郑振铎等十多人写的回忆文字，不少地方就有涉及文通书局的。

熊复主编《中国抗日战争时期大后方出版史》(重庆出版社 1999 年版)一书的第三章中说：“贵阳最大的出版机构，首推著名的文通书局。……1937 年‘卢沟桥事变’后，贵阳逐渐成为大后方的一个交通枢纽。上海等地的书局纷纷内迁重庆，派人到贵阳建立分局(店)，文通书局亦采取扩大编辑出版机构的措施，成为西南最大的出版企业之一。1941 年 6 月，文通书局扩大改组成立总管理处，下设编辑所、发行所、印刷所。创办

《文讯》月刊，大量出版图书。其中系统出版的有‘大学丛书’、‘经济学丛书’、‘新闻学丛书’、‘国际时事丛书’、‘教育丛书’、‘语文学丛书’、‘文艺学丛书’、‘文通青年丛书’、‘文通少年丛书’、‘中学复习实验丛书’、‘中学辅导丛书’、‘传记丛书’、‘风土丛书’、‘苗夷研究丛书’、‘穆斯林丛书’、‘边疆问题丛书’、‘医学丛书’、‘公医丛书’、‘保健文库’、‘实用科学丛书’以及世界名著、地方文献、中小学教科书、各种工具书和通俗读物等。”(该书第 142～143 页)

现在出版的《贵阳文通书局》一书，不仅极大地充实和保存了文通书局的历史资料，而且在此基础上有了研究性的比较系统全面的阐述。

翻开该书赫然见到的是文通书局一份完整的编辑所编审委员的名单。1941 年 6 月在马宗荣、谢六逸分别担任编辑所正副所长后，聘请了竺可桢、苏步青、张奚若、曹未风、蹇先艾等著名人士一百一十二人为编审委员。“基本上是抗战时期搬迁来西南各省的，或者是贵州本省的各大专院校、科研机关、社会团体、文学艺术界、新闻出版界等单位中有学识、有名望、有地位的著名教授、专家、学者、诗人、文学家、著作家和政界名流。它最大限度地网罗了各方面的人才，聘请到了四面八方的学术泰斗。……这个编审委员会，可以说是集全国各门学科名家于一体，融全国英才与名流为一家，学科门类齐全，学术水平权威。其中有相当多的委员，是书局的主编、主审、撰稿人、定稿人。既保证了书稿来源的不断，又保证了书稿和编审的质量。这是贵阳文通书局赖以发展成功，取得巨大成绩，走向全国的关键所在。”(该书第 77～78 页)该书作者还对编辑所和编审委员的工作做了具体的介绍。

全书首先叙述了华氏家族创办近代企业的背景，着重介绍文通书局的发展历史，最后总结出几点认识，其中谈到资金和人才问题。书中说：“创建、发展企业，需要大量的资金，这是物质基础。……造物先造人，人才是一个企业创办、兴衰、成败的关键。有了一批高素质的经营管理者、技术人才和职工，不愁企业没有发展、兴旺发达的前途。贵阳文通书局之所以办得红火，历时近半个世纪不衰，取得举世瞩目的成就，在于有一批精英人才坚持不懈地努力奋斗。华之鸿就是一位杰出人才，他看准了文化出版事业对人民、对民族、对国家的巨大作用，不恤血本投资，克服千重困难办书局，这在同辈人中是出类拔萃，高出一着的。华问渠是把贵阳文通书局扩大、发展，走向全国，成为全国七大书局之一的杰出人才。”(该书第164～165页)贵阳文通书局成功的重要之点，是有启示作用的。

重视发掘和保存历史资料，是该书的一大特色，也是出版史研究者应该重视的。书中收入的重要原始资料和出版书刊目录等，几乎占了全书篇幅的大半。包括华之鸿、马宗荣、谢六逸、臧克家、华问渠等的文章，有很大影响的《文讯》月刊的发展始末。特别是关于文通书局编辑出版的图书目录，内容包括丛书、丛刊、文库、名著，以及《文讯》月刊目录，是该书作者亲自四处寻访，广收博采，经过分析研究、去伪存真的整理辑集的，是迄今为止收集整理较完备的资料。因此《贵阳文通书局》也是一部存史之作。

我注意到该书的出版，是得到贵州出版企业发展专项资金的资助，无疑是值得称道的。因此想到曾经有一位出版史研究工作者谈起，他希望有更多的出版社能够重视出版史著作的出版，做继承、弘扬出版优良传统，促进发展出版文化的事，是功德无量的。

（何长凤编著《贵阳文通书局》，贵州教育出版社2002年出版）

（原载《中国图书评论》2003年第10期）

学术生命是不会寂寞的

——《中国丝绸科技艺术七千年》出版

上世纪50年代，沈从文先生在故宫午门城楼上默默地埋首于丝绸文物研究的时候，我有幸听到他强调从考古发现、文物实物研究出发，进行历史研究的重要意见。1956年前后，历史学家金灿然主持编辑《中国历史图谱》时，就请沈从文先生参加，并负责全书的图片编辑工作，在编辑组里就时常见到和蔼寡言的沈先生。记得有时他拿起古代丝绸服饰的图片，会情不自禁地赞叹“多么美呀!”沈先生略带乡音的细声慢语，此情此景，记忆犹新。60年代沈先生的《中国古代服饰研究》出版，有很高的学术价值，受到中外好评。

晚年的沈老期望自己的丝绸、服饰研究后继有人，曾经亲自对陈娟娟、黄能馥说：“你们要在服饰、纹样、织绣三个方面深入研究下去。”作为沈老助手、学生的陈娟娟，和她的丈夫黄能馥教授不负沈老的殷切期望，这两位从事中国丝绸史和服饰史的专家不断取得可喜的研究成果。

进入新世纪之初，黄能馥与陈娟娟继出版《中华历代服饰艺术》之后，又一研究成果——《中国丝绸科技艺术七千年——历代织绣珍品研究》由中国纺织出版社出版了。这部三十七万多字的著作，配有一千余幅相关图片，其中有数百幅是首次面世的，用大十六开本近五百页的篇幅全彩精装印制。读着该书封底一段简要优美的文字，就令人怦然心动：

从浙江余姚河姆渡遗址的蚕纹装饰象牙盅，到清末丝绸织绣的出神入化，中国丝绸从远古的史前文化中走来，携着无比精美的技艺，依着动人心魄的美，讲述着悠远的华夏文明。

作者以独具匠心的视角，细细追寻着、审视着、发掘着漫漫七千年的历程，拂去历史的尘封，采来一朵朵娇艳欲滴的丝绸科技艺术奇葩，引领我们细细品味中国丝绸古朴、智慧、迷人的风采。作者对丝绸织绣精到的研究以及大量珍贵的文物资料，将博大精深的丝绸科技艺术融入了这部弥足珍贵的学术专著。

这既是一部科技和艺术相结合的研究专著，又是一部提高与普及相兼顾的学术读物。沉甸甸的一部巨帙出版，它的学术价值和出版意义，引起专家们的高度评价。文物研究专家史树青认为，“以丝绸为中心将中华民族的文化史推至七千年前，这是前无古人的；史料如此丰富，描述如此生动，研究出版过程如此艰苦，成书又如此精美，恐怕也是后无来者的。”著名学者冯其庸认为，这是用生命写成的一部划时代的巨著，“对我国古丝绸上下七千年的科学叙论，为世人解开亘古以来未曾解开的丝绸之谜。”纺织及服饰研究专家杜钰洲也肯定该书是迄今为止最完整、最科学的一部纺织类学术著作，“它既有大量民族原创之作，也有不少中外民族之间交流、交融的成果，体现了中华民族文化的广博性、原创性和包容性。”文物专家李之檀说，“中国丝绸文化体现了几千年来中华民族的智慧和创造力，在科学和艺术两方面都留下了浩瀚的遗产。但是出土丝绸文物的长期或原样保存难度很大；为了不让珍贵文物沉睡库房并悄悄消逝，为了让丝绸文化不再支离破碎，而展现出完整的体系，《中国丝绸科技艺术七千年》诞生了，这不仅对中国文化而且对世界文化都是一种贡献。”

我在这里不必一一引述专家们的评价，面对这部倾注作者、编辑和出版者的大量心智和精力，历经七年得以出版的精美图书，告诉我们弘扬祖国文化和培育民族精神的图书选题，是涵盖多方面领域的。而打造精品图书需要学术文化界与出版界的共同努力，需要作者和编辑出版者的同心合作，更需要出版家的眼光和魅力。目前提倡图书优质出版，重视学术文化含量，拒绝重复和平庸，还需要力戒浮躁，多一点扎实精细的工作。应该说，这部精品图书的诞生就是出版史上一段光彩的史实，值得记录，也会给人许多启示。

上世纪50年代以后，该书作者原在中央工艺美院执教的黄能馥和在故宫博物院工作的陈娟娟在沈老的指导和影响下，共同走进中国丝绸、服饰和历代织绣研究的殿堂，并且喜结良缘。从此这对学术上的同道、生活上的伴侣，志同道合，相濡以沫，坚持“板凳要坐十年冷”的刻苦精神。在十分简陋的条件下，用难以想象的毅力与智慧，忘掉人间的苦恼和病魔的折磨，显示出学术研究的科学态度和严谨的创作方法。经历了“文革”的风雨坎坷，始终在学术的道路上携手前进。

人们还记得，作者之一陈娟娟在病床上还不放心这部书稿，要求看发稿前的原稿，她说：“不能给后人留下遗憾!”黄能馥也是以羸弱的身体坚毅地工作着，他说：“人总是要死的，但书会流传后世，马虎不得。”多么可贵的献身学术的精神。遗憾的是，陈娟娟没有亲自见到这部书的出版发行，已经悄然逝去。书比人长寿，陈娟娟可以含笑九泉了。

这对孜孜不倦的贤伉俪在丝绸文物学术研究上的累累硕果，赢得海外文物界的尊崇。国外曾经有过的“丝绸之路在中国，丝绸之路的研究在西方”的论调，不攻自破。他们为弘扬祖国文化的真诚奉献，在世界上争得荣耀。可以说，该书作者是学术工作者的楷模。

出版是文化工作的重要组成部分，编辑出版工作始终要贯彻“三个代表”重要思想，其中传播、积累学术文化是一点不能放松的。《中国丝绸科技艺术七千年》选题列入出版社的“精品工程”，从初审复审，先后有五个审次，从 1995 年 5 月发稿，进行十一个校次，经过三年多时间的各方面努力合作，到 2002 年 12 月终于出书。这是精品书的又一范例。

这里应该提到该书的编辑、图文校对、装帧设计和印制出版工作者，通力合作做出的贡献。特别是两位责任编辑的事迹也是很感人的。早在 1992 年作为资深编审的范森凭着编辑的职业敏感和专业学识，就对这个选题抱有热烈的感情，一种编辑出版工作者的责任感促使她不断争取选题出版。由于资金等原因，迟迟未能落实。1995 年范森得到了同在出版社的丈夫王文浩的支持，从此这对有敬业精神与执著工作的夫妇，更加坚定了争取出版的信念，而在出版社正式批准选题以后，范森和王文浩就成为共同的责任编辑了。

围绕着一部书稿，为了提高出版质量的共同目标，作者与责编之间有长达七年的交往。责编工作认真精细、一丝不苟，不断地跟作者商量，登门求教或在医院病床前解决问题，或下工厂跟作者一起工作，工作上的交往总有上百次之多。两对夫妇是在共同“抢救”这部巨著的出版过程中结下了深深的友谊。在编辑与作者关系上，范森、王文浩也做出了表率。

《中国丝绸科技艺术七千年》是一部图文并重的学术著作，大量精巧美观的服饰、纹样和图形需要设计安排。而精品书的装帧工作要有整体的设计方案和具体的合理安排。事有凑巧，担任该书装帧设计的美术家贾红博、甄巍，是一对年轻的夫妇，他们深深地为中华丝绸文明的魅力所感动，全身心地投入到全书设计工作。不仅要表现中华服饰、丝绸文明的历史感、文化感和中国气概，而且还要贯彻为读者阅读考虑的人文关怀。不放过任何一个细节，例如该书"作者简介"页的设计，设计家特意安排整页的篇幅，采用双凤比翼而飞的彩色图案为之烘托，与"作者简介"上的作者照片，相映成趣。细心的读者一定能体会到，这形象的寓意是对作者黄能馥、陈娟娟夫妇的祝福与敬意。

记者苏铁鹰曾经为《中国丝绸科技艺术七千年》写过一篇题为《不灭的激情，燃烧的生命》的长篇报道文字，热情地介绍"两代学者、三对夫妇、一部巨著……将中国丝绸演绎的七千年灿烂文明托出水面，亦将崇高生命的真正价值昭示于世界。"这是感人的出版传奇，是现代出版史上的佳话。社会需要有价值的图书精品，学术生命是不会寂寞的。

（黄能馥、陈娟娟著《中国丝绸科技艺术七千年》，
中国纺织出版社 2002 年出版）
（原载《中国出版》2003 年第 7 期）

书籍的历史与文化

——介绍《书林清话文库》

见到傅璇琮、徐雁教授主编的《书林清话文库》由河北教育出版社出版的消息，不由心里产生一种亲切的感觉。首先联想到近代学者叶德辉写过一本《书林清话》，资料丰富，为爱书、藏书人所喜爱。同时近年来由于"书话"出版物的增多，谈书、品书、藏书在广大读者中蔚然成风，也就想到书林清话，就是对出版和出版物的议谈漫话了。及见璇琮先生在文库代序中引述陶渊明诗"信宿酬清话，益复知为亲"，和《世说新语》中东晋名士殷浩与宰相王导的叙读雅事，"既共清言，遂达三更。"这就更加接近了这套文库与读者之间的距离，有一种与友会文，促膝谈心的意境与情趣。

《书林清话文库》第一批的书目六种。我读韦力先生著《书楼寻踪》一书的目录，仿佛给我展示了一幅藏书访古旅程的地图，大江南北、苏杭金陵、南至粤海、北访齐鲁，寻踪所至遍及南北的藏书名楼，实在为之振奋。书中附有作者寻访时摄下的照片，不免古今沧桑，发人遐想。我生长在江南，念中学时就知道乡贤朱竹垞的曝书亭，南浔刘氏的嘉业堂等。去年海宁友人赠我一册《海宁藏书家印鉴》，获之欣喜，摩挲良久。可惜到了杭州、海宁，又失去寻访书楼的机会。现在读到这位藏书家的寻梦记录，不但弥补了我的遗憾，实在引发起我的旧游之梦，也满足了我的神游之乐。

江苏常熟人杰地灵，名家辈出，是国家历史文化名城之一，被誉为"中国藏书之乡"。一般人比较熟知的只有瞿氏铁琴铜剑楼和翁同龢的藏书等等。而曹培根先生所著《书乡漫录》，则以常熟的学问家、著作家、藏书家为中心，集中全面地研究和阐述了常熟的历史文化遗产。这类围绕书人书事展开研究地域文化的选题，是很有启发意义的。

书业前辈周岩先生的《我与中国书店》，不妨说是近半个世纪以来我国古旧书业的变迁史，书中记述了书业人员们的敬业服务精神，从孙殿起、雷梦水到张问松、郭纪森，默默地为传播传统文化立功，令人起敬。连同第二批书目中的《笑我贩书续编》(我早就读过范笑我先生的《笑我贩书》一书，为家乡嘉兴秀州书局的通讯结集)，确实是图书发行业的新风。

我国自汉唐以来就有研究版本目录学问的历史传统，近代报纸、刊物传媒兴起，又从西方传入书评之学。研究现代书评应该重视我国版本目录学的优良传统，使之得到应有的养料。从书籍文化的视角来看，它们之间是在历史的发展中发生着影响的。因此，我以为孟昭晋的《书目与书评》、谢灼华的《蓝村读书录》和刘尚恒的《二馀斋说书》三本书，在内容上是互有关联的。这三位先生提供了书籍文化的历史知识，有作者的研究心得，值得一读。

这套《书林清话文库》是我今年读到的一部好书。尽管有报道近年国民阅读率持续下降，大量出版物中低俗泛滥，良莠不齐，甚至出现制造伪书，但是有文化含量的好书还是不少的，走进西单图书大厦和王府井书店如入知识文化宝库，图书品种空前丰富，从青年到老人在这里专心致志披览阅读，从书林中寻觅自己的文化粮食。书籍毕竟是会永远存在下去的，读书、爱书、藏书的人是幸福的。

(《书林清话文库》，河北教育出版社 2004 年起出版)

(原载 2005 年 5 月 12 日《光明日报》)

研究中国近代版权文明的发展

——读李明山的《中国近代版权史》

上世纪 80 年代以来，我国进入改革开放的新时期。随着出版管理体制的改革，图书出版业的发展很快，呈现繁荣的景象。出版对外交流与世界各国的合作出版日益扩大；我国的版权保护立法工作发生了根本性的变化。1984 年以后，我国开始逐步制定和完善出版法规、积极开展版权保护工作，建立机构，培训相关业务人员。

近年来，随着国内外版权贸易量的增加和我国加入 WTO 后，中外出版合作的广泛开展，学习和掌握版权知识的需要，日益普遍深入。然而我国版权理论和立法问题的研究，起步较晚。近年在知识产权法学研究领域已涌出一大批专家、新秀，并有一批理论成果，但是具体到书刊音像出版版权的研究著作，尚不多见。特别是系统地研究我国版权思想和实践及其历史发展的中文专著，尚付阙如。

“中国近代版权史”是近代出版史的重要组成部分。可是迄今为止已出版的诸种出版史著述中，版权部分的阐述大都略而不详。1991 年出版的两种出版史：宋原放、李白坚著《中国出版史》一书，只有《版权思想的萌芽与早期出版法》一节。吉少甫主编的《中国出版简史》虽有《近代出版法令》一章，讲到清政府《大清著作权律》和北洋政府的《著作权法》等也不足五千字。1994 年国家教委“八五”规划教材中的“出版专业高等教材”系列，其中有沈仁干、钟颖科著《著作权法概论》一书于 1995 年 12 月出版。该书在讲述我国著作权保护的历史时，有《我国 1949 年以前的著作权制度》一节，也只是粗略的简述。

因此，李明山先生的《中国近代版权史》(河南大学出版社出版)，不仅充实了我国近代出版史的研究内容，为当前出版版权实践提供历史借鉴；而且在一定意义上，也为我国知识产权法学研究提供历史审视的学术成果，甚至也是对国外某些无知之见、荒谬论调的有力辨正。

全书在近代社会、经济和文化背景下，根据发掘的史料，比较系统地阐述了我国近代版权思想、版权建制、立法保护的发展过程，既揭示了具有中国特色的版权思想和发展脉络，又显示出西方传教士在华活动等的影响。包括第一部著作权法——《大清著作权律》颁布的影响、作用，反动政府对著作权的摧残，20 世纪 30 年代图书盗版现象，出版同业组织的版权维护活动等等，以及几次涉外版权纠纷的个案研究，严复、梁启超、张元济等人的版权思想研究等。值得一提的是，作者对这一课题的研究方法是很可取的。早在 20 世纪 90 年代就先从搜集文献资料着手进行研究，并编辑出版了《中国版权史研究文献》(与周林合编)一书。应该说，作者的学术准备是扎实的，写出这部专著是顺理成章的了。

最后，我真诚地希望这部《中国近代版权史》的出版，能够引起编辑出版界、出版教育界和法学家朋友们的重视，特别是出版史研究工作者的重视，更多关注我国版权史的研究工作。我相信，版权文明与出版文明是相伴相生的。也希望作者继续广取博采，深入探寻我国版权意识的萌芽和有中国特色的版权立法，并延伸到现代版权史的研究，实有厚望焉。

（李明山主编《中国近代版权史》，河南大学出版社 2003 年出版）

（原载《中国出版》2003 年第 10 期）

拾遗补阙　标新立异

——蒋路和他的新著《俄国文史漫笔》

尤开元同志推荐我读一本关于俄国文史的新著，作者蒋路先生是资深的翻译家和编辑家，长期从事外国文学书刊的编辑工作，翻译过车尔尼雪夫斯基、屠格涅夫、卢那察尔斯基等人的著作。早在50年代，我就读过他翻译车氏的《怎么办?》，可以说，在半个多世纪以前，车尔尼雪夫斯基这部名著以及高尔基的《母亲》等一批俄罗斯的文学作品，曾经感染和鼓舞过我国一代进步的青年知识分子。不过，我认识蒋路却是在以后了。1958年蒋路所在的人民文学出版社和我的工作单位——人民出版社搬进朝内大街的一座灰楼。有段时间，我曾经是几种俄国历史书籍的责任编辑，比较关心俄国史的一些问题。记得关于车尔尼雪夫斯基和杜勃罗留波夫的评论文字，曾向蒋路请教过，他还认真地写了书面的意见，使我很感激。自然，对于蒋路这部新著，我是饶有兴趣地阅读了。

名曰《俄国文史漫笔》，实则是一部题材广泛、史料充实、颇有研究见解的论文集，这种观点鲜明、文字严谨的论文，远远在一些平庸的专著之上。全书包括题材大小不等的二十七个专题文章。可以这样认为，其中既是研究俄国文学史、文化史不可或缺的专题，又有理解俄国历史十分有用的知识。阐述这些有意义的题目，无疑会开阔俄国文学史的研究视野，丰富俄国文学史的研究内容。

关于俄罗斯作家和作品的研究，在全书占有很大的分量。作者善于从大量国外书刊文献中撷取不大为人注意的历史事实，加以综合分析，得出令人信服的见解。人们可能知道，在俄国作家中，诗人普希金的外祖父是黑种人，莱蒙托夫也有外国血统，小说家契诃夫和柯罗连科也有异族血统，然而也许就没有发现18～19世纪俄罗斯文坛有较多的混血作家这一现象，为同期的其他国家文学史上所罕见，构成了这一时期俄国文坛的显著特点。

该书作者还研究了同时期俄国文学界的结构，指出以赫拉斯科夫、冯维辛、拉吉舍夫和卡拉姆辛为代表的18世纪俄国的主要作家几乎全是贵族，而19世纪俄国文坛还有像小说家巴甫洛夫、诗人谢甫琴科等不少人出身农奴家庭。同时，绝大多数作家有着高文化的素质和西欧语文修养。书中说："作家参与翻译和其他对外文化交流活动可以开阔视野，增长知识，活跃思想，引进各种适合国情的文学潮流、体裁、表现技巧和创作方法，使外来的东西经过冲激、渗透、滤清、融合，化为本土的精神财富。"(该书第11页)这样的论断是实事求是的。

在作家和作品研究方面，关于屠格涅夫的《文学回忆录》、巴纳耶娃的《回忆录》和有关《怎么办?》的评议等三篇文章，值得重视。从评介屠格涅夫的《回忆录》中，不难看出屠格涅夫本人的文学评论意见及《文学回忆录》的价值和得失。全篇材料丰富，行文平实，娓娓道来，颇有睿智和灼见，实际上是在评述俄国文学史，也为研究者提供了有价值的材料和见解。

同样，对于巴纳耶娃的《回忆录》，从作者身世到该书写作、出版经过，作了全面的介绍和评述，包括对这一著作的不同评议。

至于在不同时期对《怎么办?》一书的评议，在这里集中地介绍了俄国和西方评论界的反映，很有文献价值。

值得指出的是，上述三部著作的中文译本，有出自蒋路的手笔，或是他参与译出的。由此可以看出，翻译工作与研究工作是可以统一的；也说明翻译作品应该不是盲目简单的文字介绍，而必须有译者自己的研究和判断能力。当前翻译图书的质量普遍下降，翻译工作的水平亟待提高，读这本《漫笔》，对翻译工作者也会有所启示的。

与研究作家和作品有关的，该书在《评论家的失误》一文中，正确指出，19世纪俄国文学能取得卓越的成绩，在很大程度上要归功于优秀评论家的积极促进和指引。在别林斯基以后，又有车尔尼雪夫斯基、杜勃罗留波夫等相继承传，使文学评论同对现实生活的评论更紧密地联系起来，开拓出一个崭新的境界。但是，文学评论是一件细致艰苦的工作，不可能做到万无一失，即使是名家巨擘，在立论、评断、阐释或分析时也难免产生严重的差错。

大家知道，普希金的《别尔金小说集》曾为后来俄国文学主要体裁的小说树立了典范，而别林斯基却认为这是普希金创作才能的衰退。屠格涅夫的两部重要作品——《前夜》与《父与子》，是被托尔斯泰基本上否定的。托尔斯泰甚至认为“莎士比亚不是艺术家，他的作品也不是艺术品。”还有谢德林、契诃夫等几位名家也有误评的例子。所有这些材料，恐怕就是为俄国文学史或俄国文学批评史补了遗阙的。

该书的《前言》中说：“作者未在事先拟订一个缜密的计划，可也并非随兴走笔，而是着意寻求一些新的选题和切入点，不避舍本逐末之讥，将手头积累的资料和自己的一得之见加以归纳抉剔，敷演成篇，希望多多少少能阐明俄国文史的若干侧面或片段。”我以为，这段话具体地说明了该书作者的写作态度。题材、资料、见解三者的有机结合正是该书的成功之处。

（蒋路著《俄国文史漫笔》，东方出版社 1997 年出版）

（原载《中国图书评论》1998 年第 3 期）

迟开的鲜花

——介绍《中国期刊年鉴》创刊号

在新世纪初，很高兴读到我国出版的第一部期刊年鉴——《中国期刊年鉴》创刊号。新中国的出版业在半个多世纪里经历了曲折发展的过程，特别在改革开放的二十多年中有了极大的前进。作为期刊出版，已经有了空前的发展和壮大，正如《年鉴》张伯海在《创刊词》中所说："今天，国家管理部门精心设计了'中国期刊方阵'规划，正在把我国期刊进一步打造成立足世界的精锐力量；一批批发展为品牌的期刊，通过有效的市场开发与资金积累，已成为令人刮目相看的朝阳性信息产业。……中国期刊步入了前所未有的备受关注，充满活力的开拓发展期。"在这样的背景下出现的《中国期刊年鉴》，是顺理成章的，无疑是"为了从总揽全局、把握走向、开发资源、沟通信息诸方面支持这一发展而编辑出版的。"(《创刊词》)

《中国期刊年鉴》的出版，自然是期刊业的一个重要窗口。同时一定能够促进期刊出版的经验提升，推动理论研究的发展，对于积累期刊出版史料也具有不可忽视的作用。这些都是有利于期刊出版人才的迅速成长。

值得关注的是，《中国期刊年鉴》在全书体例、编写方法上的鲜明特色。架框新颖、图文并重、编排醒目、全彩印刷，体现了传统与创新的结合。创刊号与2002年卷融为一册，实际上反映了我国半个多世纪以来的期刊出版面貌。全书以"改革开放以来中国期刊出版统计分析"专栏开始，文字叙述与统计图表相结合，既有总体和分类的概述，又有分省、市、自治区的介绍，资料翔实，眉目清晰，便于查考。"专题综论"部分，包括改革开放以来有关文化综合类期刊和社会科学学术期刊、科技期刊、网络期刊、期刊印刷技术等的发展概述，以及中国期刊对外交流活动的综述，还有1987年以来台湾的杂志出版介绍。文字简要，编排疏朗，配有大量期刊封面和相关图片。

作为“2002年卷”的内容，主要包括全国期刊出版和各省、市、自治区的期刊出版概述。此外还有分析“中国期刊方阵”分布状况的论文、新更名期刊名录、期刊评比获奖名录，以及期刊人物介绍、期刊协会等组织介绍。“期刊研究与教育”专栏很有特色，介绍了期刊主编岗位培训情况，河南大学、北京印刷学院等的期刊学术研究工作，和期刊出版研究论文索引等。

《中国期刊年鉴》中的《1949～2000年期刊出版纪事》一文，引人注目。全文约近五十面篇幅，简明地记录了新中国成立以来期刊出版的大事，提供了一份很宝贵的期刊出版史资料，配上大量的期刊彩色封面和创刊题词等手迹，更有历史价值。应该说，编写这份出版纪事，从搜集资料到文字编写，是有不小难度的。自然，我们也很希望能够资料更完备些，不致有重要的遗漏。

1949年10月1日创刊的《科学技术通讯》月刊(蒋一苇主编)，由三联书店出版，当时是很有影响的，第三年起改名为《工业技术通讯》，由科学技术出版社出版。在此前后，该社还创办由林家燊主编的《机械工人》月刊(1982年曾获科技优秀刊物二等奖)。

1950年7月1日出版总署翻译局主持的《翻译通报》创刊，用“翻译通报编辑委员会”名义出版。沈志远在《发刊词》中说：“我们这个刊物就确定了这样四项宗旨：加强翻译工作者间的联系，交流翻译经验，展开翻译界的批评与自我批评，提高翻译水平。”该刊发表评论译文质量的文章，往往引起翻译界重视。在当时有较大的影响。

1955年7月，新中国最早的书评刊物《读书月报》创刊，由读书月报社编辑、出版。这个刊物是出版总署领导重视图书评论工作的产物，该刊主要开展对出版物的介绍和批评，交流读书经验和心得，报道出版消息等。1958年4月曾改名《读书》，出版半月刊。

至于在“文革”时期，1972年1月《文物》月刊和《考古》月刊、《考古学报》三个专业刊物的复刊，是郭沫若建议经周恩来总理批准的。这三个刊物的复刊，表达了广大文物考古工作者的强烈要求和愿望，冲破了“文革”对学术思想的禁锢。这些都是期刊出版史上值得一记的。

《中国期刊年鉴》的出版是继《中国出版年鉴》的又一出版基础建设，表明我国的出版工作正在大踏步地向前发展。同时，它们也必然会得到广大从业者和有关文化、研究部门的重视并利用，从而更加有力地推动整个出版业的不断前进！

（张伯海、田胜立主编《中国期刊年鉴》创刊号，2002 年出版）

书籍装帧艺术的美学

——《书籍装帧创意设计》出版感言

爱好书籍和喜爱装帧艺术的读者一定会理解，我的这篇书评想先从此书的装帧谈起。这本三十多万字的书籍装帧理论著作，采用小十六开本的别致开本，封面上醒目的书名几乎占满全版，黑的底色上显出“书籍装帧”四个白字，紧接着“创意设计”四个更大的宋体字，互为烘托，强烈地映入眼帘。而作者和出版者的位置也错落有致。这种大胆简洁的设计手法，达到很好的效果。封底左上角是该书的章节介绍，文字简明，排列清晰，有别于通常的“内容提要”形式。

正文的版式，把大量的书籍封面和文字内容有机地作了精心安排，量体裁衣，赏心悦目，图文结合、相得益彰。这部书籍装帧的整体设计，出于书籍装帧艺术家宁成春之手，体现了新世纪书刊装帧理论研究著作的新水平。我相信，读者一卷在手，会爱不释手的。

（一）

书籍装帧艺术家邓中和的《书籍装帧创意设计》一书，在题词页上赫然印着一句话：“书籍装帧艺术创作的核心——设计，设计的核心——创意。”揭示了该书的灵魂。全书的论述既是从这里生发出来，又是为这句话作诠释的。自然，前勒口页上的一句话：“装帧设计的‘升华’，不仅是技巧的强化，更是设计理念的提升。”同样是装帧设计理论的重要观点，渗透在全书的论述之中。

书籍装帧艺术家张守义编审、美学家邢煦寰教授为该书写的序言，已经分别对该书作了精辟详细的评论。张守义指出，在一批具有丰富装帧艺术实践经验的装帧艺术理论家中，“邓中和是其中最有代表性的一位。”邢煦寰评价邓中和的成就时说：“无论在书籍装帧艺术创作方面，还是在装帧美学的研究方面，均取得了新的突破和成果。”我以为该书有三方面的鲜明特色，应该充分肯定。

第一，以丰富的创作实践为基础，上升到理论的层面，结合美学、文艺理论等文化学术高度进行思考，概括和总结出装帧学上许多重要原理、原则和论述。突出“设计与创意的关系”，强调书籍装帧设计作品的成功，不仅是技巧上的功夫，更是设计理念的作用。这样的理论观点是十分正确而重要的。我记得出版社的美术编辑中曾经有过轻视“设计”而片面理解“创意”。或者只强调“技巧”而忽略“理论、理念的作用”。同时，邓中和的研究方法，对于出版业内进行出版学、编辑学的理论研究，也有很大的启示作用。

与曹辛之(右)合影

第二，考察、研究书籍装帧理论，视野广阔，放到书籍编辑出版的全过程中进行论述。在该书第二编《贵在策划》中，提出“文字编辑与美术编辑的关系”问题，提倡“编辑要做‘半个装帧家’”，“同明相照、同气相求"的道理，是文字编辑与美术编辑沟通合作、互相理解的新理念。又在第四编《版式风采》中从美学的高度论述了书籍的版式设计的要求和原则，把美术设计与技术设计统一起来。在目前出版体制转型时期，对于出版社的美编工作如何进一步发展也有启示意义。我记得新中国的出版社体制从一开始美术编辑与技术编辑是分割的。出版社提出"整体设计"的要求，如何实现，至今也没有完全解决。

第三，从文化学的角度来考察书籍装帧艺术，把书籍装帧艺术作为一种文化现象，是很有意义的。我记得，曾经有过关于封面设计"书卷气"、"装饰性"、"表现内容还是独立品格"等不同观点，如果提高到"时代美感"的美学精神去认识，恐怕就比较容易统一。同样，用时代精神、文化底蕴的角度进行研究，对于装帧工作者的文化要求和艺术修养等，也会有与时俱进的认识。因此，该书的第五编《文化底蕴》的内容，不仅有鲜明的学术性，而且有很强的针对性。

人们往往会忽略一本书的辅件，其实，正文与辅件有着不同的重要意义。辅件的作用通常是正文的有力补充，或者是提供重要的历史资料。该书把《中国当代优秀书籍装帧艺术作品解析》一章作为附录，是十分有见地的。为当代书籍装帧发展史积累了宝贵的历史资料。

（二）

写到这里，似乎言犹未尽。新中国成立后，书刊装帧工作受到空前的重视，但也走过曲折的道路。从上世纪 80 年代以后，我国进入解放思想、改革开放的新时期，装帧艺术设计也进入新的发展阶段。随着书刊品种的增加，装帧艺术理论研究的提高，大批装帧艺术人才的涌现，出现了许多不同艺术风格的优秀作品。在出版学科建设中，也在呼唤书籍装帧学的早日诞生。以出版美学为核心的书籍装帧学，应该是出版学科的一个重要分支。这也应该是全体装帧界、装帧教育界与出版界的共同责任。

2004 年 4 月

（邓中和著《书籍装帧创意设计》，中国青年出版社 2004 年出版）

愚斋芸窓话装帧

我是做图书编辑的，深知文字编辑的甘苦。长期在出版社与书刊编辑打交道，总能体会到书刊装帧设计在出版工作中的地位与作用，也深知美术编辑装帧设计的甘苦与贡献。就书刊出版物而言，文字与装帧、内容与形式是互为表里又互相支持，在著译者提供稿件的基础上，共同努力创造着书刊的辉煌。

以上的想法，是在读到老友卫水山的新著《芸窓笔记》以后又浮现在脑际的。首先我为这本书的封面设计吸引住了。吕敬人的设计创意确是大手笔，只用一个黑色把黄苗子的书名题签、张守义为作者的画像和下方压印的三行不同字体的书名(上行是黄苗子的书法、中行是宋体铅字、下行是作者手书)奇巧地结合为一个完整的画面，产生了和谐创新的效果。这正是封面作者艺术胆略的成功之处。

我本来对书名心存疑惑，为什么作者用了这个典雅的书名。作者告诉我，“芸窓”是指他书斋(愚斋)的窓，该书是在愚斋芸窓之下写成的。其实这本类似古典画论、文论式的艺术论著，题名《芸窓笔记》倒也十分合适。

全书图文并茂，收有大量评论书刊装帧艺术的文字，还有作者的封面设计作品和书法、绘画、篆刻、摄影、剪纸作品，以及参加社会活动和家庭生活等照片，内容丰富，可以说明一个装帧艺术家的曲折成长的道路。使人感受到这不仅仅是一本现代图书装帧艺术的评论文集，而且有着我国书刊装帧事业发展的历史记录，特别是改革开放以来近二十年的书刊装帧艺术发展的历史资料，是很珍贵的。

张守义的代序：《为装帧艺术操劳的人》，真实而生动地描述了水山半个世纪以来坎坷而曲折的经历，写出了他的思想和性格，说明他为我国装帧艺术事业的追求和贡献。最近二十年来，水山默默地为中国版协装帧艺术委员会做了大量工作，从几届全国书籍装帧艺术展览到几届装帧艺术论文评奖工作，从全国性的装帧培训班到主持编选装帧图书等等，是很感动人的。正如吴寿松的诗句"垂老甘当牛马走，为他人作嫁衣裳"，水山的情操和品德值得敬重。

水山好学勤奋，一生酷爱装帧艺术事业。正如罗丹所说："艺术就是感情。"他对我国古代书画艺术理论娴熟于心，书中的评析文章或是品评作家，其特点是文字简短、见解深刻、态度诚恳，有好说好、有缺点或问题就发表意见。他的评论文字，往往融进自己的艺术实践体会和装帧事业的历史经验。有理论而不枯燥，对常说的老问题可以谈出新见解。比如，封面设计中的"书卷气"问题，书中的《笔谈"书卷气"》一文提出"书卷气"观念必然随着时代要更新，形式要变化，能较好地体现具有时代特点的"书卷气"，而根本上决定于作者的艺术修养和根底。并提出作者与读者沟通的道理。又如《笔谈书名》一篇，针对当前装帧设计的现实情况，结合设计成败的历史经验，讲出自己的见解。从装帧设计中整体与局部的关系来说明"书名字"在装帧设计中占有画龙点睛的地位。读后令人信服而有启发。

这样看来，《芸窓笔记》不仅是作者给装帧界同行的一份礼物，也是编辑出版工作者值得一读的好书。掩卷沉思，写出汉俳三首：

图文一册真，愚斋芸窓话装帧，史与论共新。

卅四年旧梦，云山风雪共昏晨，相知伴苦辛。

冬去又逢春，阳光总在风雨后，愿健笔如神。

水山在后记中说："《笔记》还是要记下去的。"我衷心期待着能够读到水山《芸窓笔记》的续记。

（卫水山著《芸窓笔记》，中华书局 2004 年出版）

（原载《中国图书评论》2004 年第 12 期）

扉页杂记（五则）

《经典常谈》

朱自清先生几乎有半生的时间研究我国古代的历史文化，他在我国古典文学以及外国历史文学等方面的研究，既广泛而又达到很精深的地步。20 世纪 20 年代中期起，朱先生一直在清华大学教授中国文学。抗日战争爆发后，朱先生在昆明西南联大任教。当时物质条件很差，加上营养不良，朱先生得了严重的胃病。尽管这样，在一位朋友的敦促下，朱先生仍在讲课之余写了《经典常谈》一书。这本书印数很少，因此不大为人所知。

三联书店继 1981 年重印这本书之后，1982 年又重版一次，这是一件好事。该书是学术性的普及读物，全书一共十三篇，每一篇都是专题研究的成果。它按照传统的经史子集的顺序，把我国古代重要文献典籍的基本知识，用简练明晓的文字加以介绍，真正做到了深入浅出。叶圣陶先生在为重印该书写的序里说，全书字里行间表现出作者那种嚼饭哺人的孜孜不倦的精神。从建设精神文明、提高全民族的科学文化水平来说，现在它无疑仍能起很好的作用。

《经典常谈》初版至今已经三十多年了，作者早已辞世，这次重印自然不可能再有修改。三十多年来，各方面的有关学术研究新成果，在这本书里自然也不可能有所反映。然而，作为一本基础知识读物，朱先生不仅吸收了别人的成果，主要是有自己的见解。比如朱先生对杜甫诗歌成就的评价及其现实主义传统的深远影响，以及对于唐宋诗的比较，常有独到之见，读来颇有温故而知新的感觉。

目前，广大青年以至不少中年人，迫切需要像《经典常谈》这样的基础知识读物。希望各方面的专家学者，都重视写作这样的书。一本十万字左右，介绍一个或若干个专题，内容是充实而系统的，文字又很浅显通畅——这样的书是读者所欢迎的。可惜目前这样的书还出版得太少。希望出版界在组织专家们写知识性的普及读物方面多下一些功夫。

《为英雄歌唱——史传写作的回顾》

初次认识黄涛同志是在1985年中国版协第二届出版研究年会上。他是一位值得尊敬的老同志，不大爱说话，但平易近人，我们很快就熟悉了。十年来联系不断，他经常将编辑的书寄赠给我。1990年，全军第一位韬奋出版奖获得者的殊荣降临到这位四十多年来从事全军史传编辑工作的编辑家身上，以表彰他在编辑出版工作方面的卓越贡献。

这次读了黄涛《为英雄歌唱》一书，才真正认识到他比较早就关心编辑理论研究工作不是偶然的。这本书既是他从50年代初参与组织编写三卷本《志愿军英雄传》到主持十卷本《星火燎原》编纂工作，以及《革命烈士传》和《解放军烈士传》等的编写工作的回顾，又是关于史传编纂经验的理论总结。特别在怎样写作革命回忆录和传记写作的内容与形式等问题上，有深刻的体会与精彩的议论。这里的编辑理论研究没有空洞的理论词句，而是在实践基础上带条理性的见解，是专题性的研究结晶。即使仅从保存和积累编辑史资料的角度来说，这本书无疑也是有价值的。

1991年初，黄涛对编辑出版工作者有一段语重心长的话："我认为出版社要有点学术空气。要讨论编辑工作，研究出书规划、选题计划和书稿中的重大问题；要介绍学术动态，社会科学方面，自然科学方面，也包括出版工作方面，当前有什么新的研究成果，有什么不同观点的争论。这样可以开阔思路，减少错误，提高出版质量。"(该书第209页)关于出版社的人才建设，他对"自学成才"——从出版社内部培养成长有很好的理解。还说："读点书，写点文章，搞点研究是提高每个同志的业务水平，提高全社出版工作质量的重要途径。一个出版社能培养几个业务尖子，造就几个专家，对出版工作大有好处。"(该书第210页)多么朴实的语言，而表达的则是真理。

“附录”的三篇文章是记述黄涛同志事迹的，都是在报刊上发表过的。这次作为“附录”刊出，有助于了解他的编辑工作和编辑思想，只是没在文章末尾注明文章出处，而采用“边注”形式，似不恰当。

《钱毅的书》

最近三联书店出版的《钱毅的书》，是钱毅烈士的遗稿，包括他的主要著作和日记摘抄。这本书是由钱毅的战友和亲人收集、整理、编辑的。同时编者还收集了钱毅生前几位领导同志和战友(如李一氓、楼适夷、陈登科等同志)所写的纪念、回忆文章，以及烈士父亲阿英同志的纪念文章和一篇钱毅小传。

读着这本书，会强烈地感觉到钱毅年轻的生命多么光辉，他的勤奋、正直、诚恳的品德和自我牺牲精神，多么感人。著名诗人柳亚子于 1947 年为纪念钱毅烈士牺牲曾有这样的题词：“是人民的文学，是民族的精英，从墨写的言辞中，辉映着血写的生命的火花。”我想，用来评价《钱毅的书》也是完全恰当的。

钱毅自小就爱好文艺戏剧。1938 年，十四岁的钱毅曾主演过《高尔基童年》等剧。他聪明勤奋，学习刻苦。钻研过高尔基的作品。对于我国古典文学，喜爱宋词，倾慕明代少年英雄夏完淳的事迹，并且敬重他的诗文。1941 年，当时只有十七岁的钱毅来到生活十分艰苦的解放区，使他接触到根据地的斗争和生活。他在学习毛主席《在延安文艺座谈会上的讲话》以后，在思想上就确立了为工农大众文艺事业服务终生的决心。1944 年，他调到《盐阜大众》担任编辑。这个以工农干部为主要读者的群众性报纸，使他有更多的机会接近人民，了解工农的语言。他认真研究工农来稿，注意总结经验，写出了《怎样写》等一系列有关大众文艺的文章。他搜集了几百条当地流传的谚语，编选出《庄稼话》一书。他向老农访问，创作出富有民间色彩的《海洋神话与传说》等等。钱毅这些文稿在战争年代靠老百姓保存下来，经过十年浩劫，幸而没有散失，今天能与读者见面，实在是很不容易的。

1947 年 3 月，钱毅在一次深入蒋占区执行采访任务时被俘。在敌人面前，他厉声回答说："宁可枪毙，决不自新。"从容就义，壮烈殉国。

《石语》

《石语》一书用长十六开本，封面浅色底纹上印著者毛笔行楷书名，洒脱秀丽，书名下端钤有红色名章，醒目典雅。版式、印制也极精美，设计者匠心可见。这是钱鍾书先生一本旧稿新刊，受到学术界、读书界的重视，1996 年初出版后不到四个月又再版重印。

初看书名，不解其义。1932 年旧历除夕，著名诗人、学者陈衍(号石遗)以七十七岁高龄邀请二十二岁的青年钱鍾书度岁，"谈燕甚欢"。钱鍾书事后记下了这次极其难忘的谈话。在石遗老人八十生辰时，钱鍾书曾"登堂拜寿，席散告别，丈怃然曰：'子将西渡，予欲南归，残年远道，恐此生无复见期'"。又二年，石遗老人逝世。这时钱鍾书正在英国牛津，闻讯后"欷歔惝怳，为诗以哭"。其后钱鍾书又到巴黎留学。"因发箧陈稿，重为理董。知人论世，或可取裁；偶有愚见，随文附注"。这就是此书成稿的由来。至于"题曰《石语》，天遗一老，文出双关。今也木坏山颓，兰成词赋，遂无韩陵片石堪共语矣。呜呼！"钱先生在《前言》里的这些话，可见他对陈石遗的感情，不过这已是六十多年前的旧事了。

这份用文言记述的旧稿——《石语》，现在首次出版是按手稿影印的。作者手迹清丽，改划之处，依然可辨，是一份珍贵的学术研究资料。同时附有经过点校的排印稿，方便读者阅读，真是一件值得感谢的好事。

全篇记事详尽，对话生动，文笔又简劲有韵致，读来其景其情，跃然纸上。以诗话文评为主，涉及严复、章太炎、梁启超、林琴南等二十多人。石遗老人认为，"为学总须根柢经史"，"作文难于作诗"，"凡擅骈文者，其诗、古文皆不工"等，论诗则主张"凡诗必须使人读得、懂得，方能传得"。"治诗第于诗求之，宜其不过尔尔也"。"论诗必须诗人，知此中甘苦者，方能不中不远，否则附庸风雅，开口便错，钟嵘是其例也"。并述文坛逸事，足见为学之道，来不得半点虚假。不过对石遗老人的有些见解，如对"散文中杂以骈语"的批评，对赵尧生诗的评价，钱鍾书也是有不同看法的。

几段论诗评人的对话，尤其精彩。现引述如下：

王壬秋人品极低，仪表亦恶，世兄知之乎？鍾书对曰："想是矮子。"丈笑曰："何以知之？"曰："忆王死，沪报有滑稽挽诗云：'学富文中子，形同武大郎'，以此揣而得之。"曰："是矣。其人嘻皮笑脸，大类小花面。著作惟《湘军志》可观，此外经学词章，可取者鲜。余《诗话》仅采其诗二句，今亦忘作何许语。"鍾书对曰："似是'独嘶携短剑，真为看山来。'"曰："世兄记性好。"

陈弢庵是翰苑出色人才，做八股文、赋试帖诗、写白折子，皆拿手当行。二十年刮垢磨光，诗文卓然可观，字亦有涪翁气息。鍾书曰："丈《西园诗》所谓'黄书楹帖苏书扁，亚字阑干卍字文'者也。"丈大笑曰："世兄记老夫诗熟。"

少者博闻强记，长者频频奖掖，谈笑风生，妙趣四射。这位老人曾为钱鍾书诗作序，还一再提到"默存精外国语言文字，强记深思，博览载籍，文章淹雅，不屑屑枵然张架子。喜治诗，有性情，有兴会，有作多以示余。余以为性情兴会固与生俱来，根柢阅历必与年俱进。……以子之强志博览，不亟亟于尽发其覆，性情兴会有不弥广弥永独立自成一家者，吾不信也"。可知陈衍老人对钱鍾书推重赞赏之情，也可知钱先生卓然成大家的根柢是多么深厚了。

大约 1994 年，杨绛先生检出了这篇六十多年前的旧稿，"纸已破碎，病中为之粘衬，圆女又钉成此小册子"，这许是一段出版佳话。点校排印时曾有个别误识、疏漏之失，也是难免的。我还有一点奢望，《石遗室诗话》续编中论钱鍾书诗的二则和钱的挽诗二律，如果能在这本书后附录刊出，想来也是读者十分企盼的。

《人比月光更美丽》

胡乔木以马克思主义理论家著称，写过大量的理论、政论、时评文章，分析深刻、逻辑严密、文字谨严、令人信服。这些文字大都收入《胡乔木文集》中(已出版第一、二卷，尚有第三卷还未出版)。其实，胡乔木还是诗人。他早年毕业于清华大学中国文学系，30 年代以后陆续写过不少诗。不过，我只是在 50 年代以后，在《人民日报》等报刊上陆续读过一些。至于他的诗集《人比月光更美丽》1988 年初版时，竟也没有读到，直到1993年人民文学出版社出版第2版时，才有机会见到，虽然也不是在书店里买到的。在北京走过几家书店，都没有此书，书店营业员甚至连《人比月光更美丽》书名都不知道。承李文兵同志相赠一册，得以如愿。

这本诗集的装帧极好。精装本绿色绸面上烫金色书名，书名由钱鍾书题字，凝重中透出潇洒。护封是用淡淡的浅蓝底色，配上玉色竖条上的书名，如同古籍书签一样，朴素大方。正文横排，版式疏朗，用仿宋字体排诗，更觉美观。正文前有两张插页，一是毛泽东修改过的作者手稿，一是作者诗稿手迹。制版设计和用色均很讲究。

2001年9月在故乡魏塘镇吴镇纪念馆，与工艺美术大师朱念慈(中)、朱同孙(右)两位表哥合影

我在读了诗集以后，更加注意的是，作者对编辑自己诗集时的一些考虑，很有启发。作者在初版时写过一篇后记，记述他写作新诗和旧体诗词的经过，以及对诗歌创作的见解，特别是把毛泽东所作的修改情况，也包括经郭沫若、赵朴初修改过的部分，原原本本地告诉读者。作者说："把毛泽东同志所作的修改在这里依次对照说明一下，算是纪念性的附

注，读者是可以不看的。为免混淆，一般都在谓语前面加‘经’字。其中也注明了先经郭沫若、赵朴初两同志对《词十六首》修改过的部分；郭沫若同志对《诗词二十六首》也曾仔细修改，惜修改稿再三寻觅无着，所以这里无法征引。”(该书第101页)因而该书的七个附录，包括毛泽东对《词十六首》引言的修改，对《沁园春·杭州感事》等词的旁注、通信，罗念生、钱鍾书关于该书初版的信和钱鍾书对《赠谷羽》诗的修改，不仅有史料价值，对于诗词研究者大有好处，而且表明作者对创作的严谨作风。

1992年该书着手再版时，胡乔木正在病重期间。根据乔木意见增补三首新诗和补齐一首旧作外，又增补四则附录，还写了《再版后记》，进一步对诗集本身和初版后的一些情况作了说明。我们从中看出作者对于编辑诗集的思想和方法，以及作者重视后记文字的写作，值得学习。

作者不幸于1992年9月逝世，其时诗集还未再版出书。根据作者家属的意见，将作者1939年、1940年写的四首歌词和1992年在重病中写的《扬州中学校歌》也收入再版的诗集，但不按写作时间顺序，而是集中放在第一辑最后，以区别作者生前确定的篇目，这样做是十分严肃认真的。编辑出版诗集或文集的工作，是一种编辑艺术，编辑方法是编辑思想的体现。而该书作者能够如此亲切地跟读者交流，是多么可贵。

唯一感到遗憾的是，该书目录中第二辑的词的标题，只列词牌而漏写题目。如《六州歌头·国庆》、《水调歌头·国庆夜记事》等词，结果只剩下《六州歌头》、《水调歌头》等词牌名了。想来这不致是作者的疏忽吧。

读书的遗憾

有人说读书是一种时尚，而读书于我则是嗜好和习惯，或者竟是一种享受。青少年时代的求知欲望是读书的驱动力，后来踏上工作岗位，读书成了职业的需要，老来读书可说是随心所欲、怡然自乐的快乐事。时下图书品种丰富，门类齐全，卷帙巨细，琳琅满目。一卷新书在手，书香犹闻，开卷有益，令人神怡，确是一种享受了。

还有人说编辑是一种遗憾的工作。文化产品重在质量，图书编辑尤贵审校精严，认真对待每一环节，从内容到形式，使图书成为完整的精品。然而往往在新书出版后最容易发现编辑工作的疏误，有时好书也难免美中不足，这就给编辑留下些许遗憾。其实，读者又何尝不是如此。因此，以“读书的遗憾”为题，记下零星意见，每则几百字，作为读者对图书的反馈，供编辑研究参考。

图书之有“书眉”，目的是便于读者翻阅。习惯上，书眉的编排由双页码到单页码，双页码排书名或上一级标题，单页码排下一级标题。遇有标题文字过多时，可以压缩文字或用删节号办法来处理。然而对于书眉的意义和作用，大家的理解可能还不完全一致。我手边有一本《学人书话》(文汇出版社出版)是“大家随笔丛书”的一种，全书共收入四十一篇随笔。这本书的书眉却是双页码排丛书名，单页码排书名，这种书眉就只能起装饰作用了。

不久前买到《王崑山水画谱》(中国档案出版社出版)，封面上印有“中国当代艺术家丛书”，版权页上还印上“中国当代艺术家丛书之六”，在该页下端又印上“全套十本，总定价二百六十元”。出版者既然提供了这一信息，却没有说明其余九本的书名、作者和定价，就不免给读者留下悬念。

这本书还有个书名不一致的问题。该书《前言》中头一句说：“《中国山水画技法》一书，为中国山水画初学者提供了一本简明通俗的学习课本。”至此，读者就会怀疑，是另有一本《中国山水画技法》，还是两个书名没有统一呢？

出版社重视图书的装帧设计，不少精装书还外加包封，这是一种讲究的装帧形式。包封亦称护封，目的是用以保护书籍和起到美化的作用，包封也印有书名和卷次、著译者、出版社以及介绍内容的宣传文字等。这种装帧在国外出版的精装书也是很普遍的。图书馆入藏时往往将包封取下后上架(将包封上的宣传文字或作者简介剪下后贴在封面背面)。因此，这种装帧的封面设计仍是不能缺少的(至少在书脊或封面上要印上书名、作者)。

近时出版的一些硬纸(不是硬板纸)封面的图书也用了包封(因为没有与封面粘在一起)，也许是一种改进。然而设计者往往只注重包封设计，而忽视了封面设计，甚至没有设计封面，只是一张空白封面纸。《记萧乾》(时事出版社 1996 年出版)一书就是一例。打开这本印制精美的书的包封，竟像是一本浅色封皮的笔记本了，这样的问题请装帧设计家们研究。

不少图书都有“出版说明”(或“编辑说明”)，内容大致是从出版或编者的角度向读者说明一部书或一套书的出版目的、编选意图、编辑过程等与成书有关的文字，目的是便于读者了解图书的出版情况。

《全宋诗》(北京大学出版社出版)一书，无疑是迄今为止在断代诗歌总集中分量最大的一部诗集。这部书到 1995 年底已经出版了二十五册，但是，全书一共有多少册？编辑、出版者没有在书里交代过。偶然从一则图书广告中了解到，《全宋诗》一至二十五册北宋部分全部出齐，定价是七百三十七元五角。至此，疑问才豁然冰释。如果编辑、出版者在书里作出说明，读者也就不会发生疑问了。看来，编辑出版者应该重视图书的“出版说明”。

这几年出版的图书品种多了，打开报纸的图书广告，林林总总，缤纷五彩。像《中国图书商报》等的图书广告，经常整版十几家竞相宣传，读者徜徉其间，如入书林，令人兴奋不已。遗憾的是，不少广告上的新书，只列书名而无作者名字，不免令读者失望。特别是看到有足够的版面空间可以列上作者名字的时候，更有替作者不平的感觉。有的图书广告有书名、开本、字数、定价和内容说明，唯独没有这本书的作者署名，就更使人大惑不解了。还有的图书广告赫然写着“为作者出好书，为读者找好书”，可读者还是没有在广告上见到图书作者的名字，也许只能理解为出版社既无作者观念又不理解读者的心情。

一位资深编辑曾经说过，出版汇编书，无论是专题文集或者是一人的文章汇编，最能看出编辑工作的高下。这项看似简单实则很有学问的编辑工作，有时甚至影响图书的规范出版。

最近见到《嬉笑集、莫怪集、留情集、放眼集》一书(无出版年月)，定价二十二元三角。封底上印着四个国际标准书号，一时弄不清一本书为什么要有四个书号。粗粗翻阅又发现书中前后依次有《嬉笑集》等四种书的扉页和版权页。图书出版如此处理，使人不解。原来在此以前，《嬉笑集》出版于 1990 年(定价二元一角)，《莫怪集》出版于 1992 年(定价三元四角)，《留情集》出版于 1994 年(定价二元六角)，《放眼集》出版于 1996 年(定价四元五角)。现在将这四本书汇集合成一册，另换封面，但不另起书名，书中仍保留了四种书的扉页和版权页；偏偏又在《放眼集》版权页前的空白页上加印此书的版权页(上载项目仅有作者、出版者、印刷单位、《嬉笑集》等四种书的书号和定价)；至此才算明白一点，这是将《嬉笑集》等四种存书集合成一册后，又另加新定价。显然，这是出版单位没有重视图书出版的规范问题。进一步讲，如果是作者自费印行的书，只要用于正式出版社名义公开出版发行的，那就应该按图书出版的规范要求进行操作，任何放松编辑工作的做法，都是会贻笑大方的。

（原载 2005 年 8 月 5 日《中国图书商报》）

代 跋:道弘印象

——记第三届中国韬奋出版奖获奖者吴道弘

老 槐

初识道弘时，是在走廊上，别人对我说：他是吴道弘。道弘走路匆忙，人影一晃而过。后来又有接触，道弘给我的印象，是像位温文儒雅的文科教授。他的谈吐平缓，没有矫言，也没有峭语，常常蕴含着一种清馨的书卷气息。如今他已年逾花甲，走起路来仍是那么匆匆而过，难怪他会刻了这样一方印章：“花甲亦壮年。”

雄心敢与壮年比肩，壮志不因花甲而减。这位 1993 年荣获全国第三届“韬奋出版奖”的老编辑，为新中国出版事业辛勤耕耘了四十余年的知识劳动者，是因为梦萦难舍的“书缘”，是因为孜孜追求的“编辑”的未了情。

道弘走上编辑之路，很大程度上是一种机遇。上海解放初，道弘已加入新民主主义青年团，即后来的共青团。1950 年 2 月，他在上海诚明文学院中文系攻读时，恰遇上海三联书店招考。他满怀着向往全新的革命工作的热情，这种散发着时代气息的激情大约只有过来人才会有那种深切的体验，同时他也为了孤苦艰辛的母亲，便去报考。道弘应试即中，从此开始了编辑生涯。

道弘有种“功夫”，他在摩挲一本新书之余，立即能判断出那本书的印制、校对、编排等方面质量优劣或平庸与否。后来我才知道，他这种“第一印象”评判功夫，乃得力于早期编辑工作经验的积累。

编辑业务是循序渐进的，并且能体现人的一种作风。道弘在“三联”要做责任校对，还要做版式设计、稿件初审及通讯联络等工作。事务繁琐，但又是必须知晓的业务，是应该经过的业务训练。更重要的是，三联书店具有严谨、认真及敬业的传统，对道弘陶冶品格有很大影响。道弘幸运，走对了门路。

但是，编辑业务素质与人自身的文化底色有“亲缘”关系。“三联”一部分并入人民出版社，道弘随着调入人民出版社总编室工作。总编室工作头绪繁多，纵横交错，虽然当时不再如“三联”那样实行编校合一制度，但诸如编务、通联、秘书、宣传、订计划、草拟合同、处理稿酬等工作，均关系编辑部的内外沟通、正常运转。道弘承担了相当一部分工作，还当过宣传科副科长，由于敬业、勤奋，善于学习，因文化底子好而更显出色。在总编室工作四年，道弘逐渐显露出他所具有的良好的文化与精神的素质。

即从文化功底来说，道弘自然感荷于舅辈的训导。吴道弘犹在襁褓时，即遭父丧之忧。幼时承慈母发蒙，少年时由四个舅父悉心训导。母亲出于书香门第。外祖深谙岐黄之术，舅父们执教鞭为业，闲时吟诗填词，又擅长书画。道弘童年少年时期耳濡目染，深受中国古典文化熏陶。难怪道弘不仅写一手好字，并且在编辑之余会注神于编选笺释《陈子昂诗

嘉善魏塘西门老屋(朱虹摄)

选》、《孟浩然诗选》。母舅一哺，道弘终身受益。

由于出色的工作，道弘从总编室调入编辑部。在北京三联书店时，道弘曾是著名理论家李达的《实践论解说》、《矛盾论解说》，以及《学习译丛》等著译的责任编辑。但现在道弘要在中国历史编辑室当编辑，原有的文史修养不免显得汲长绠短，难以胜任。道弘唯有一法，就是刻苦地再学习。他选择唐代史作为学习中国历史的入门阶梯，进行系统的自学，由此边学边干，先后负责编辑《国史旧闻》、《太平天国前后的反清运动》以及“中国历史分期问题讨论”等著作、史学问题讨论集。

尔后他调到外国历史编辑室，又遇到同样难题。由于当时客观原因，接手的苏联译著较多。道弘学过英语，不懂俄文。他从头学起，下死功夫，终于苦尽甜来，直至能读俄文原著，也为他把苏联史、国际共运史研究作为自己一个方面的学术活动开了方便之门。“文化大革命”后，道弘在翻译书籍编辑室工作，在审读苏联早期史学家波克罗夫斯基《俄国历史概要》的中译本时，曾反复比较俄文原著的新旧版本，发现新版已删去旧版有关沙俄侵略史实的文字，因而在编辑加工中译文时便增添了相应的注文，读者从其中也会获悉有关知识和信息。

编辑是要有学问的，但一个编辑不可能门门精通，相反会遇到正是自己“缺门”的难题。道弘后来深有感触地说：编辑工作要“有心”，没有窍门可言，不下功夫不行。只有边学边干、不断积累，工作方能称职，才能渐入佳境。道弘在 1983 年任副总编辑前，先后在中史、外史、翻译书籍和总编室等部门任编辑、副主任、主任等职务，编辑的书稿所涉及的学科广泛，有中外历史尤其是近代史、苏联史、外国史学理论译丛和理论著述，以及国际政治等门类书稿，他由此广泛研读各类理论、历史、哲学等社会科学著作，既满足编辑工作之需，也为了扩充自己的学识修养——但重要的是在其中体现出道弘的求真求实的求知态度和甘为斯民作嫁衣的编辑精神。所以，在规划图书、制订选题、审定门类众多的著述译作时，显得娴熟裕如，得心应手。

或许正是追求那种求知态度、编辑精神，并深感“编辑”是门博大精深的学问，道弘在 1979 年从编辑部门“炼”了一圈又回到总编室之后，除了其他工作外，很乐意主持编辑人民出版社内部业务刊物《求精》。这份内部刊物，把编辑作为一种业务技术、一门学问和一项事业贯穿起来，正是他日后着力于编辑学社会学术活动的起点。这就是突破传统的编辑观，将编书匠提高到编辑家，将编辑行业推进成为一门学科、一个人可为之献身的事业，从而开拓了“编辑”的新境界。

但是追求这样全新境界，道弘给我的印象，是从微观入手，即从小事做起。这与他为人谨慎、细致的作风或有很大关系。作为编辑，要与人(作者)打交道。作者来往甚至办事借物，道弘都是诚意接送或谋而以忠，包括及时地寄送新书和稿酬，每个环节都能为作者想到。所以道弘来往有学者、相知有鸿儒，如北京师范大学龚书铎教授，武汉大学刘麟、彭质纯教授，杭州大学冯昭玙教授，南开大学杨生茂教授等，至今都是他过从甚密的朋友。就是在本单位，道弘对人宽厚仍旧，即使批评也是婉转有致，心存不忍。如道弘曾当面批评一种不良作风：(你的做法)是一人之下，万人之上。闻者哑口，无言以对。道弘心细，观察入微，正直而言，便入木三分。

编辑行业要成为学问，首要是懂得怎样当编辑(怎样编好书)。道弘在《求精》撰文，多从自己编辑工作经验讲起，还选编了列宁关于编辑工作的论述——作为编辑应有的思想规范。他将自己认为应该告诉青年编辑或做编辑工作的人的，诸如书名问题、封面设计问题、序跋问题、图书宣传问题，甚至抄稿和错字等问题，都从实际谈起，从自己体验谈起。这是道弘《寸心集》的部分内容。看来这些仿如细枝末节，其实都是一本精美图书完整的方方面面。缺一角，婵娟即成残月。

编辑技巧不可或缺，但要有评家眼光。编辑是书稿的第一品评者，眼光优劣，往往决定书稿的质量或命运；成书之后，编辑又应成为以书评为工具的宣传者。所以，道弘又为编辑怎样撰写书评写了本《书评例话》，当然这本著作关于书评的理论阐述，构建自家书评理论框架，有着拓荒之意，并获中国图书奖二等奖。

道弘又主持编辑《编辑工作二十讲》一书，获全国首届编辑出版理论优秀图书奖，为编辑培训或自学提高提供参考读本；并且为编辑培训或大学编辑专业讲课，他经常奔波于各地。

道弘从做编辑工作开始、从一名普通编辑开始，作为新中国自己培

1994 年 10 月与夫人朱虹，摄于苏州甪直陆龟蒙故里斗鸭池

育起来的第一代编辑人员，从具体的组编书稿，到致力于编辑学创研，到致力于新生代编辑培训，这是他默默地走着的一条路。我曾听他慨叹过：21 世纪的出版家，正是今天培训班中的莘莘学子，如果不加以精心培植，出版编辑人才将难以为继。

他做了大量的教人当个合格的编辑的工作，但是怕惊动别人般地做，有种“桃李不言”的风度。

道弘参加多方面的学术活动，除了上述两种个人文集外，还与人合译出版了《共产国际史纲》，合编出版了《列宁的风格》，后者获全国首届优秀青年读物二等奖。他的社会学术活动，主要仍在出版界或与编辑出版有关方面。他是中国出版工作者协会第二届理事、第三届常务理事、副秘书长兼学术工作委员会主任；1992 年又任中国编辑学会副会长；从 1989 年起就担任中国图书评论学会副会长。这些社团性的学术活动，对于中国文化学术界来说，只是微波细浪，但对于出版界却都是建设性的培土、添砖、加瓦的基础工作。一个人民出版社的老编审，始终这样忙碌着，犹如我初识他时那样，他匆匆而过；或有偶然相谈，犹如他以前那样，谈得平缓或娓娓有致，总是那样的温文儒雅。

（原载中国出版工作者协会编《沿着韬奋的足迹》，
线装书局 2004 年 5 月版）

作者编著图书

一、已出版的著作

《书评例话》，中国书籍出版社 1991 年出版

《寸心集》，三联书店 1993 年出版

《书旅集》，河北教育出版社 2002 年出版

《编辑实践与编辑学思考》，东北师范大学出版社 2004 年出版

《浪花集》，人民出版社 2008 年出版

二、与人合作编辑的作品

《编辑工作二十讲》，人民出版社 1986 年出版

《人民出版社成立四十周年纪念文集》，1990 年出版

《中国书评精选评析》(与伍杰、徐柏容合编)，山东教育出版社 1997 年出版

《叶圣陶编辑思想研究》，开明出版社 1999 年出版

《中国出版史料》(十卷本)，宋原放主编，吴道弘等副主编，湖北教育出版社、山东教育出版社 2001～2004 年出版

《中国出版史料·现代部分补卷》(三册)，宋原放主编，吴道弘等副主编，山东教育出版社、湖北教育出版社 2006 年出版

《得失塞翁马，襟怀孺子牛——怀念叶至善先生》(与商金林合编)，开明出版社 2008 年出版